·唐世平学术著作系列·

唐世平 王 凯◎主编

历史中的战略行为

一个战略思维教程

（修订版）

Strategic Behaviors in History :
A Course

天津出版传媒集团

天津人民出版社

图书在版编目(CIP)数据

历史中的战略行为：一个战略思维教程 / 唐世平，
王凯主编 . -- 修订本 . -- 天津 ：天津人民出版社，2023.10
（唐世平学术著作系列）
ISBN 978-7-201-19943-6

Ⅰ . ①历… Ⅱ . ①唐… ②王… Ⅲ . ①战略思想—高
等学校—教材 Ⅳ . ①E81

中国国家版本馆 CIP 数据核字（2023）第 199559 号

历史中的战略行为：一个战略思维教程
LISHI ZHONG DE ZHANLÜE XINGWEI：YIGE ZHANLÜE
SIWEI JIAOCHENG

出　　版	天津人民出版社
出 版 人	刘　庆
地　　址	天津市和平区西康路35号康岳大厦
邮政编码	300051
邮购电话	（022）23332469
电子信箱	reader@tjrmcbs.com

策划编辑	杨　舒
责任编辑	孙　瑛
装帧设计	明轩文化・王　烨

印　　刷	天津新华印务有限公司
经　　销	新华书店
开　　本	710毫米×1000毫米　1/16
印　　张	16.25
字　　数	200千字
插　　页	1
版次印次	2023年10月第1版　　2023年10月第1次印刷
定　　价	68.00元

修订版前言

就"战略决策"这一概念，本书采用一个相对宽泛的工作定义：任何对个人或组织有重要影响（甚至是转折点）、存在较大的风险且试错成本较高的决策，都可以视作"战略决策"。尽管我们不是时刻都在做战略决策，但我们每一个人都不得不成为一个战略决策者，因为我们一定会在一些特定的时空情境下做出一些对我们的一生具有重大意义的决定，从选择学习什么知识、从事什么职业，到婚恋、购房、退休，等等。一个组织，从公司到国家，面临的重大决定则更加具有深远的影响，甚至在很大程度上决定着一个组织的兴衰、一个国家的兴亡。

因此，战略决策的质量是非常重要的。任何行为体，无论是个人、公司还是国家，都需要一定的战略思维。要想成为一个更好的战略决策者，我们需要提升自己的战略思维质量。

本书有三个基本的出发点。第一，人类社会非常复杂，特别是一些我们面临的重要问题，都是非常复杂的，而且许多信息都是不可得的。第二，尽管我们都明白世界的复杂性，但很多时候我们的决策却通常都是凭直觉，这些直觉主要基于我们成长过程中获得的某些思维定式，且这些思维定式是如此强大，我们几乎从来不会去质疑它们。这背后的原因其实是社会演化的结果：思考复杂问题需要消耗大量的能量，而我们的演化史使得我们的大脑总是试图节约能量，因此，我们不愿意花太多的能量来思考复杂问题。第三，战略思维至少在一定程度上是可以被训练的，也就是说，每个人的战略思维能力都是可以被提高的。

本书就是一本帮助读者训练战略思维的教程。这本教程既可以作为战略分析课程的教材，也可以作为读者自我训练的教材。书中的每一个案例都相对独立，教师和学生可以根据自己的兴趣和知识基础有选择地应用。

此外，尽管我们这里选择的都是国家层面的决策案例，但分析框架及分析技巧完全可以应用到普通人的日常生活以及公司决策中。毕竟国家面对的战略环境是最复杂的，而国家本身也是最复杂的行为体，如果能够思考国家层面的战略问题，你也一定可以思考其他层面的战略问题。

鉴于我国国民普遍对国际关系比较关注这样一个事实，接下来我就如何思考国际关系中的战略问题谈谈体会。

近年，我国的国际关系专家学者比较活跃。遗憾的是，某些专家学者缺乏基本的国际关系学科训练。他们要么是外语、翻译、历史、传媒、经济学、社会学、比较政治、中国政治的训练出身，要么是零星地看过孙子、马汉、基辛格、凯南、布热津斯基、亨廷顿等，甚至完全是道听途说。

国际关系学确实是有门槛的。事实上，作为一个学科的国际关系学仅有一百年左右的历史，本身就表明国际关系学并不是一个读点历史、甚至读点报纸，加上一些直觉就能建立起来的学科。即便是可以追溯到考提利亚、修昔底德斯、商鞅的现实主义，最开始也就是一些思辨性的话语，加上一些历史的归纳，甚至就是比喻，完全不能称为一个理论体系。现实主义一直到20世纪才基本形成其理论硬核。

更根本性的困难还在于，即便有了现实主义、自由主义、建构主义、马克思—列宁的从资本主义到帝国主义的理论，对于我们理解具体的国际问题也仍然是远远不够的。这些大理论只能作为我们理解国际问题的部分知识，离一个合格的国际战略专家的基本的知识结构还差得很远。

　　至于要如何成为一个合格的国际关系中的战略问题专家,我在其他地方详细讨论过,在此不再赘述。简单地说,我认为至少有三个方面的训练是必不可少的:一是要了解足够的国际关系史及某些国别史,而不能仅仅了解中国历史;二是有良好的国际政治、国际政治经济学、比较政治的基本理论训练,特别是中层理论的训练;三是有研究及分析方法的训练。

　　除了以上的基本训练之外,要思考国际关系,还需要一个好的思维习惯。这个好的思维习惯至少包含以下两点:第一,在分析具体问题的时候,没有太多的意识形态、情感及其他偏见,因为它们都会扭曲我们的分析和思考;第二,能够用系统思维去看待世界,不仅能看到直接的、短期的、会发生的影响,还要考虑某些行为或事件的间接、滞后、可能被阻止的影响。

　　我们希望本书能够为读者提供一个战略思维习惯的基本训练。

唐世平

2023 年 10 月

前　言

要想在这个世界上相对好地活着,任何行为体,无论是个人、公司,还是国家,都需要一定的战略思维。而战略思维至少在一定程度上是可以被训练的。也就是说,每个人的战略思维能力都是可以被提高的。

本书就是这样一个能够指导读者训练自己的战略思维的教程。本教程既可以作为战略分析课程的教材,也可以作为读者自我训练的教材。书中挑选的每一个案例都相对独立,教师和学生可以根据自己的兴趣和知识基础有选择地使用。尽管我们这里选择的案例都是国家层次的决策案例,但是,我们发展的分析框架以及你能够从案例分析中学到的技巧完全可以应用到你的日常生活以及公司决策中去。毕竟,国家面对的战略环境是最复杂的,而国家本身也是最复杂的行为体。你如果能够思考国家层面的战略问题,你一定也可以思考其他层面的战略问题。

本书的出版是建立在许多人鼎力支持的基础上。首先,项目组成员的积极参与,他们各自出色的专业素质和敬业精神是本书的根本基础。事实上,他们在这个项目还没有拿到一分钱时就开始工作了,而这对项目来说是莫大的支持。

此外,我们的工作还得到了刘丰、蒲晓宇、漆海霞、杨原、周方银以及几位匿名审稿人的批评和建议。我的几位合作者,王凯、杨珊、左希迎,也为本书的早日面世做出了出色的贡献。我还特别感谢我在复旦大学国际关系与公共事务学院开设的"国际安全与战略:从战争到和平"课程的全体学生，他们的讨论使得我更加坚信这一工作的价值。

我在复旦的工作还得益于许多领导和同事的支持，没有他们的支持，本项工作就不可能顺利完成。我至少应该感谢：陈志敏、沈丁立、苏长和及吴心伯。

本研究获得国家社科基金一般项目"国际战略的分析框架与分析工具研究"（项目号12BZZ053）、教育部人文社会科学重点研究基地（复旦大学美国研究中心）重大项目"历史中的战略行为：美国和其他国家的比较"（项目号11JJD810017）的支持。对它们的支持，我们表示由衷的感谢。

最后，感谢我的妻子王琳和儿子潇雨。他们在无私地支持我工作的同时，还确保我始终认识到，工作不是我生活的全部。

唐世平

2013 年 12 月

目 录

绪　论

　　所有的行为体,包括国家,都会在某些特定的历史时刻作出一些影响深远的战略决定,尽管决策者自己也不可能全面意识到这些战略决定被执行下去以后所产生战略行为的深远影响。这就意味着,理解战略行为及其影响是一项非常困难的任务。

　　目前无论国内还是国外,对战略行为的研究都仍在沿用一些过时的方法。即便是在商业管理的战略行为研究中,这些过时的研究方法仍然制约着我们对战略行为的理解,不过企业的战略行为对世界的影响远比国家的战略行为小得多,也相对简单得多。

　　这些过时的研究方法的主要缺点在于,没有采用历史中的系统眼光来看待战略行为。因此,使用这些方法所作的研究具有两个明显的缺陷。

　　首先,这些研究没能将决策者和决策过程真正放回到当时的历史情境中。因此,结论有太多"事后诸葛亮"和"以成败论决策"的色彩。而事实上,历史中的决策者不仅必须在当时的历史条件下,更需要在当时的历史理解中作出这些艰难的决定。因此,在当时看来可能是一个正确的,甚至是唯一正确的决策,但却并不意味着这一决策一定会导致决策者所期待的结果。

　　更重要的是,这些研究都缺乏用系统的眼光来看待一个战略行为和成败之间的关系。因此，结论有太多"决策（者）决定成败"的色彩。而事实上，在大部分时候，一个战略行为的成败绝非作出这个决定的行为体所能够单独左右的：战略行为的成败高度取决于其他行为体的反应以及战略环境的变化。举例来说，如果不是已经存在东亚的成功模式作为基本的参照，并且可以依靠海外华人的爱国情结、资本积累和技术储备，以及中国选择加入的是一个相对开放的（西方）市场经济体系，那么，我们的人民有多勤劳勇敢，中国的改革开放都不大可能在1979—1984年这短短的时间内取得如此大的成就。同样重要的是，所有的战略行为的结果都高度依赖于前人的战略行为以及这些行为直接或者间接导致的结果。显然，如果没有毛泽东、周恩来、尼克松、基辛格已经基本完成的中美关系破冰，改革开放所遇到的阻力将会更大。

显然，国家的长治久安和企业的持续成长都有赖于我们对战略行为有更加历史和更加系统的理解。为此，我们相信，一个以历史的和系统的眼光为出发点，并能够训练战略思维的教程有着重大实践意义。

本书就是这样一个教程。本教程首先提供一些能够帮助我们理解战略行为的基本分析框架，之后，本教程还提供一些精心挑选的案例。通过阅读这些案例材料，并回答案例后面富有挑战性的问题，学生将能够锻炼自己的战略思维（从思维方式到分析框架的熟练运用）。尽管本教程的案例都是关于国家的战略行为，但是，它不仅能够用来训练国家和地方领导人的战略决策思维，同样还可以用来训练企业家的战略决策思维。这不仅是因为不同行为体的战略决策从本质上来说都是一样的，更是因为国家是最复杂的行为体，其面对的决策环境也最为复杂。因此，如果我们能够理解国家的战略行为，那么也一定可以理解其他行为体的战略行为。

本书的结构

本书分为两部分。第一部分提供一些理解战略行为的基本分析框架,这些分析框架都来自我们的原创性研究,它们包括:一个理解战略行为的初步框架、一个新的行为归因理论以及一个帮助我们理解战略行为的系统效应的方法。第二部分是历史案例。这部分的案例覆盖了不同地区的国家在不同时期的重要战略决策和行为。这些案例的介绍和详细材料能够引导学生从当时的决策者/决策者们的角度,来思考这些重要的战略决策和行为。

因为案例分析是本教程的核心,因此需要特别对案例的设计做些说明。

首先,我们挑选的案例涵盖不同国家的一些对世界进程有深远影响的战略行为案例。这些国外案例不仅包括一些传统欧美大国的战略行为,还收录了其他文化圈一些国家的重大战略行为。这样做是为了使我们的决策者充分意识到不同国家的决策风格存在差异(也许受这些国家的特定的文化影响),因而在和这些国家打交道的时候应有意识地去注意它们的不同风格,而不能一概而论。

其次,我们的案例既包括一些在相对短的时间内(几个月)作出的战略决策和后续行为,也同样包括一些在相对长的时间内(几年甚至更长)作出的战略决策和后续行为。这样做是为了从另外一个侧面来保证我们案例的多样性。我们希望决策者不仅能够理解在短期内作出战略决策的困难性,也同样能够理解在相对长的时间内作出战略决策的复杂性。

本书每一个案例的材料又由三个小部分组成。首先是对案例简短的背景性介绍。接下来是关于该案例的阅读材料,这是每一个案例的核心部分。阅读材料分为两个部分:必读材料和选读材料。必读材料200—300页,选读材料300—400页。这些必读和选读材料通常有三类:原始材料,学者对这些战略行为的研究,决策者和执行者的回忆录。

案例材料后面是一些富有挑战性的问题。这些问题是每一个案例中最为精要的部分。这些问题涵盖:导致战略决策的基本缘由,战略实施后的效果(特别是那些间接的、对决策者来说非意图性的和滞后的)，造成战略行为成败的必要因素、充分因素，决策者和执行者在战略行为成败中的作用(或者说是责任)。学生需要在充分阅读材料的基础上来回答这些问题。通过回答这些富有挑战性的问题，学生将切身体会战略决策中的复杂性、系统性和不确定性来学会理解战略行为。

本书的每一个案例都是相对独立的，因此，教师和学生都可以根据时间和学生的知识基础，选择其中的某些案例。此外，书中的某些案例具有一定的可比性，经常运用比较思维也会对你的分析有所帮助。

如何使用本书

学生必须首先阅读本书的前三章(第一部分)，因为这部分提供了战略行为的基本分析框架和工具(包括一个理解战略行为的初步框架、一个新的行为归因理论、一个帮助我们理解战略行为的系统效应的方法)。只有掌握了这些不可或缺的分析框架和技巧，才能相对好地分析案例中具体的战略决策和行为。

就回答具体的案例问题而言，最好的方式是由2—3名学生组成一个小组来回答案例中的一个或多个问题。在回答问题的过程中，学生要学会相互挑战，从而突破一些惯性思维。如果学生有限，则可以让每位学生回答案例中的一个问题，然后一起讨论。教员应该要求学生在课堂上做有充分准备的报告(presentation)，然后接受其他学生和老师的挑战和批评，并且通过捍卫和修正自己的理解来锤炼自己的战略思维。如果学生足够多，可以让两个学生或者两个小组回答一个同样的问题，通过PK的方式，激发学生的思考能力并促进学生间的思维碰撞。

我们也希望，学生的报告应该尽可能做到以下几点：

——尽可能将我们想象成为当时的决策者，并真正地将我们置于当时的历史情境。

——充分考虑决策者的教育背景(以及广义上的成长经历)、个人情绪偏好、所掌握的信息等。

——充分考虑决策者面临的国内政治经济格局(或者企业的内部状况)。

——充分考虑决策者面临的国际政治经济格局(或者市场环境)。这一格局不仅应该包括当时的基本大国关系、国际经济体系,还应该包括当时的某些趋势(这些趋势对于任何战略行为的成败有重要影响)。

——时刻关注决策者和国家机器对战略实施的控制和调整:这一过程本身又取决于国家的内部能力(人力、财力)、官僚体系的能力,以及对外界的影响力。

——时刻关注其他国家对决策的反应以及决策国和这些国家的互动。同样,这一点对于任何一个战略行为的成败有着重要的影响。

在这里,我们想特别强调,不是针对每一个具体案例的每一个问题都有最佳的答案。设计这些问题的初衷是训练学生的战略思维分析能力、技巧和习惯,而不在于提供一个唯一的正确答案,尽管某些问题可能确实有一些答案是更加可靠的。

最后,我们希望老师和学生能够把你们的批评和指正,特别是使用这个教程的一些心得和体会,反馈给我们,从而帮助我们进一步完善本教程。

唐世平

第一部分　分析框架

第一章

理解战略行为：一个初步的分析框架①

正确的国家战略是国家长治久安的根本之一，缺少战略或战略失当往往会令一国陷入凶险之境。若想制定正确的国家战略，我们必须对自己和其他国家的战略行为及其效果有深入了解。②战略行为给我们的认知带来的挑战主要有三个方面：如何理解他人或自己的行为，如何把握他人或自己的行为后果，如何理解自身和他人的行为是怎样相互作用并且最终导致这些行为和行为后果的。

20世纪，国际政治大理论之间的辩论很大程度上统治着国际政治作为一个学科的发展，国家战略行为的理论化没有受到应有重视。③尽管两次世界大战和冷战极大地推动了战略（行为）研究的深入，然而这一状

①左希迎（中国人民大学国际关系学院）、唐世平（复旦大学国际关系与公共事务学院）著。

② 在此，我们对国家战略和国家战略行为的工作定义是：国家战略乃是指导国家应对外部世界的原则和方法；而国家的战略行为则是指国家为了达成某一目标，基于一定计算的（因而是"战略的"）行为。需要强调的是，战略不等于战略行为。一方面，受限于具体环境的变化和战略实施人员的能力水平，并非所有的战略政策都可以转变为战略行为；另一方面（且更重要的是），有时国家的战略就是"无行为"或者"静观其变"。另外，国内已经有很多非常优秀的战略分析作品，本章主要讨论的是战略行为研究中的方法论问题。

③ 国际政治理论和外交政策理论之间的辩论，可参见 Colin Elman, "Horses for Courses: Why Not Neorealist Theories of Foreign Policy?" *Security Studies*, vol.6, no.1, 1996, pp.7-53; Kenneth N.Waltz, "International Politics Is Not Foreign Policy," *Security Studies*, vol.6, no.1, 1996, pp.54-57; Colin Elman, "Cause, Effect, and Consistency: A Response to Kenneth Waltz," *Security Studies*, vol.6, no.1, 1996, pp.58-61。

况在冷战结束后也面临挑战。[1]近年来,外交政策理论的研究逐渐冲破藩篱,对国家战略行为的研究也逐渐多元化,但这些研究仍然存在许多不足。在大的层面上,长时间以来,国内外的战略研究主要关注提出具体的战略方针,而忽视了战略制定中的方法论问题。这导致了既有战略研究的两个重要不足:一方面,缺乏一个理解战略行为的基本分析框架;另一方面,对影响战略行为的因素,以及它们的相互作用研究不足。本章旨在弥补这两个缺陷,提出一个理解战略行为的初步分析框架。

一、战略行为研究中的方法论问题

尽管一些学者对战略行为理论及其战略制定中的方法问题作了有益探讨,加深了我们对战略行为的理解[2],但大部分学者致力于为国家提供大的战略思路和具体战略,对理解战略行为的方法论问题关注较少。[3]对理解战略行为的方法论问题关注不够无疑是战略行为研究长期

---

[1] Richard K. Betts, "Should Strategic Studies Survive?" *World Politics*, vol.50, no.1, 1997, pp.7-33.

[2] 参见钮先钟:《战略研究》,广西师范大学出版社2003年版;周丕启:《大战略分析》,上海人民出版社2009年版;门洪华:《中国国际战略导论》,清华大学出版社2009年版;李少军主编:《国际战略学》,中国社会科学出版社2009年版。

[3] 楚树龙:《中国的国家利益、国家力量和国家战略》,《战略与管理》1999年第4期,第13—18页;王逸舟:《面向21世纪的中国外交:三种需求的寻求及其平衡》,《战略与管理》1999年第6期,第18—27页;门洪华:《国际机制与中国的战略选择》,《中国社会科学》2001年第2期,第178—187页;章百家:《改变自己　影响世界——20世纪中国外交基本线索刍议》,《中国社会科学》2002年第1期,第4—19页;黄仁伟:《中国崛起的时间和空间》,上海社会科学院出版社2002年版;叶自成:《中国大战略:中国成为世界大国的主要问题及战略选择》,中国社会科学出版社2003年版;张蕴岭主编:《未来10—15年中国在亚太地区面临的国际环境》,中国社会科学出版社2003年版;唐世平:《塑造中国的理想安全环境》,中国社会科学出版社2003年版;门洪华:《构建中国大战略的框架:国家实力、战略观念与国际制度》,北京大学出版社2005年版;阎学通、孙学峰等:《中国崛起及其战略》,北京大学出版社2005年版;杨洁勉:《大合作:变化中的世界和中国国际战略》,天津人民出版社2005年版;时殷弘:《国际政治与国家方略》,北京大学出版社2006年版;时殷弘:《战略问题三十篇——中国对外战略思考》,中国人民大学出版社2008年版;牛军主编:《战略的魔咒:冷战时期的美国大战略研究》,上海人民出版社2009年版。

裹足不前的一个重要原因。要对战略行为进行更加精细的研究,我们需要社会科学方法论的支持。当然,强调社会科学方法论不是要取代历史方法,而是为了相互促进,弥补不足。从方法论层面看,当前的战略行为研究存在以下几个主要问题。

(一)缺乏一个基本的分析框架

大多数情形下,国家的战略行为都是复杂的,而要理解复杂的体系需要一个基本的分析框架。部分战略行为研究,特别是新古典现实主义的研究,已经发展出了一些小的或中层理论,在一定程度上弥补了以往的缺陷。然而,这些理论并未给出一个用于理解战略行为的实用而有效的分析框架。①构建一个理解战略行为的实用而有效的分析框架是战略行为研究领域的一个重要任务。

(二)过于倚重历史方法

无论是在国内还是国外,战略行为研究领域的研究方法都相对单一,即过于倚重历史方法(建立在案例分析上的归纳和总结)。战略行为研究与外交史研究似乎有着天然的亲近性,这两个学科也确实可以互相学习借鉴、共同发展。②历史方法为战略行为研究领域提供了深厚的历史积淀,极大地推动了战略行为研究的发展,并产出了一系列优秀成

---

① 理解战略行为事实上就是一个复杂的"归因"(attribution)过程,而在战略行为研究领域,鲜有学者自觉地运用归因理论来讨论战略行为。须知,对社会心理学的归因理论缺乏了解很容易导致战略研究者误判战略行为成功和失败背后的原因。鉴于理解战略行为的归因问题的重要性和复杂性,我们将另文讨论。关于社会心理学既有的归因理论的综述和最新进展,参见 Bertram F.Malle, "Attributions as Behavior Explanations: Toward a New Theory," 2003, http://cogprints.org/3314/1/Explanation_theory_03.pdf, 2012 年 6 月 9 日。作者之一在发展一个新的归因理论方面的初步努力,参见 Tang Shiping, "Outline of a New Theory of Attribution in IR: Dimensions of Uncertainty and Their Cognitive Challenges," *The Chinese Journal of International Politics*, vol.5, no.3, 2012, pp.299–338.

② 对外交史和国际关系理论两个学科关系的探讨,参见美国《国际安全》杂志 1997 年第 1 期的专题讨论。

果。[1]在国内，一些学者用历史方法研究国家的战略行为，同样取得了令人瞩目的成就。[2]但是，历史方法的垄断地位也给战略行为的研究带来了一个重要问题：其他研究方法，特别是社会科学中的一些重要研究方法，在战略行为研究领域没有引起足够重视。与此同时，研究社会科学的学者（包括以理论构建为目标的研究国家战略行为的学者）也只讨论科学研究中的方法论问题，而很少探讨战略分析和制定中的方法论问题。[3]

（三）单一变量和多变量的困境

在理论构建中，学者需要兼顾理论的解释力和简约性，但理论解释力是第一位的，其次才是理论简约性。鉴于变量越多，理论构建就越困难，因此，许多构建理论的学者都严格控制被考察变量的数目。我们能够看到的最复杂的定性研究也仅仅考察4—5个变量，而这已经非常复杂。[4]对研究战略行为的学者来说，尽管限制变量是可能的，但是这样做的代价极大，这是因为战略行为都是多个变量相互作用的过程。这意味

---

① 比如 Henry Kissinger, *Diplomacy*, New York: Simon and Schuster, 1994; Zbigniew Brzezinski, *The Grand Chessboard*: *American Primacy and Its Geostrategic Imperatives*, New York: Basic Books, 1997; John Lewis Gaddis, *Strategies of Containment*: *A Critical Appraisal of American National Security Policy during the Cold War* (*Revised and Expanded Edition*), New York: Oxford University Press, 2005。

② 代表性的著作，参见钮先钟：《中国战略思想史》，(台北)黎明文化事业股份有限公司1992年版；钮先钟：《西方战略思想史》，广西师范大学出版社2003年版；钮先钟：《孙子三论：从古兵法到新战略》，广西师范大学出版社2003年版；时殷弘：《国际政治与国家方略》；时殷弘：《战略问题三十篇——中国对外战略思考》；姚有志：《国防理念与战争战略》，解放军出版社2007年版。

③ 其中的一些论述，参见 Nicholas Sambanis, "Using Case Studies to Expand Economic Models of Civil War," *Perspectives on Politics*, vol.2, no.2, 2004, pp.259-279; James Mahoney, "After KKV: The New Methodology of Qualitative Research," *World Politics*, vol.62, no.1, 2010, pp.120-147。但也有部分学者在这方面做出了有益探索，代表性的论述，参见 Robert Jervis, *System Effects*: *Complexity in Political and Social Life*, Princeton, N.J.: Princeton University Press, 1997。

④ 比如 Randall L.Schweller, *Unanswered Threats*: *Political Constraints on the Balance of Power*, Princeton, N.J.: Princeton University Press, 2006(中文版为《没有应答的威胁》，北京大学出版社2015年版)。

着,研究战略行为的学者必须直面多个变量的复杂体系,唯有如此,方能深入理解战略行为。

部分当前的战略行为研究只关注一个或者两个变量。比如,有一些学者探讨文化因素如何影响一国的战略行为①,还有一些学者认为政府是一国战略政策制定和实施的核心部门,因而主张关注政府机构对战略行为的影响②。同时,也有一些学者坚持任何战略政策的出台、执行和调整都离不开领导人(决策者),因而主张关注领导人对战略行为的影响,他们探讨的是领导人如何进行战略评估③,如何进行战略选择④,以及如何进行战略动员⑤。另有一些学者则关注利益集团对战略行为的影响,特别是一些新古典现实主义学者,他们致力于研究国际体系如何影响到

---

① Alastair Iain Johnston, *Cultural Realism: Strategic Culture and Grand Strategy in Chinese History*, Princeton, N.J.: Princeton University Press, 1995; Elizabeth Kier, *Imagining War: French and British Military Doctrine between the Wars*, Princeton, N.J.: Princeton University Press, 1997; Colin Dueck, *Reluctant Crusaders: Power, Culture, and Change in American Grand Strategy*, Princeton, N.J.: Princeton University Press, 2006.国内的代表性文献,参见李际均:《论战略》,解放军出版社 2002 年版;赵玥芳:《战略文化的再思考》,《世界经济与政治》2008 年第 1 期,第 14—24 页;时殷弘:《武装的中国:千年战略传统及其外交意蕴》,《世界经济与政治》2011 年第 6 期,第 4—33 页。

② 参见 Fareed Zakaria, *From Wealth to Power: The Unusual Origins of America's World Role*, Princeton, N.J.: Princeton University Press, 1998; Aaron L.Friedberg, *In the Shadow of the Garrison State: America's Anti-Statism and Its Cold War Grand Strategy*, Princeton, N.J.: Princeton University Press, 2000。

③ William Curti Wohlforth, *The Elusive Balance: Power and Perceptions during the Cold War*, Ithaca, N.Y.: Cornell University Press, 1993; Jeffrey W.Taliaferro, *Balancing Risks: Great Power Intervention in the Periphery*, Ithaca, N.Y.: Cornell University Press, 2004; Mark L.Haas, *The Ideological Origins of Great Power Politics, 1789-1989*, Ithaca, N.Y.: Cornell University Press, 2005; Daryl G.Press, *Calculating Credibility: How Leaders Assess Military Threats*, Ithaca, N.Y.: Cornell University Press, 2005.

④ Thomas J.Christensen and Jack Snyder, "Chain Gangs and Passed Bucks: Predicting Alliance Patterns in Multipolarity," *International Organization*, vol.44, no.2, 1990, pp.137-168; Thomas J.Christensen, "Perceptions and Alliance in Europe, 1865-1940," *International Organization*, vol.51, no.1, 1997, pp.65-97.

⑤ Thomas J.Christensen, *Useful Adversaries: Grand Strategy, Domestic Mobilization, and Sino-American Conflict, 1947-1958*, Princeton, N.J.: Princeton University Press, 1996.

国内利益集团，进而塑造一国战略行为[①]。

从这些研究的变量选取上来看，它们均致力于找出影响战略行为最为关键的一个或者两个因素，然后在此基础上构建一个理论。但这有一个致命缺陷：任何战略行为的背后，都会有多种因素起到作用，并且极有可能存在两个或者多个因素同样重要的情况。因此，让理论构建变得可驾驭（或者说是追求理论的"简约"）而舍弃任何一个因素都意味着是以牺牲对战略行为的理解为代价的。况且，绝大部分学者也没有解释为什么舍弃这个或这些因素。

更重要的是，战略行为是一个多种因素相互作用的复杂过程，即便我们罗列出这些因素也仍旧是不够的。要理解一个系统，我们还必须关注多个变量之间的互动关系。而变量越多，变量之间的互动关系就越复杂，目前的案例分析工具越来越显得力不从心。2×2的变量关系已经非常复杂，再多一些变量，要想厘清变量之间的关系，简单的排列组合和逻辑推理就难以胜任。如何能够相对充分地理解多个变量之间的互动关系是战略研究无法回避的障碍。

（四）战略研究中案例研究的问题

案例研究是战略行为研究中常用的研究方法，当前的战略行为研究也大多采用案例研究这一方法，即选取特定的案例来验证理论。然而，许多战略行为理论的案例研究都存在两个问题。

第一个问题是很多战略行为的研究都采用单一案例。从研究方法上来看，单一案例的研究很可能是作者潜意识地先从某个案例抽象出一

---

① Norrin M.Ripsman, "Neoclassical Realism and Domestic Interest Groups," in Steven E.Lobell, et al., eds., *Neoclassical Realism, the State, and Foreign Policy*, New York: Cambridge University Press, 2009, pp.170-193; Norrin M.Ripsman, *Peacemaking by Democracies: The Effect of State Autonomy on the Post-World War Settlements*, University Park, P.A.: The Pennsylvania State University Press, 2002; Steven E.Lobell, *The Challenge of Hegemony: Grand Strategy, Trade, and Domestic Politics*, Ann Arbor: The University of Michigan Press, 2003; Jason W.Davidson, *The Origins of Revisionist and Status-quo States*, New York: Palgrave Macmillan, 2006.

个理论，然后再用这个案例来验证该理论。因此，单一案例很容易（潜意识地）陷入"循环论证"的怪圈，理论验证很难令人信服，理论的解释力和普适性也将大打折扣。^①解决之道是我们需要摒弃单一案例研究，进行多案例研究，尤其需要进行相对好的"比较案例研究"。

"比较案例研究"是指比较分析两个或者多个案例的案例研究，其最大优势就是通过有控制的比较来审视不同案例，追溯事件的过程，从而发现对机制的解释，更便于因果关系的建立。通过比较多个案例的一致性和差异性，并进行历史过程追踪，"比较案例研究"无疑比单一案例研究更有说服力。在战略行为研究中，不少学者都采用"比较案例研究"作为研究方法。巴里·波森（Barry Posen）和伊丽莎白·基尔（Elizabeth Kier）分别比较英法德三国以及英法两国的军事学说，柯庆生（Thomas J.Christensen）比较研究中美领导人如何进行战略动员。^②另有学者采用多案例研究验证其战略行为理论，例如杰弗里·托利弗（Jeffrey W.Taliaferro）就用多个案例来验证大国如何在周边地区频繁进行外交和军事干预以制衡威胁；马克·哈斯（Mark L.Haas）用多个案例来验证国家之间的意识形态差距如何影响了领导人对威胁的感知。^③

第二个问题是案例研究多为正面案例，缺乏对负面案例的关注。在当前的绝大部分战略行为研究中，案例研究基本是正面案例。诚然，正面案例是验证理论最常用的方法，但其要求也颇为严格：研究者必须说

---

① 例如，兰德尔·施韦勒（Randall L.Schweller）就仅仅关注单一案例（每一种情形只有一个案例），因此，他的理论很容易受到质疑。参见 Randall L.Schweller, *Unanswered Threats*：*Political Constraints on the Balance of Power*。

② Barry R.Posen, *The Sources of Military Doctrine*：*France, Britain, and Germany Between the World Wars*, Ithaca, N.Y.：Cornell University Press, 1984; Elizabeth Kier, *Imagining War*：*French and British Military Doctrine Between the Wars*；Thomas J.Christensen, *Useful Adversaries*：*Grand Strategy, Domestic Mobilization, and Sino-American Conflict, 1947–1958*.

③ Jeffrey W.Taliaferro, *Balancing Risks*：*Great Power Intervention in the Periphery*；Mark L.Haas, *The Ideological Origins of Great Power Politics, 1789–1989*.

明如何选取一个案例,并论证为何选取这个而非其他案例。更重要的是,正面案例大行其道,负面案例则无人问津。事实上,运用负面案例的研究更有助于验证一个理论。具体说来,对战略行为的研究运用负面案例至少有三个好处:(1)在战略行为研究中加强负面案例研究,比较正面案例和负面案例,可以从正反两面验证理论,避免了理论的循环论证;(2)负面案例研究可以限定理论解释的范围,使得战略行为理论更为精致,方法论更为科学;(3)负面案例研究可以审视既有研究,从负面案例中发现新的机制,补足现有理论。因此,战略研究需要有负面案例的多案例比较研究。

(五)对各种变量的作用机制关注不足

多变量研究的最大困难不在于列举出许多可能影响战略行为的因素(或变量),而在于如何厘清变量之间的相互作用以及变量之间相互作用的机制。当前的战略行为研究对变量的相互作用关注严重不足,更谈不上变量相互作用的机制了。这主要表现在以下几个方面。

首先,影响不同战略行为阶段的变量组合可能是不同的。不仅如此,同一因素在不同阶段也可能有不同作用。[1]近年来,对战略行为的研究逐渐寻求连接国际和国内两个层次的变量,综合考虑影响战略政策制定的各种因素。在这些研究中,有些学者已经意识到以往战略研究的问题,开始探讨不同层次、不同阶段影响战略行为的因素。[2]然而,既有的战略行为研究都没有建立一个统一的分析框架,并且大多没有关注到每个阶段都有许多因素影响该阶段的成败。须知,不同阶段有不同的因素组合,而同一个因素在不同阶段中的作用大小和方向也是

---

[1] Shiping Tang, "Taking Stock of Neoclassical Realism," *International Studies Review*, vol.11, no.4, 2009, pp.801–802.

[2] Steven E.Lobell, et al., eds., *Neoclassical Realism, the State, and Foreign Policy.* 中国学者也做了出色的工作,比如杨毅、周丕启等学者就认为战略行为有战略决策、战略实施和战略调整三个阶段,对此的讨论,参见杨毅主编《国家安全战略理论》,时事出版社2008年版;周丕启:《大战略分析》,上海人民出版社2009年版。

不同的。

其次，相同因素在不同的情势下（特别是冲突或者合作）的作用大小和机制也是不同的。当前的战略行为理论主要关注各国如何制定战略政策以应对外部威胁或者解决国际冲突，很少关注对战略合作的研究。[1]事实上，国际体系和国内政治两个层面的因素对国家之间的合作同样有着重要影响，而且它们对国际合作的影响可能和它们对国际冲突的影响是不一样的。[2]

鉴于各种变量之间的复杂关系，要构建一个分析战略行为的统一框架，就必须厘清这些变量之间的相互作用关系，并且对它们的作用机制作出一定的探讨。在此基础上，才能建立一个关于国家战略行为的统一分析框架。

（六）忽视了两个盲点及其挑战

当前的战略行为理论还忽视了可能导致战略失败的两个盲点及其挑战，或至少对这两个盲点没有较深入的探讨。第一个盲点是国家的不同战略行为之间可能存在不匹配或相互矛盾，而这很容易导致战略的失败。第二个盲点是战略环境会发生变化，即外部发展摧毁了政策制定时的预设环境和执行战略的必要环境。国际环境和国内环境都是瞬息万变的，因而战略行为也需要随着环境的变化而调整。并且，前一阶段的战略行为也会塑造战略环境，从而使得后一阶段的战略环境与前一阶段有所不同。从战略行为的进程来看，这两个盲点对战略行为的成败殊为关键。目前的大多数战略行为研究甚至都没有注意到这两个盲点，就更谈不上对这两个盲点及其挑战有深入研究了。

---

[1] Shiping Tang, "Taking Stock of Neoclassical Realism," pp.799–800.

[2] 代表性的研究，参见 Jennifer Sterling-Folker, *Theories of International Cooperation and the Primacy of Anarchy: Explaining U.S. International Monetary Policy-Making after Bretton Woods*, Albany, N.Y.: State University of New York Press, 2002。

二、一个理解战略行为的初步分析框架

以上论述为我们的工作提供了一个大体努力方向,但我们不可能一下子解决所有问题。在这一节里,我们将首先提出一个理解战略行为的初步分析框架。我们认为这个初步分析框架应该是理解战略行为的起点,并将用一个小规模的实验来展示这个分析框架的效用。这个初步分析框架将战略行为细分为几个不同的阶段。

(一)战略行为的阶段

按照主要行为体的不同,以及这些行为体的重要性来审视战略行为的进程,我们可以将战略行为分为四个阶段,即战略评估、战略决策、战略动员和战略执行。①显然,在战略评估阶段,尽管战略评估的启动通常需要国家决策层的推动,但国家的情报收集和评估系统是主要行为体。在战略决策阶段,国家的决策层是主要行为体,国家的情报和智库系统也有重要的辅助作用。在战略动员阶段,国家的官僚体制(bureaucracy)是主要行为体,国家决策层是重要的辅助行为体。在战略执行阶段,国家的官僚体制和具体的执行人员(比如,高级外交官)是主要行为体,国家决策层的支持以及情报系统的反馈也是非常重要的(见表1-1)。

表1-1 战略行为的阶段划分

战略行为阶段	主要行为体	辅助行为体
战略评估	情报收集和评估系统	决策层
战略决策	决策层	情报和智库系统
战略动员	官僚体制	决策层
战略执行	官僚体制、具体的执行人员	决策层、情报系统

① 需要指出的是,我们的研究不仅在于分清战略行为的不同阶段,更是致力于以下三点:一是探讨战略行为阶段划分对理解战略成败的含义;二是分析除了这些阶段中出现的问题以外,其他导致战略成败的条件以及对其的理解;三是厘清不同战略行为阶段和不同因素之间的组合与匹配。

第一个阶段是战略评估,即国家对国际环境、国家能力和国家政策选择等因素做一个尽可能全面和准确的评估的过程。尽管在国家战略行为的过程中,任何阶段的失败都可能造成战略行为失败,但因为战略评估是战略行为的第一步,如果战略评估有误,战略行为则几乎不可能成功。

从目前学术界的研究来看,对战略评估的探讨主要集中在国家如何评估外部威胁以及与之相关的国内因素。[①]然而,战略评估事实上远比评估外部威胁复杂。[②]战略评估是对国家战略行为的整个基本环境做一番考察,而评估外部威胁仅仅是其中一个方面。在国际层面,战略决策者不仅需要评估外部威胁(包括敌人的多少和坚定性),也需要评估自身的盟友多少和凝聚力,还需要评估国际政治、经济发展趋势。在国内层面,战略决策者则需要兼顾国内的政治、经济生态,特别是国家运作战略政策的能力,在此基础上,进一步评估国家的政策选择。

另外,鉴于国际社会是一个系统,国家之间的互动模式非常复杂,更限于外部信息缺乏和自身"情感"或"情绪"的影响,战略评估并非一蹴而就,而是一个需要多次修正的过程。对领导人来说,好的战略评估还需要规划一个蓝图,这个蓝图不仅要宏观,更要尽可能全面、细致,对战略行为进程中的各种因素和可能都要考虑在内,并对其进行准确评估,形成一定的预案。

第二个阶段是战略决策,即领导人根据战略评估确立一整套战略规划或战略政策,借以指导国家的战略行为。在决策过程中,决策者(集团)是处理信息的中心,担负着政策选择的重大责任,而国家的官僚体制

---

① 比如：Daryl G. Press, *Calculating Credibility*: *How Leaders Assess Military Threats*; Mark L.Haas, *The Ideological Origins of Great Power Politics*, *1789-1989*; Steven E.Lobell, "Threat Assessment, the State, and Foreign Policy: A Neoclassical Realist Model," in Steven E.Lobell, et al., eds., *Neoclassical Realism*, *the State*, *and Foreign Policy*, pp.42-74.

② 唐世平：《国家安全环境的系统理论》,《世界经济与政治》2001年第8期,第16—22页。

只起辅助或者侧面作用。首先，领导人依据国家情报评估体系所提供的战略评估，甄别并处理来自于国际和国内层面的大量信息，再综合考虑各方的利益和关切。其次，国内不同部门和团体（例如外事部门、军方、利益集团、媒体、公众声音等）通过各种管道力图影响到决策过程。因此，领导人需要根据各方的利益相关程度，综合国家利益的排列顺序，权衡各种利弊，才能最后确立某个战略。

第三个阶段是战略动员。战略动员也就是战略准备，是指国家通过动员国际、国内战略资源（特别是物力资源和人力资源），以备实践已决定的战略。在战略动员阶段，国家的官僚体制是战略动员的主要行为体，肩负着动员的具体任务。①战略动员的客体则是一些重要的战略物质资源和人力资源，例如武器、钢铁、石油、粮食以及军事人员等。某些时候，领导人在战略动员阶段可能也有重要作用：因为战略动员有时需要决策者的直接推动。领导人还可以通过不同的策略来实施战略动员，如夸大外部威胁等。

第四个阶段是战略执行。战略执行是指国家利用已经动员的战略资源，实施既定战略。战略执行是国家战略行为的最终表现，或者说是战略的行为输出。战略执行还可以细分为战略布局、战略实施和战略调整三个部分。战略布局是战略执行的初级阶段，意指执行者通过各种手段控制重要的战略关节点，从而形成对己有利的战略态势，进而把握战略的主动权。②在战略执行阶段，良好的战略布局会让己方占据先机，进而为战略实施打好基础。战略实施是战略转变为具体国家行为的过程，在此过程中，纸面上的战略由具体的人员转变为具体的行为。③然而，即

---

① 因此，理顺国内政治制度并建立高效的官僚体制是国家动员能力的基本保障。

② 周丕启：《论战略布局》，《世界经济与政治》2009年第6期，第21—28页；欧阳维：《战略部署论》，解放军出版社2011年版。

③ 正如前面已经强调的，受限于具体环境的变化和战略实施人员的能力水平，并非所有的战略政策都可以转变为战略行为。另外，有时国家的战略就是"无行为"。

使看似完美的战略规划,在实践中也可能存在诸多问题,战略实施人员则应该及时调整应对变化,以避免战略无的放矢。特别是,两个或者多个国家之间是一种战略互动关系,一国的行为发生变化,通常会引起其他国家的行为作出调整,而该国的行为最终可能也必须随之调整。这意味着,任何战略执行都需要战略调整,以避免战略政策脱离实际。

(二)理解战略行为的成功与失败

我们提出的初步分析框架首先将给出一个通常不被认识到的结论,即战略行为的失败很容易,但是要解释或理解失败却相对困难;战略行为的成功很困难,但是要解释或理解成功却相对容易。[①]

显然,一个成功的战略行为意味着在以上四个阶段都基本是成功的,而且同时也要求国家的不同战略不存在大的相互矛盾,对外部环境的变化把握基本准确。换句话说,战略行为成功需要具备三个基本条件:(1)一个正确的战略得到了良好的执行,包括评估大致准确、决策正确、动员了足够的资源,以及执行得当且灵活;(2)战略环境总体有利于战略的执行;(3)国家战略并无严重的相互矛盾和抵触的情况。类似地,战略行为的失败也可能有三个方面的主要原因:(1)战略行为四个阶段中至少有一个阶段是失败的;(2)外部环境的变化超出了战略评估对外部环境的把握,换言之,外部发展摧毁了政策原有的执行环境;(3)国家战略有相对严重的自相矛盾、自相抵触。

尽管战略行为的成功很困难,但是要解释或理解成功却相对容易。相比之下,找出战略行为失败的原因,相对来说就困难得多:失败很容易,但是要解释或理解失败却相对困难。这是因为要解释失败,需要我们弄清楚哪一个或哪几个阶段失败了。如果无法对失败原因作出准确的判定,就会出现好的部分不能保留,而坏的部分则有可能得到保留的

---

① 在许多情形下,对战略行为的绩效评估并不容易。为了讨论的方便,我们暂且假定对战略行为的绩效评估是相对容易的。

"悲剧"性结果。

具体说来，理解战略行为的成败，仅战略评估、战略决策、战略动员和战略执行四个阶段的成败组合就有16种之多（表1-2）。假定战略行为的成功很容易判定，那么对一个失败的战略行为的判定有14个错误答案，而只有1个正确答案。[①]显而易见，系统地探讨和解释战略行为成败（特别是失败），是一件非常困难的工作。比如，即便在战略评估和战略决策都成功的情形下，也仍旧有战略动员和战略执行的三种不同组合将导致战略行为的失败。因此，理解一个战略行为的失败，不能简单笼统地认定"战略本身失败了"，对不同阶段的判定也是至关重要的。又比如，假定一个战略行为失败的真实原因是资源动员不足，而评估的结果是该战略行为的评估和决策都是失败的，那么这个行为体就极有可能会抛弃一个正确的战略，而不是增加一定的资源投入。

如此一来，我们对战略行为阶段的简单划分就很容易让我们发现一些既有的战略研究的严重不足。我们将发现，目前的研究对战略行为成功和失败（特别是失败）的原因事实上都没有特别精细的研究。战略行为可以划分为不同的阶段，任何一个阶段失败都将导致失败，因此确定失败的原因其实非常困难，而既有研究大多没有重视这一要点。[②]

以托利弗为例，他探讨的是国家如何从国内社会汲取和动员资源，塑造国家应对威胁的战略行为。他认为19世纪后半叶的清政府与日本都致力于军事自强战略，但是由于清政府的国家汲取能力较弱，因而在与日本的竞争中失败。[③]尽管托利弗指出的可能性是存在的（甚至是正

---

① 四个阶段的成败组合有16种可能，除掉各个步骤都正确（即战略成功），只剩下15种可能；在15种可能里，只有1种可能是真实的情形，所以存在14种错误答案。另外，如果加上战略不匹配和战略环境变迁，战略行为的成败组合将有64种之多，而这必须借助一些数理和计算机工具才能进行研究。

② 代表性的研究，参见 Steven E.Lobell, et al., eds., *Neoclassical Realism, the State, and Foreign Policy*。

③ Jeffrey W.Taliaferro, "State Building for Future Wars: Neoclassical Realism and the Resource-Extractive State," *Security Studies*, vol.15, no.3, 2006, pp.464-495.

确的），但他对战略失败的缘由的理解却是简单化的。他忽视了战略行为任何阶段的失败都可能造成一国战略的失败，即除了战略动员失败以外，清政府可能在战略评估、战略决策或战略执行上也是失败的。类似这样的简单化的战略研究还有许多，我们不再一一列举。

表1-2 评估战略行为失败或成功的不同组合（+成功，-失败）

战略评估	战略决策	战略动员	战略执行	正确的答案
−	+	+	+	评估失败
−	−	+	+	评估失败；决策失败
−	−	−	+	评估失败；决策失败；动员不足
−	−	−	−	全部失败
−	+	−	−	评估失败；动员不足；执行失败
−	+	−	+	评估失败；动员不足
−	+	+	−	评估失败；执行失败
−	−	+	−	评估失败；决策失败；执行失败
+	+	+	+	全部成功
+	−	+	+	决策失败
+	−	−	+	决策失败；动员不足
+	−	−	−	决策失败；动员不足；执行失败
+	+	−	−	动员不足；执行失败
+	+	−	+	动员不足
+	+	+	−	执行失败
+	−	+	−	决策失败；执行失败

（三）一个小规模的"实验"

为了初步验证上述分析框架的有效性，我们做了一个小规模的"实验"。实验的对象是五位从事中国战略分析的中青年骨干人士或学者，他们来自政府战略研究部门和大学。我们要求他们对中国在过去一段时间的三个最为重要的战略行为（针对某一个国家或一个国家集团）进行评估。我们将这三个战略行为用A、B、C表示，而五位人士则用甲、乙、丙、丁、戊表示，其结果如下（表1-3）。

表1-3　不同分析者使用分析框架后的分析①

人士/行为	A	B	C
甲	各个阶段都不错。总体非常成功(90分)。	执行不错,但评估、决策、动员均失败。总体失败(50分)。	各个阶段都不错。总体非常成功(90分)。
乙	在某年之前,各个阶段都不错。总体非常成功(90分)。在某年之后,没有及时评估和调整。总体失败(50—59分)。	(没做评估)	(没做评估)
丙	各个阶段都不错。总体非常成功(90分)。	评估、决策、执行均成功。动员不足。总体及格(70分)。	在某年之前,各个阶段都不错。总体非常成功(90分)。不过,在某年之后,几乎各个阶段都出现了问题。最多及格(60分)。
丁	评估、动员、执行都不错,但决策失败。总体失败(50—59分)。	总体及格(70分)。	各个阶段都不错(丁认为对这个问题的评估相对容易)。总体非常成功(90分)。
戊	在某年之前,各个阶段都不错。总体非常成功(90分)。在某年之后,没有及时评估和调整战略。总体失败(50—59分)。	在某年之前,各个阶段都不错。总体非常成功(90分)。在某年之后,评估、决策、动员失误,执行尚可。总体失败(50分)。又在某年之后,评估和决策正确。但是,动员和执行均不够坚决。总体及格(70分)。	在某年之前,除动员之外,各个阶段都不错。总体非常成功(85—90分)。不过,在某年之后,除了评估正确外,其他各个阶段出现了问题(延续已有的思路和行为)。最多及格(60分)。

　　首先,我们的分析框架使他们各自的分析过程更加精细,他们的分析结果也因此更加精细。此前,他们之间的讨论时常会出现"这个战略不对"这样笼统的判定。一些分析者还能够自觉地在此基础上将一个战

---

① 在调查时,我们没有要求几位人士打分。表中的分数是我们通过预先设定的分数区间给出的:非常成功(85—90),基本成功(75—84),及格(60—74),失败(59或更低)。

略行为分为几个时段，并且对每一个时段的战略行为的不同阶段进行评估。①

其次，正如我们先前预测的那样，不同人士之间共识相对较多的战略多半是相对成功的战略，即在某一年之前的C战略。而也正如我们先前预测的那样，针对那些不是很成功的战略行为（比如B战略行为），不同人士之间的分歧很多。

最后，对于那些不是很成功的战略行为，我们的分析框架让我们看到不同人士的判断之间更多细节的分歧。这样一来，他们的分歧就可以被更加精细地推敲。如果没有这样的一个分析框架，他们之间的讨论（甚至争论）就无法进行：各说各的判定和理由，却没有对话。通过讨论，他们可以达成共识，这样更容易让他们接近一个真实的判断，从而有助于他们从中国的战略行为中吸取经验和教训。

总之，尽管实验规模小且简单，但却能够在一定程度上说明我们分析框架的效用。

三、界定影响战略行为的因素

前面提到，战略行为受到众多因素的影响。在这一节里，我们将对一些最重要的因素进行初步的界定。因为相比国内因素，理解国家战略行为背后的国际因素可能反而相对容易，我们将先探讨国际因素，然后再探讨国内因素。

需要特别指出的是，我们这里讨论的是一个"应然"问题，即战略行为体应该考虑的因素或者是应该会影响战略行为的因素。但我们深知，鉴于各种限制，一个国家的领导人或精英集团可能在当时并没有考虑这么多客观环境因素，而且要准确认知这些因素在当时也是非常困难的。

---

① 另外，分析者"丁"已经意识到同一个战略行为可能有多个目标，而这些目标之间可能是相互矛盾或至少是不匹配的，而这也很容易导致战略失败。

显然，领导人或精英集团主观认识到的环境与他们所面临的客观环境之间的差别越大，国家的评估和决策就越有可能出现问题，战略行为也就越有可能失败。因此，要理解战略行为（特别是其成败），我们不仅应该考虑到当时领导人或精英集团所面临的客观环境，还必须考虑到领导人或精英集团所认知的客观环境，这两者缺一不可。

（一）国际因素

1. 国家之间的相对实力分配。国家之间的相对实力分配主要是指国家之间的物质力量分配，特别是经济实力和军事实力的对比。尽管现实主义者（特别是结构现实主义者）可能过分夸大了国家实力分配对国家行为的影响，[①]但不可否认的是，在进行战略评估和战略决策时，实力的对比通常是领导人所关注的首要因素。一定意义上说，实力的对比也是影响国家战略政策的核心因素。

2. 盟友的多少和凝聚力。结盟是国际政治中的一种重要战略行为，也是实现国家目标、维护国家利益的重要外部手段。一国的战略行为除了需要权衡己方盟友多少（以及敌方盟友的多少）之外，还需要考虑己方盟友的凝聚力，因为盟国内部存在着"被抛弃"（abandonment）和"被牵连"（entrapment）的可能性。[②]盟友的多少决定了一国可能获得的外部支持的多寡，盟友多可以增加支撑战略政策的资源；联盟凝聚力则是指联盟之间在战略协调上的团结程度和配合程度。

以冷战时期的美苏为例，美国的盟友远远多于苏联，并且这些国家的战略资源也远胜于苏联的盟国，因而美国可以通过利用盟友的战略资源减轻自身的战略负担。从组织形式来看，联盟可以分为对称性联盟和

---

① Hans J.Morgenthau, *Politics Among Nations: The Struggle for Power and Peace*, New York: Alfred A.Knopf, 1948, part two; Kenneth N.Waltz, *Theory of International Politics*, Reading, Mass.: Addison-Wesley Publishing Company, 1979.

② Glenn H.Snyder, "The Security Dilemma in Alliance Politics," *World Politics*, vol.36, no.4, 1984, pp.461-495; Glenn H.Snyder, *Alliance Politics*, Ithaca, N.Y.: Cornell University Press, 1997.

非对称性联盟。非对称性联盟一般存在一个领导国家，最具代表性的就是冷战期间的北约和华约。对称性联盟内国家实力往往不相上下，大多存在着实力比较接近的两个或者多个国家（比如一战前的法俄联盟）。其他条件恒定的情形下，非对称性联盟的凝聚力一般要高于对称性联盟，但即便是非对称性联盟内部，不同联盟的凝聚力也有所不同。总体说来，联盟凝聚力的大小受到国家实力差距的大小、意识形态的相似程度、联盟制度化程度以及领导国家提供公共物品的多寡等因素的影响。[1]

3. 敌对国的多少、能力和坚定性。国家战略行为的首要问题之一就是要分清楚敌我形势，对敌对国的威胁作出准确及时的判断。[2]一个国家面临的敌国越多、越强，这个国家的战略环境就越困难。[3]同时，敌国的坚定性（resoluteness）也是影响战略政策的一个重要因素。敌国坚定性是指敌国对抗本国的战略意志强度或决心（resolve）。敌国的坚定性越强，对本国的挑战或威胁也就越大。[4]

4. 国际政治、经济发展趋势。在不同历史时期，国际社会存在一些特定的趋势，而这些政治、经济发展趋势的作用不容小觑。如果一国能

---

[1] 关于联盟凝聚力的最新研究，参见苏若林、唐世平：《相互制约：联盟管理的核心机制》，《当代亚太》2012 年第 3 期，第 6—38 页。早期的研究参见 Stephen M.Walt, *The Origins of Alliances*, Ithaca, N.Y.: Cornell University Press, 1987; Glenn H.Snyder, *Alliance Politics* 等。

[2] 有学者就认为，哪些外部力量对一国构成威胁，这是大战略必须回答的三个问题之一，参见 Jisi Wang, "China's Search for a Grand Strategy: A Rising Great Power Finds Its Way," *Foreign Affairs*, vol.90, no.2, 2011, p.68。

[3] 国家通常都在试图获得更多盟友的同时，极力减少敌国的数量，削弱敌国的实力，以防敌国通过联合对抗自身，这就是"楔子战略"。参见 Timothy W.Crawford, "Preventing Enemy Coalitions: How Wedge Strategies Shape Power Politics," *International Security*, vol.35, no.4, 2011, pp.155-189。

[4] 一个行为体的决心至少由以下四个因素决定：能力、目标、意图以及外部环境（比如盟友的多少和凝聚力）。详细的讨论，参见 Shiping Tang, "Outline of a New Theory of Attribution in IR: Dimensions of Uncertainty and Their Cognitive Challenges"。

认清世界大势，并顺从这些大势，就可能对其战略政策起到正面作用。[①]
相反，如果逆势而行，则往往会遭遇巨大的阻力，并丧失其战略机遇。在
国际政治领域，历史上的黑奴解放运动、去殖民化运动等都是能够影响
一国战略政策、甚至国运的历史趋势。战略决策者如果不识时务，逆潮
流而上，则往往难以实现其战略目标。一些国际经济发展趋势，如工业
化、信息化、产业转移、石油资源逐渐减少、金融服务业的兴起、资本的流
动加速，等等，也会影响到一国的战略政策选择。[②]

（二）国内因素

国家的战略行为是一项多阶段的浩大工程，因此不可避免地受到各种
国内因素的影响。同一因素在不同阶段的作用有所不同，且不同因素在相
同阶段的作用也相差很大，因此需要对主要的国内因素一一进行探讨。

1. 领导人个人的禀赋、偏好和学习能力。在传统的战略研究里，领
导人一直是最重要的角色。但在行为主义的科学化诉求中，个人这一层
次的分析却逐渐被边缘化，仅存在于一些早期的外交政策分析中。[③]可
问题在于，如果忽视领导人这一重要因素的作用，我们就很难理解国家
的行为。毕竟，是领导人感知外部威胁，规划和讨论战略。因此，我们必
须将领导人重新纳入到国际政治的研究范畴。[④]

---

① 潘忠岐就认为，随势而不逆势是中国和平发展战略的关键。参见潘忠岐：《从
"随势"到"谋势"——有关中国进一步和平发展的战略思考》，《世界经济与政治》
2010年第2期，第4—18页。

② 需要特别指出的是，我们在思考本国的战略行为时可能很容易去考虑这些大
趋势，但在理解他国的行为时却很容易忽视这些大趋势对其行为的驱动。

③ 在外交政策研究中，个人及其个性一直被广泛关注，代表性的研究参见：
Lloyd S.Etheredge, "Personality Effects on American Foreign Policy, 1898-1968: A Test
of Interpersonal Generalization Theory," *The American Political Science Review*, vol.72,
no.2, 1978, pp.434-451; Margaret G.Hermann, "Assessing the Personalities of Soviet
Politburo Members," *Personality and Social Psychology Bulletin*, vol.6, no.3, 1980,
pp.332-352; Alexander L.George, *Presidential Decisionmaking in Foreign Policy: The
Effective Use of Information and Advice*, Boulder, Colo.: Westview Press, 1980。

④ Daniel L.Byman and Kenneth M.Pollack, "Let Us Now Praise Great Men: Bring-
ing the Statesman Back In," *International Security*, vol.25, no.4, 2001, pp.107-146.

以往的研究大多将领导人看作一个理性的行为体，从国家利益的成本—收益分析来制定和执行战略政策。然而，没有绝对理性的人，领导人也一样。要更好地理解国家的战略行为，就必须考察领导人的性格和偏好，这可以集中在三个方面。首先，在不同的问题领域，领导人的偏好会有差别。如果领导人在某一领域特别擅长，就更容易按照自己的逻辑给国家战略行为烙上自我意志的烙印。有的领导人其个人偏好在国内政治，有的个人偏好在外交政策；有的领导人擅长经济领域的议题，有的则擅长安全领域的议题。其次，领导人的性格可以分为进攻性的（鹰派）或者防御性的（鸽派）。领导人如果是进攻性的，则在对外政策中往往主张通过强硬手段来解决问题。最后，领导人还可以分为"革命型"和官僚型。"革命型"的领导人，其战略行为往往个人风格比较明显。相比之下，官僚型的领导人，往往按照官僚体制的运作程序来处理战略事务，因而战略行为中的个人风格不明显。

领导人的禀赋和学习能力也是不同的。由于成长背景、知识结构、兴趣偏好等因素的不同，领导人在战略决策中的禀赋存在差异。有些领导人能够睿智地判断一国所处的位置，并通盘考虑以制定合理、明智的战略政策。有些领导人则由于禀赋的缺陷，或者在某些问题领域缺乏足够的能力，不容易形成决断，或者是作出战略决定之后出尔反尔，让执行者无所适从。另外，在学习能力上，领导人也差异明显。学习可以分为两种类型：第一种是"负面学习"，即从本国和他国的历史经验中吸取教训，避免以往所犯的战略失误；[1]第二种是"正面学习"，即学习自己国家，

---

① Jack S.Levy, "Learning and Foreign Policy: Sweeping a Conceptual Minefield," *International Organization*, vol.48, no.2, 1994, pp.279-312. 另外，杰克·斯奈德（Jack Snyder）也认为，战略学习缺失是一些国家过度扩张的重要原因之一，英国和美国等大国之所以能够避免过度扩张，其主要原因就是它们能够及时吸取经验教训，从过度扩张中收缩力量。参见杰克·斯奈德：《帝国的迷思：国内政治与对外扩张》，于铁军等译，北京大学出版社2007年版。

尤其是他国的成功之处。①领导人在国家制定、执行战略政策时，两种学习都需要考虑。不过，对领导人来说，这两种学习能力会有差别。有的领导人可能两种能力都很强，有的领导人则可能仅仅擅长其中的一种，也有的领导人可能两者都不擅长。

2. 精英凝聚力和社会凝聚力。精英凝聚力是指一个社会的精英阶层中的群体或个人视彼此为精英阶层一部分的程度。宗教相异、族裔不同、个人成长以及战略文化背景差异等因素都可能成为精英分裂的原因。长期的政治对立也有可能导致精英集团的分裂。最终，在一个社会里，身处两个不同集团的精英阶层拒绝承认对方是整个国家的合法精英。②

同理，社会凝聚力是指一国的公民视彼此对国家拥有平等权利的程度。在多族群国家里，历史、文化和宗教等原因可能导致族群之间的冲突和对立程度非常高，从而使社会凝聚力低下。长期的阶级斗争、高度的社会不公，以及长期的党派政治对立也会降低社会的凝聚力。③

---

① Colin Elman, *The Logic of Emulation: The Diffusion of Military Practices in the International System*, Ph.D.dissertation, Columbia University, 1999; João Resende-Santos, *Neorealism, States, and the Modern Mass Army*, New York: Cambridge University Press, 2007; 左希迎：《新精英集团、制度能力与国家的军事效仿行为》，《世界经济与政治》2010年第9期，第88—108页。

② 需要指出的是，本文中的精英集团是一种更加狭义上的概念，意指能够影响或决定一国战略行为的少数精英，所以企业和文化精英并不包括在内。

③ 我们对精英凝聚力与社会凝聚力的讨论同施韦勒（Schweller）有很大不同。首先，我们认为施韦勒在其论述中将精英凝聚力与社会凝聚力分开来探讨是错误的。事实上，精英凝聚力是社会凝聚力的一部分。为了更方便地理解战略行为的进程，在研究中可以将社会凝聚力拆解成精英和社会两个层次。其次，施韦勒认为精英凝聚力是"中央政府的政治领导人被持续的内部分裂分立的程度(the degree to which a central government's political leadership is fragmented by persistent internal divisions)"(Randall L.Schweller, *Unanswered Threats: Political Constraints on the Balance of Power*, p.54.)。我们认为，这一定义太过狭窄且不够严谨，很容易变成只是进一步解释他的另一个变量"精英共识"而已。不过，施韦勒的某些讨论又涉及了我们所指的"精英凝聚力"。因此，施韦勒的讨论的自身逻辑是不够自洽和严谨的。我们还认为，判断精英凝聚力和社会凝聚力可以通过两个方面来评估：一个是精英的组织化程度和社会的组织化程度；另一个则是精英的价值冲突程度和社会的价值冲突程度。

显然,精英集团的凝聚力是一国制定战略政策的重要前提之一。精英集团的凝聚力越高,国家制定战略、动员资源和执行战略的能力就越强。社会凝聚力可以直接影响国家动员资源和执行战略的能力,不仅如此,社会凝聚力还可以影响到精英对本国能力的判断及其对国内安全的担忧,进而间接影响到战略评估和战略决策。总体说来,一个社会如果是分裂的,其战略行为则步履维艰。一战期间的沙皇俄国就是一个社会凝聚力不足的典型案例,尽管沙皇俄国的精英尚存一些凝聚力,但是其社会凝聚力的缺失令其很难进行战争动员。其中一个重要结果(同样也是原因)是沙皇俄国利用其精英部队维持内部安全,而非外部安全。

3. 政体类型和政体安全。政体类型和政体安全深刻影响着战略行为(详细的讨论见第四节),在这一点上,很多学者作出了有益探索。爱德华·曼斯菲尔德(Edward Mansfield)和斯奈德研究了政体类型和政体安全对冲突的影响[1];傅泰林(M.Taylor Fravel)探讨了政体安全如何影响领土争端等[2]。但是,这些研究也存在一些不足。比如,对于政体类型和政体安全如何影响一国的战略行为,大部分既有研究都只考虑了这两个因素的其中一个,而没有考虑这两个因素的相互作用对战略行为的影响。

大致而言,政体可以分为多元政体和一元政体两种理想类型,根据其安全程度又可以将国家划分为强多元国家、弱多元国家、强一元国家和弱一元国家。[3]其他条件不变的情形下,强多元国家在战略行为的各

---

① Edward D.Mansfield and Jack Snyder, *Electing to Fight*: *Why Emerging Democracies Go to War*, Cambridge, Mass.: MIT Press, 2005.

② M.Taylor Fravel, *Strong Borders*, *Secure Nation*: *Cooperation and Conflict in China's Territorial Disputes*, Princeton, N.J.: Princeton University Press, 2008.

③ 此处,多元政体是指政治体系是多头的、分散的,精英集团之间存在着竞争,没有任何一个群体能独享权力;一元政体则是指政治体系是集中的,精英集团之间没有竞争或者竞争很小。其中,研究多元政体的主要代表人物是罗伯特·A.达尔(Robert A.Dahl),代表性的论述参见 Robert A.Dahl, *Who Governs? Democracy and Power in an American City*, New Haven, C.T.: Yale University Press, 1961;罗伯特·A.达尔:《多元主义民主的困境——自治与控制》,尤正明译,求实出版社1989年版;对多元政体与一元政体的讨论,参见 G.萨托利:《政党与政党体制》,王明进译,商务印书馆2006年版。

个阶段都应该表现不错。弱多元国家在评估阶段可以做得不错，但在决策、动员和执行阶段则不容乐观。强一元国家在动员、执行阶段可能不错，但是在评估和决策上都有一定的局限性。弱一元国家在评估、决策、动员和执行阶段都存在诸多问题（表1-4）。

表1-4　政体类型和政体安全对战略行为的影响

政体类型	政体安全程度	在不同战略行为阶段的优劣
强多元国家	高	各个阶段都不错
弱多元国家	低	评估阶段不错，但决策、动员和执行阶段则不容乐观
强一元国家	高	评估和决策阶段容易出问题，动员、执行阶段不错
弱一元国家	低	各个阶段都容易出问题

4.官僚体制的有效性。官僚体制的有效性意指官僚体制在以下几方面的能力：汲取资源和动员资源的能力、执行战略的能力、信息收集和反馈能力。显然，官僚体制的有效性对于国家的战略评估、战略动员和战略执行都是至关重要的，尽管对于战略评估阶段，通常只有情报收集和评估的官僚体制起到直接作用。

官僚体制是否有效，主要取决于以下五个因素：(1)分工是否明确。官僚体制内存在各个部门的竞争，因而各个部门的分工就显得非常重要。一旦分工不明确，便会影响到官僚体制的有效性。(2)奖惩措施是否公正严明。一个政治系统中必须有得当的奖惩措施来保证体制的正常运转，惩罚违背规则的行为和奖励遵守规则的行为都是不可或缺的。(3)信息网络是否畅通，信息是否透明。官僚体制内的网络与信息关系到各个部门之间的合作与协调，畅通的网络结构与透明有效的信息是基本前提。(4)资源是否足够。一个体制的运转必然需要强有力的资源支撑，如果官僚体制的资源不能保证，战略行为也将缺少官僚体制的支持。(5)官僚体制的文化是否具有进取精神。官僚体制往往充满了惰性，如果要保证其有效性，就必须构建一种鼓励进取的制度从而维持一种进取文化，以不断改革和进步。如果丧失了进取文化，官僚体制往往会阻碍国家战略行为的出台和实施。

　　5.国家的学习能力。国家的学习能力是一个国家最核心的能力之一，意指一个国家不断从历史和其他国家学习经验教训以努力提升自我水平的能力。如果一个国家的学习能力突出，其把握历史机遇、推动战略行为的能力也就越强。总体来说，国家学习能力由三个基本要素组成：全民学习的基础设施、鼓励学习的社会激励机制、鼓励个人和组织学习的文化。[①]前文已经叙述了领导人的学习能力，但是国家的学习能力是一个更宽泛的概念，它包含领导人的学习能力、国家机器的学习能力和社会的学习能力（比如研究机构的研究能力）三个组成部分。国家的学习能力能够影响到战略评估和战略执行，特别是当战略行为受挫需要调整时，国家的学习能力就显得尤为重要了。

四、战略行为的复杂性

　　影响战略行为不同阶段的因素很多，我们的研究也正在这个方面借助数理方法（比如解释结构模型）继续深入，我们在这里先进行一些初步的探讨，通过归纳和推理列举出影响不同战略阶段的主要因素（表1-5）。[②]

表1-5　影响不同阶段战略行为的主要因素（选列）

	评估	决策	动员	执行	大致的度量标准
政体类型	+++	+++	+++	+++	多元或一元
政体安全	++	+++	+++		安全程度高或低

---

　　① 唐世平：《国家的学习能力和中国的赶超战略》，《战略与管理》2003年第5期，第42—44页。唐世平最先的讨论还将"个人学习的成就动机"作为一个独立的因素。我们认为，这个因素很大程度上是由其他三个因素所决定的。因此，在这里我们只列出了其他的三个因素。
　　② 我们这里讨论的许多因素来自于新古典现实主义者们的研究，但我们也引入了许多其他关于国内政治因素对国家对外行为的影响的研究。作者之一早些时候的讨论，参见唐世平：《国家的学习能力和中国的赶超战略》；Shiping Tang, "Taking Stock of Neoclassical Realism"；Shiping Tang, "Reconciliation and the Remaking of Anarchy," *World Politics*, vol.63, no.4, 2011, pp.711-749。新古典现实主义的相关研究，参见 Steven E.Lobell, et al., eds., *Neoclassical Realism, the State, and Foreign Policy*。

	评估	决策	动员	执行	大致的度量标准
精英凝聚力		+++	+++	++	精英分裂程度的高或低
社会凝聚力			+++	++	大众分裂程度的高或低
领导人禀赋	+++	+++	+		强或弱
领导人的学习能力	+++	+			强或弱
领导人的偏好	+++	+++			鹰派或鸽派；官僚型或革命型
官僚体制的有效性	++		+++	+++	高或低
国家的学习能力	+++			++	强或弱

注："+"的多少表示这些因素的影响大小，空白表示影响很小。

（一）战略行为各阶段的因素组合

表1-5清楚地表明，不同阶段有不同的因素组合，而同一个因素在不同阶段的影响大小可以不同。根据不同因素的作用大小，我们将其分为核心因素（+++）、重要因素（++）和一般因素（+）。

在战略评估阶段，核心影响因素是：政体类型、领导人禀赋、领导人的学习能力、领导人的偏好和国家的学习能力。首先，政体类型会影响到战略评估。从战略行为的过程来看，不同政体的评估模式会有所不同，并最终影响战略评估的结果。其次，领导人禀赋是影响战略评估的核心因素。对领导人来说，其对战略进程的掌控能力，特别是对国际环境的敏感性，以及对国内政治纷争的协调和引导能力，都是战略评估至为重要的因素。再次，领导人的偏好也是影响战略评估的核心因素，即使面临同样的战略环境，领导人也会因偏好的差异而做出不同的评估。最后，领导人的学习能力、国家的学习能力也都会影响到战略评估，因为战略评估不仅需要领导人学习能力的保障，还需要依托整个国家的学习能力。此外，官僚体制情报收集和评估体系的有效性对战略评估的影响是显而易见的，因而属于重要因素。政体安全也是战略评估中的一个重要因素，但更多的是通过间接影响决策层对内外威胁轻重的判断而影响评估的。

在战略决策阶段，领导人的作用不可或缺。领导人的偏好和领导人的学习能力这两个因素不仅可以影响到战略评估，也会影响到战略决策，只是作用大小不一。领导人禀赋和偏好都是影响战略决策的核心因素，而领导人的学习能力则变成了一般因素。除此之外，政体类型、政体安全、精英凝聚力也是影响战略决策的核心因素。政体类型和政体安全不同意味着各国国内政治结构会有所区别，而这会塑造战略行为的决策模式，从而影响到战略决策。最后，如果精英缺乏凝聚力（精英是分裂的），精英在战略决策上将不容易达成一致。

战略动员是战略行为成功的重要保证，缺乏强有力的物力和人力资源保证，战略执行会举步维艰。能够影响到战略动员的核心因素包括政体类型、政体安全、官僚体制的有效性、精英凝聚力以及社会凝聚力。政体类型不同意味着政治制度的差别，而政治制度的差别将会影响到战略动员的效率。政体安全同样会影响到战略动员。如果国内政体安全程度低，动员能力势必受到影响；如果一国政体安全程度高，则有益于其战略动员能力。官僚体制有效性所能发挥的关键作用显而易见：官僚体制高效灵活，政令方能畅通顺达，汲取物质资源、吸引人力资源的能力才能有所保障。①精英凝聚力是影响战略动员的核心因素，若精英集团缺乏凝聚力，则可能影响到社会层面的动员。社会凝聚力也影响战略动员，因为整个战略所需的人力资源和物质资源最终都是从社会中汲取，所以统一合作的社会力量是重要保证。如果社会缺乏凝聚力或者社会陷入分裂状态，战略动员将难以开展。与之相较，因为许多情况下领导人并不需要直接参与战略动员，尽管拥有巨大威望的领导人能够推动战略动员，领导人禀赋也只是影响战略动员的一般因素。

战略执行是整个战略行为的最后阶段。影响战略执行的核心因素

---

① 例如，在新中国成立以后，共产党领导的新政权通过国家制度建设，建立廉洁高效的官僚体制，培育了一批廉洁高效的税收官员，极大地提高了国家汲取资源的能力，参见王绍光：《国家汲取能力的建设——中华人民共和国成立初期的经验》，《中国社会科学》2002年第1期，第77—93页。

是政体类型和官僚体制的有效性，而精英凝聚力、社会凝聚力和国家的学习能力则是重要因素。与战略动员相同，政体类型和官僚体制的有效性深刻影响到战略执行的方式，因而是核心因素。特别是官僚体制的有效性，对战略执行的影响尤为巨大。一个高效迅速、合作无间的官僚集团能够保证战略按照原先的设计运转。如果官僚组织内部分裂，各个组织和部门仅仅追求自身利益而不顾国家利益，则往往使战略政策偏离既定轨道，造成战略政策的失败。政体对战略执行的影响大致和政体对战略动员的影响类似：政策的实施在不同政体里有很大区别。国家的学习能力则关系到战略行为执行后的调整和修正，国家学习能力弱会影响到国家的战略灵活性，因而它属于重要因素。精英凝聚力和社会凝聚力关系到战略执行的具体运作，并可能影响到具体行为的成败，因此也属于重要因素。

（二）同一因素在战略行为各阶段的作用方向不同

表1-5表明，在战略行为的不同阶段，同一因素的作用大小是不同的。但是，表1-5仅仅描绘了独立看待每个因素时的情景。事实上，这些因素不是独立的，而是相互作用的，因而构成了复杂的系统。[①]这些因素复杂的相互作用只能留待后续的工作中再进一步探讨。在这里，我们选取政体类型和政体安全做一个简单讨论，表明政体类型和政体安全对不同阶段的影响的方向以及大小都可以不同。

强多元国家中的精英是统一的，政体安全程度高，其国家能力和国家权威都非常强。这意味着强多元国家容易团结起来采取强硬措施应对外部威胁。相比之下，强多元国家却不容易团结起来发起战略安抚以构建合作。这是因为，在多元国家中，反对党的存在意味着任何战略安

---

① Robert Jervis, *System Effects: Complexity in Political and Social Life.* 作者之一较早前对系统效应的运用和发展，参见唐世平：《国家安全环境的系统理论》，《世界经济与政治》2001年第8期；Shiping Tang, "Outline of a New Theory of Attribution in IR: Dimensions of Uncertainty and Their Cognitive Challenges"。

抚的尝试都会被反对党冠之以对敌人的懦弱，因为战略安抚的尝试经常意味着妥协和退让。①因此，尽管强多元国家有能力进行战略安抚（特别是当温和鹰派或鸽派当权时），但是它很少主动发起战略安抚。总体说来，只有面临强大的外部压力时，多元国家才可能主动发起战略安抚。

弱多元国家的政体安全程度低，精英通常是分裂的。弱多元国家中央政府的能力也相对弱小，而地方政府和社会的力量相对强大。一方面，由于中央政府的能力相对弱小和政体安全程度低，如果外部威胁和安全压力非常大时，弱多元国家可能会考虑妥协和让步的行为。然而，弱多元国家的精英又是分裂的，且一定会有反对党攻击妥协和让步的行为以获得选票。因此，弱多元国家在妥协和让步问题上也很难达成一致。另一方面，因为国家能力的低下，弱多元国家很难有效地坚决抵抗外部威胁。因此，弱多元国家可能既不能很有效地构建合作，也不能很有效地坚决抵抗威胁。

强一元国家的政体安全程度高，中央政府的国家权力相对较大。在战略行为的四个阶段，强一元国家在战略动员和战略执行上会有一定优势，但是在战略决策阶段，领袖的偏好和个性对战略决策影响非常大。在战略评估阶段，一些同领袖的偏好与个性相悖的意见可能会受到压制，因而战略评估可能不够客观全面。较之于强多元国家，强一元国家缺少社会掣肘，寻求与对手合作时所面临的危险性较小，因而相对容易妥协。换言之，一元国家比多元国家更适合达成战略安抚与合作。②从冷战经验来看，缓和对抗的倡议基本均由苏联率先提出，而非强多元国

① Deborah Welch Larson, *Anatomy of Mistrust*: *U.S.-Soviet Relations during the Cold War*, Ithaca, N.Y.: Cornell University Press, 1997; Kenneth A.Schultz, "The Politics of Risking Peace: Do Hawks or Doves Deliver the Olive Branch?" *International Organization*, vol.59, no.1, 2005, pp.1-38.与此类似，在族群冲突中，温和的精英经常被更为激进的民族主义者边缘化。

② Deborah Welch Larson, *Anatomy of Mistrust*: *U.S.-Soviet Relations during the Cold War*, p.17.

家美国。另外，较之强多元国家，因为缺少社会和反对派的制衡，强一元国家也更容易执行业已达成的协议。冷战结束阶段的历史似乎也支持这样的理解。

在弱一元国家中，虽然国家政体是一元的，但其政体安全程度低，中央政府的能力很弱。总体来说，弱一元国家的中央政府权力有限，国家权力被地方政府分享。因而，在制定和执行一个统一的战略政策时，弱一元国家往往存在巨大缺陷。在战略决策阶段，弱一元国家尚可依靠国家领导人作出决策，但是在战略评估阶段，弱一元国家就很容易出现差错。特别是在战略动员和战略执行阶段，弱一元国家的中央政府因为缺乏对整个国家和社会的掌控能力，难以使战略得到贯彻。战略动员需要一个强有力的中央政府和社会作为支撑，以保证整个国家的官僚体制运行畅通，但是弱一元国家中脆弱的中央政府显然无法担此重任。同理，战略执行也是需要国家作为一个体系才能够有效运转。弱一元国家很难满足这两个阶段的要求。

五、结论

对战略行为的深入研究是维持国家长治久安的前提，然而战略行为都是复杂的体系，面对这样一个复杂体系，我们需要更好的分析工具。鉴于当前的战略行为研究缺乏一个基本分析框架，我们在批判和吸收当前研究的基础上，提出了一个理解战略行为的初步分析框架。首先，我们强调，战略行为包括战略评估、战略决策、战略动员和战略执行四个阶段。其次，我们强调在不同阶段，不同因素塑造国家的战略行为，而同样一个因素在不同阶段其作用的方向和大小也是不同的。

影响战略行为的因素之多元，互动关系之复杂，给构建理论带来了诸多困难。要在短时间内构建一个精致、解释力强大、因果关系明晰的理论框架并不容易。从这一点上来说，我们提出的初步分析框架有着重要的现实和理论意义。

我们认为，未来对国家战略行为的研究，可以在以下几个方面有所作为。首先，针对战略行为的不同阶段建立不同的解释模型。构建战略行为的宏观统一模型（或理论）非常困难，但是针对每一个阶段，则可以建立相对独立的中层模型（理论），通过几个精致的中层模型（理论），串联起战略行为的宏观模型（理论）。其次，厘清不同因素在同一阶段、相同因素在不同阶段的作用机制，构建更加机制化的理论。再次，鉴于案例研究的局限性，我们需要建立一些主要大国和重要国家的战略行为数据集，然后运用定量研究方法来考察各种因素对这些国家的战略行为的影响，再用定性（案例）研究来更深入探讨这些因素对战略行为的影响。[①]最后，尽管我们这里的讨论有了一定的动态性，但对于判定其他国家的战略走势仍旧是非常不够的，我们需要更加动态的分析框架和模型。

在理论层次，我们认为下述几个方面是能够产生突破的。首先，在战略研究中，传统的"制衡"与"追随"二元论已经不再有价值，我们需要更加精准地对战略行为进行分类和定义。[②]其次，构建战略合作的理论。当前战略研究中的一个特点是对冲突过于关注，从而忽视了对合作理论的研究。从学术积累的视角看，加强对战略合作的研究可以突破当前的局限，从而产生新的理论增长点。最后，理解他人的行为是一个复杂的归因过程，需要综合考虑内部维度的能力、意图、利益和决心，以及外部维度的盟友和敌人的多寡、国际趋势和地理环境等因素。这意味着我们必须引入社会心理学的归因理论，但总体说来，社会心理学的归因理论

---

① 定性和定量方法的结合是社会科学研究的一个重要趋势。纯粹的定量方法对数据回归的结果（回归的结果仍旧只是对变量之间关系的描述）的解释往往很粗糙，而且很难提出有机制的解释，而纯粹定性的方法又不能操控多于4—5个变量的组合。这方面的一些讨论，参见 Nicholas Sambanis, "Using Case Studies to Expand Economic Models of Civil War"; Charles C. Ragin, *Redesigning Social Inquiry: Fuzzy Sets and Beyond*, Chicago: The University of Chicago Press, 2008。

② Shiping Tang, *A Theory of Security Strategy for Our Time: Defensive Realism*, New York: Palgrave Macmillan, 2010, chapter 4.

过于简单,其面对的情境也过于简单。因此,国际政治和战略学者必须发展出超越社会心理学的、能够应对复杂体系的归因理论。

这些都是我们下一步的努力方向和目标。

第二章

一个新的国际关系归因理论：不确定性的维度及其认知挑战①

不确定性，或者说"信息的不完全性"（incomplete information），是这个世界的一个基本事实。它导致我们在生活中会时不时地经历一些令人哭笑不得的挫败，却又让我们的生活因这种挫败而充满了戏剧性。因此，毫无疑问，不确定性在包括国际政治在内的社会科学中一直占据着中心位置。

在国际关系研究中，不确定性并不只是一个研究者为掩饰自己的无知而故意创造的术语。恰好相反，对于政治家和国际关系学者来说，不确定性构成了一个永恒却又迫在眉睫的挑战——如何理解国家某一行为（或者非行为）的直接和深层诱因。政治家们通常都乐于依赖他们的直觉来揣测他国行为背后的驱动力，而国际关系学者则试图引入社会心

① 唐世平（复旦大学国际关系与公共事务学院）著。本章的一个更早的版本在2009年9月3—6日于加拿大多伦多举行的美国政治科学协会（APSA）年会上进行宣读。由衷感谢布雷恩·拉恩本（Brain Rathbun）教授，他与作者关于不确定性的激烈而充满成效的讨论促使了这篇文章的诞生，同时也正是他邀请作者参与了APSA的讨论。同样感谢安迪·基德（Andy Kydd）、吴澄秋、尹继武和几位匿名评审人所提出的宝贵意见。本研究获得国家社科基金一般项目"国际战略的分析框架与分析工具研究"（项目号12BZZ053）、教育部人文社会科学重点研究基地（复旦大学美国研究中心）重大项目"历史中的战略行为：美国和其他国家的比较"（项目号11JJD810017）的支持。本章的英文版2012年发表在 The Chinese Journal of International Politics 的第5卷第3期上。中文版是在张旻翻译的基础上修改而成的，王江波和方鹿敏两位同学也付出了辛勤劳动。

理学的归因理论来构建理解国家行为的框架。不幸的是,关于行为归因的社会心理学文献对于理解国际关系中的不确定性的借鉴作用是有限的。因此,国际关系中对归因的现有讨论存在着严重不足①。

在本章中,我们试图为国际关系领域构建一个新的归因理论,以此来推动国际关系学科对不确定性和归因问题的探讨②。具体而言,首先将会强调不确定性问题有几个不同的维度,而各维度的不确定性给我们的认知带来的挑战在一定程度上是有所差异的。还将特别指出,在理解这些维度时,我们的心理机制使我们容易产生一些重要的偏差,而在大多数情况下,我们甚至都没有意识到这一点。其次将强调这些维度之间的相互作用,以及由此而组成的一个系统。在这个系统中,系统效应(system effects)无处不在③。由于我们的大脑没有被赋予系统性思维的

---

① 参见 Robert Jervis, *Perception and Misperception in International Politics*, Princeton: Princeton University Press, 1976, chap.3; Stephen G. Brooks, "Dueling Realisms," *International Organization*, vol.51, no.3 (1997), pp.445-477; James D.Fearon, "Rationalist Explanations for War," *International Organization*, vol.49, no.3 (1995), pp.379-414; Andrew Kydd, "Sheep in Sheep's Clothing: Why Security Seekers Do Not Fight Each Other," *Security Studies*, vol.7, no.1 (1997), pp.114-155; John J. Mearsheimer, *The Tragedy of Great Power Politics*, New York: Norton, 2001; David M. Edelstein, "Managing Uncertainty: Beliefs about Intentions and the Rise of Great Powers," *Security Studies*, vol.12, no.1 (2002), pp.1-40; Robert Powell, "War as a Commitment Problem," *International Organization*, vol.60, no.2 (2006), pp.169-203; Brian C. Rathbun, "Uncertain About Uncertainty: Understanding the Multiple Meanings of a Crucial Concept in International Relations Theory," *International Studies Quarterly*, vol.51, no.4 (2007), pp.533-557; Shiping Tang, "Fear in International Politics: Two Positions," *International Studies Review*, vol.10, no.3 (2008), pp.451-470。

② 将此处提及的理论明确限定在国际关系领域内的言下之意是,我们的归因行为在不同领域中有不同的作用方式(特别是在生存和交配这两个迥然相异的领域)。当然,形成这种领域特殊性的决定性力量是社会进化。交配时两性之间的归因区别(也涉及一些其他的心理特性)已经在进化心理学(Evolutionary Psychology)领域得到了广泛的研究。

③ 参见 Robert Jervis, *System Effects: Complexity in Political and Social Life*, Princeton: Princeton University Press, 1997。

天赋,这些系统效应给我们的认知带来的挑战更为艰巨[①]。更重要的是,我们认为,在不同情境下,这些维度和它们之间的相互作用所造成的认知挑战可能是不同的。在国际政治领域,冲突情境和合作情境中的认知挑战就有所差异。国际关系研究中鲜有涉及对这些相异且相互作用的维度,以及它们单独或者相互作用所造成的挑战的评估。而这种缺位已然给既有的国际关系研究带来了许多的困惑。

在深入分析之前,需要做几项重要的说明。首先,尽管本章的理论框架指向一些特定的假设,而这些假设可以通过经验与实验方法加以验证,但是我们只能把对这些具体假设的更为系统和严密的实证检验放在之后的文章里。本章迈出的是构建理论的第一步。尽管文中提供了一些来自国际关系和社会心理学领域的证据,但它们在某种程度上只是一种花絮性的论证。

其次,因为讨论的是国际关系,所以我们将群体内(in-group)和群体间(out-group)的认同作为下文讨论中的预设条件。假定在进化历程中,经历过长期"我们"和"他们"的对抗(us-versus-them)的个体,已然将固定了的对内和对外群体认同完全地加以内化。群体认同在族群中心主义(ethnocentrism)中尤其突显。其深刻地塑造我们对其他个体和群体的看法、态度及行为,而塑造的依据则是根据那些对象是属于我们所认知的群体内部,还是群体外部[②]。

---

① 参见 A.K.Shah and D.M.Oppenheimer, "Heuristics Made Easy: An Effort-Reduction Framework," *Psychological Bulletin*, vol.134, no.2 (2008), pp.207-222; Gerd Gigerenzer and Daniel G.Goldstein, "Reasoning the Fast and Frugal Way: Models of Bounded Rationality," *Psychological Review*, vol.103, no.4 (1996), pp.650-669。

② 参见 Robert A.LeVine and Donald T.Campbell, *Ethnocentrism: Theories of Conflict, EthnicAttitudes, and Group Behaviors*, New York: John Wiley and Sons, 1972; Henri Tajfel, *Social Identity and Intergroup Relations*, New York: Cambridge University Press, 1982; Marilyn B.Brewer, "The Role of Ethnocentrism in Intergroup Conflict," in S.Worchel and W.G.Austin, eds., *Psychology of Intergroup Relations*, Chicago: Nelson-Hall, 1986; J.C.Turner, M.A.Hogg, P.J.Oakes, S.D.Reicher and M.S.Wetherell, *Rediscovering the Social Group: A Self-Categorization Theory*, Oxford: Basil Blackwell, 1987。

再次，尽管本章的分析暗含了在某种程度上能够根据个体间互动来推断出群体间互动的意味，但我们深刻意识到"个体间和群体间的不连续性"（interpersonal-intergroup discontunity）的存在[1]，并且理解个体与理解群体之间存在着明显的差异（虽然两者也存在一定的相似性）[2]。因此，我们必须坚决拒绝使用单纯的个体主义（individualism）研究路径来探讨群体间关系问题，而这种研究路径往往是理性选择流派的理论家们所拥护的。我们引用个体间层次的研究，仅仅是因为个体间层次的某些经验能够在群体层次上得以沿用。再者，就像越来越多的社会心理学家认识到的那样，未来的研究不应该再拘泥于个体与群体的二分法，而是应该在分析个体的决策行为时将其置于群体的背景之中加以考虑。这一点也是我们所提倡的[3]。

最后，虽然我们将关注点放在了由不确定性带来的认知挑战上，但需要明确强调，除了心理因素之外，还有其他因素（比如政治、预算和战略因素）也会让我们的认知误入歧途，从而造成所谓的"诱发性偏见"（motivated biases）。这些诱发因素通常能够与这里讨论的心理性偏见相互作用，从而又为我们理解他国的行为增添了一层挑战。为了便于分析，这里只关注那些由不确定性本身所带来的心理性挑战。

本章余下的部分将指出国际关系和社会心理学中现有的归因理论研究并不足以帮助我们理解他人的行为。第二部分着重分析由这些维

---

① Tim Wildschut and Chester A.Insko, "Explanations of Interindividual-Intergroup Discontinuity: A Review of the Evidence," *European Review of Social Psychology*, vol.18, no.1 (2007), pp.175-211.

② 参见 David L. Hamilton and Steven J. Sherman, "Perceiving Persons and Groups," *Psychological Review*, vol.10, no.2 (1996), pp.336-355; Robert P.Abelson, Nilanjana Dasgupta, Jaihyun Park and Mahzarin R.Banaji, "Perceptions of the Collective Other," *Personality and Social Psychology Review*, vol.2, no.4 (1998), pp.243-250。

③ Ivan D.Steiner, "Paradigms and Groups," in Leonard Berkkowitz., ed., *Advances in Experimental Social Psychology*, vol.10 (San Diego: Academic Press, 1986), pp.173-220.

度带来的普遍性挑战。第三部分强调了这些维度在不同情境中带来的不同挑战。在冲突情境和合作情境中,我们对他国行为的解释存在极大的不对称性。第四部分从心理学和国际关系学的研究文献中提取了一些证据,用以说明我们在归因时常常无法得出正确的结论。第五部分讨论无法正确理解事物所导致的后果。第六部分指出本章的理论意义。最后是简要的结论。

一、不确定性与国际关系中归因理论的不足

不确定性的主要维度可以首先分为两个更宽泛的类别:内部维度和外部维度[①]。内部维度包含四个维度,即能力、意图、利益和决心。能力是指一个国家在冲突关系或一场整体性冲突中的总体战争能力,或者指一个国家在局部冲突中的即时作战能力。然而在合作情境下,一个国家的能力由其所能提供的帮助(比如在军事上、财政上、医疗上的帮助)来衡量。决心是指实现承诺的意志。这里的承诺可以是冲突情境中发出的威胁,也可以是合作情境下愿意做出的贡献。一个行为者的意图是指实现目标的战略偏好[②]。在国际关系的相关讨论中,我们通常把意图分为两大类:善意的或是恶意的。一个国家如果故意威胁他国,那么这个国家就是恶意的,反之则是善意的[③]。

一个行为者的利益即他的目标。这里说的目标既可以是当下的,也可以是长期的。所以,利益就是指一个行为者对于结果的偏好[④]。由于

---

① 除了这里重点强调的五个维度之外,国际关系领域中还存在与不确定性相关的一些其他概念,如声誉(reputation)、可信度(credibility)、信用(trustworthiness)等等。对这些概念,在这里不予讨论。

② Robert Jervis, *Perception and Misperception in International Politics*, pp.48-49; Robert Powell, "Anarchy in International Relations Theory: The Neorealist-Neoliberal Debate," *International Organization*, vol.48, no.2 (1994), pp.313-344.

③ 参见 Shiping Tang, *A Theory of Security Strategy for Our Time: Defensive Realism*, New York: Palgrave-Macmillan, 2010, chap.1。

④ Robert Powell, "Anarchy in International Relations Theory," pp.313-344.

动机是指"促成一个人以特定方式行动的驱动力"，或是"激发行为的一种情感、愿望、生理需求或其他诸如此类的冲动"[1]，我们时常把一个行动者的即期利益称作他的动机，或是干脆把动机等同于利益[2]。在强调结构的国际关系理论中，国家追求的抽象目标涵盖了安全、权力、满意度、威望等等[3]。然而在现实世界中，国家不仅追求诸如领土、财政收入、表决权（一般在国际组织中）之类的有形目标，而且还力图实现那些无形且难以捉摸的目的，比如荣誉、威望、声誉及可信度。

我们通常为国家行为的外部维度贴上"外部环境"或是"战略环境"的标签。在这样的标签下，我们把国家边界以外的因素笼统地归结在了一起，而这些因素可能囊括了一个国家的地缘环境、其在区域内或是整个国际体系中的相对地位、同盟国的有无与强弱、敌对国的强弱，等等。整个国际体系的特性（即各种不同意义上的无政府状态）和国际政治演变的主流趋势（比如全球化）亦构成了国家运转所处的外部环境的关键维度。

了解他国行为背后的能力、利益（动机）、意图、决心及外部环境，是一个归因和认知的过程。毫不令人感到意外的是，国际关系领域的理论家们已经热衷于将社会心理学中对归因和认知问题的研究成果引入国际关系的研究之中。对归因和认知理论的首次引入是由罗伯特·杰维斯

---

[1] *American Heritage Dictionary*, New York: Houghton Mifflin, 1983, p.447; *Online Farlex Dictionary*, http://www.thefreedictionary.com/motive.

[2] 参见 Charles L.Glaser, "Political Consequences of Military Strategy: Expanding and Refining the Spiral and Deterrence Models," *World Politics*, vol.44, no.2 (1992), pp.497–538; Evan Braden Montgomery, "Breaking out of the Security Dilemma: Realism, Reassurance, and the Problem of Uncertainty," *International Security*, vol.31, no.2 (2006), pp.151–185。

[3] Kenneth N.Waltz, *Theory of International Politics*, Reading: Addision-Wesley, 1979; Charles L.Glaser, "Realists as Optimists: Cooperation as Self-help," *International Security*, vol.19, no.3 (1994-95), pp.50–90; John J.Mearsheimer, *The Tragedy of Great Power Politics*.

(Robert Jervis)在其最负盛名的著作之一中加以完成的。[1]

20世纪60年代到80年代是社会心理学中归因研究的黄金时代。这一时期诞生了该领域中最著名的一批著作和标签,例如"基本归因误差"(Fundamental Attribution Error,简称FAE)[2]。许多国际关系理论学者对归因理论的引入都建立在这些早期著作的基础上。然而,正如许多社会心理学家自己所指出的那样[3],这些早期的归因理论著作存在着严重的概念性错误与操作性问题。实际上,就如马勒(Malle)所敏锐指出的,许多现有的主流归因研究文献甚至没有提及那些解释行为的挑战本身。[4]它们把归因(即把行为当作一种特定类型的社会结果来解释)和解释社会结果混为一谈,尽管这两个任务除了一些表面的相似点之外其实有本质的区别[5]。更糟糕的是,即便它们提到了归因,也往往把归因看成一项用(内部的/属性的)特性或者(外部的/情境的)因素来解释行为的任务(详见下文)。

---

① Robert Jervis, *Perception and Misperception in International Politics*; see also Richard Ned Lebow, *Between Peace and War*; Janice Gross Stein, "Building Politics into Psychology: The Misperception of Threat," *Political Psychology*, vol.9, no.2 (1988), pp.245-271; Jonathan Mercer, *Reputation in International Politics*, Ithaca: Cornell University Press, 1996.

② 在这方面有一些不错的综述性论著,参见 Edward E.Jones and Richard E.Nisbett, "The Actor and the Observer: Divergent Perceptions of the Causes of Behavior," in Edward Jones, et al., eds., *Attribution: Perceiving the Causes of Behavior*, Morristown: General Learning Press, 1972, pp.79-94; Harold H.Kelley and John Michela, "Attribution Theory and Research," *Annual Review of Psychology*, vol.31 (1980), pp.457-501; Daniel T.Gilbert and Patrick S.Malone, "The Correspondence Bias," *Psychological Bulletin*, vol.117, no.1 (1995), pp.21-38。

③ 参见 Daniel T.Gilbert and Patrick S.Malone, "The Correspondence Bias," pp.21-38; John Sabini, Michael Siepmmann, and Julia Stein, "Target Article: The Really Fundamental Attribution Error in Social Psychological Research," *Psychological Inquiry*, vol.12 (2001), pp.1-15。

④ Bertram F.Malle, *How the Mind Explains Behavior: Folk Explanations, Meaning, and Social Interaction*, Cambridge: MIT Press, 2004, pp.5-27.

⑤ 在此之后,"归因"即意指"解释行为"。关于解释行为和解释社会结果的不同挑战,作者将在另一作品中更加详细地讨论。

　　在已有的研究中，马勒和他的同事[1]发展出了一种新的归因理论。马勒的新理论首次把行为划分为两大类：意图性（intentional）和非意图性（unintentional）。对于非意图性行为（比如说本能行为），我们的解释是直截了当的：我们仅仅声明导致行为的原因，并不去做更深入的探究。对于意图性行为，我们的归因可以被归纳为两个模式："原因解释"（Reason Explanation）和"带因果历史的原因"（Causal History of Reason）。前者可以被理解为表层归因：我们仅仅陈述他人行为的代理原因（proxy reason）。后者是更为复杂、或者说是更为深层的归因：我们对导致个人行为的原因做进一步回溯，并且把个人经历和文化因素纳入到解释中去[2]。

　　在国际关系领域，我们在大多数情况下仅仅关注那些意图性行为。这是因为与时常受本能影响的个体不同，国家并不会遵循本能来行动。此外，我们大多同时采用表层与深层归因来解释他国行为。因此，社会心理学中归因理论的最新进展或许为国际关系学者提供了更多灵感。不过，即使有这些最新进展[3]，从国际关系的角度来看，社会心理学中的现有归因研究至少存在着两大关键的不足[4]。

　　第一，社会心理学中的归因理论用两种互有重叠的二分法来区分导

---

① Bertram F. Malle, "How People Explain Behavior: A New Theoretical Framework," *Personality and Social Psychology Review*, vol.3, no.1 (1999), pp.23–48; Bertram F. Malle, *How the Mind Explains Behavior: Folk Explanations, Meaning, and Social Interaction*; Bertram F. Malle, "Attributions as Behavior Explanations: Toward a New Theory," in D. Chadee and J. Hunter, eds., *Current Themes and Perspectives in Social Psychology*, St. Augustine: The University of the West Indies, 2007, pp.3–26.

② Bertram F. Malle, *How the Mind Explains Behavior*, chap.4. 马勒的理论实际上界定了解释意图性行为的第三种模式，即"促成因素解释"（Enabling Factor Explanations）（pp.109–111）。根据本章的理论观点，这种"促成因素"模式不是一种独立的归因模式，因为所有归因行为都或明或暗地假定了一个故意行为背后存在某些"促成因素"。此外，虽然马勒的理论非常复杂精妙，但是他的讨论过多地集中于语言学层面，因而远远脱离了现实世界中的国际关系情境。这一点再一次证明，我们国际关系学者需要对社会心理学中的归因理论进行改进和超越。

③ 参见 Bertram F. Malle, *How the Mind Explains Behavior*。

④ 除了这些国际关系学者最熟悉的问题之外，归因研究中还存在其他基本性问题，我将在别的地方对此进行阐述。

致他人行为的可能原因,即"属性原因"和"情境原因",内部(或者个人)原因和外部原因①。尽管许多人把内部原因等同于属性原因,外部原因等同于情境原因②,但这两种二分法并不完全重叠。例如,一个国家也许有一个脆弱的政体,这是内部原因。然而严格来说,这种情况是情境的而不是属性的。实际上,尽管琼斯和戴维斯③把意图(实际上他们指的是动机/利益和意图)看成属性的,但这在大多数情形下并不正确,因为众所周知,行为者的动机/利益和意图可能会变化。因此,不是所有的内部原因都是属性原因。

与此同时,一个国家的地理环境属于外部原因,但在领土国家时代,该环境更接近于属性原因。因此,尽管大多数外部原因不是属性原因,但并非所有的外部原因都是情境原因。所以,即便只是作为启发式(heuristic)的工具,属性/情境这种二分法在行为归因上的运用从本质上来说也是无效的。而相对的,内部/外部二分法则应当被更多地使用④。毕竟,在严格意义上几乎不存在完全属于属性的原因:绝大多数原因都是情境的。

此外,即使采用了内部/外部的二分法,社会心理学中的归因研究也只为理解国际政治提供了有限的帮助。这是因为内部/外部二分法对于理解行为者的行为来说太过粗糙。实际上,社会心理学家经常把动机

① 除了这两种二分法之外,还有由班纳德·维纳(Bernard Weiner)所引入的"稳定原因和不稳定原因"这种二分法。我忽略此种二分法是因为它与群际(Intergroup)关系不太相关。

② 参见 Glenn D.Reeder and Marilynn B.Brewer, "A Schematic Model of Dispositional Attribution in Interpersonal Perception," *Psychological Review*, vol. 86, no. 1 (1979), p.61; Jonathan Mercer, *Reputation in International Politics*。

③ Edward E.Jones and Keith E.Davis, "From Acts to Dispositions: The Attribution Process in Person Perception," in L.Berkowitz, ed., *Advances in Experimental Social Psychology*, vol.2, San Diego: Academic Press, 1965, pp.219-266.

④ Bertram F.Malle, "How People Explain Behavior," pp.23-48; John Sabini, Michael Siepmmann, and Julia Stein, "Target Article," pp.1-15.在国际关系研究中,杰维斯(*Perception and Misperception in International Politics*, chap.2)采用"外部/内部"二分法,而默瑟(Mercer, 1996)则采用"属性/情境"二分法。

（目标/利益）和意图均视为意图①，而把行为者的能力、决心和外部限制统归为"促成因素"②。然而，作为国际关系学者，即使我们不得不把许多维度简单地囊括在"外部/战略环境"的标签下（当然这种做法并不令人满意），我们也必须把"内部原因"划分为四个维度，因为能力、意图、利益和决心对于理解他人的战略行为是至关重要的。

第二，同样也是比较根本的一点，社会心理学的归因研究极少涉及群体动态（group dynamics）。这很大程度上是因为个体主义作为一种范式已经在社会心理学中占据了统治地位③。因此，尽管"极小群体范式"（Minimal Group Paradigm）明确认为群体动态具有非常重要的作用④，但大部分归因理论家都趋向于忽视群体动态对归因的影响，就连那些最新的研究也不例外⑤。

然而，国际关系中的归因几乎是永恒地被笼罩在群体动态的魔咒之下。实际上，社会心理学自身已经提供了充分的证据来证明通常在极小群体存在的情况下⑥，族群中心主义（Ethnocentrism）和归因的相互作用会加剧归因误差或偏见并使其更为固化而难以被矫正，由此产生了佩蒂格

---

① Edward E.Jones and Keith E Davis，"From Acts to Dispositions，"pp.219-266.

② Bertram F.Malle，*How the Mind Explains Behavior*；Bertram F.Malle，"Attributions as Behavior Explanations，"pp.3-26.

③ Ivan D.Steiner，"Paradigms and Groups，"pp.173-220.

④ Henri Tajfel，*Social Identity and Intergroup Relations*；Henri Tajfel and John C. Turner，"The Social Identity Theory of Intergroup Behavior，"in W.Worchel and W.G. Austin，William，eds.，*Psychology of Intergroup Relations*，Chicago：Nelson-Hall，1986，pp.7-24.

⑤ Bertram F.Malle，"How People Explain Behavior，"pp.23-48；Bertram F.Malle，*How the Mind Explains Behavior*；Bertram F.Malle，"Attributions as Behavior Explanations，"pp.3-26；John Sabini，Michael Siepmmann，and Julia Stein，"Target Article，"pp.1-15.

⑥ 因为族群中心主义本质上是一种群体层次的自我中心主义。我们每个人都是以自己所在族群或民族国家为中心的（或民族—国家中心的），区别只在于程度不同。

鲁(Pettigrew)所谓的"终极归因误差"①。在现实世界的国际政治中,族群中心主义(表现为种族中心和群体认同)常常与归因携手而来②。因此,对于国际关系学者,拒绝纯粹的个体主义研究路径,转而按照群体动态(主要是族群中心主义)来理解国际关系中的归因是势在必行的③。正如即将在下文中明确揭示的那样,族群中心主义普遍而深远地影响着我们对于他人行为的归因。在国际关系领域中,不考虑族群中心主义就无法把握归因问题。

因此,仅仅利用现有的社会心理学研究成果远不足以理解国际政治之复杂性。国际关系学者应当超越社会心理学对归因的认识,而本章正是朝这个方向迈出了一步。因此,以下的讨论既对国际关系研究也对社会心理学研究有贡献。

二、对我们认知的普遍性挑战

不确定性的各个维度给我们的认知带来了众多的挑战。这些挑战可以被理解为分属于三个层次。前两个层次是普遍性的,而第三个层次则是情境性的。这一部分讨论的是普遍性挑战,情境性挑战将在后文中予以介绍。

---

① Thomas F.Pettigrew, "The Ultimate Attribution Error: Extending Allport's Cognitive Analysis of Prejudice," *Personality and Social Psychology Bulletin*, vol.5, no.4 (1979), pp.461-476; Miles Hewstone, "The 'Ultimate Attribution Error'? A Review of the Literature on Intergroup Causal Attribution," *European Journal of Social Psychology*, vol.20, no.4 (1990), pp.311-336.

② Donald Horowitz, *Ethnic Groups in Conflict*, Berkeley: University of California Press,1985; Jonathan Mercer, *Reputation in International Politics*, chap.2.

③ Reinhold Niebuhr, *Moral Man and Immoral Society: A Study in Ethics and Politics*, New York: Charles Scribner's Sons, 1960.事实上,琼斯和哈里斯[Edward E.Jones and Victor A.Harris, "The Attribution of Attitudes," *Journal of Experimental Social Psychology*, vol.3, no.1(1967), pp.1-24]证明基本归因误差的首个实验包含着一个十分明显的群体动态:实验对象按计划将从他人所写的关于菲德尔·卡斯特罗(Fidel Castro)的文章中归因出撰写这些文章的动机,而这个实验的时间正好是古巴导弹危机发生之后不久!

1. 普遍性挑战Ⅰ:单维度的挑战

在不确定性的四个内部维度中,能力维度可能是最容易观察的。两个互有关联的原因导致了这一点。首先,尽管错误估计别人能力的事情时有发生(见下文),但能力更容易被观测到。其次,相对于利益以及意图来说,能力的变化是缓慢的。行动者需要时间来建立和累积起自己的能力,而其意图与利益却可能在一夕之间就发生改变。这一事实给了他国更多的时间去观察一个行动者变化的能力。

一般说来,对于他国决心的不确定性只有当我们已经和其他行为者处于冲突或者合作的情境中时才会变得重要:除非我们想和他们合作或者是反对他们,我们通常不会去考虑别人的决心。决心对我们的认知造成的困难比能力更多,但比意图和利益要少。由于决心通常是能力的一个函数(函数中还要加上利益、意图和外部环境),决心不像利益和意图那样容易改变(见下文)。不过,正如勒博(Lebow)①所强调的,由于其他一些心理因素的影响(比如由他人行为引发的愤怒和憎恨),决心比能力要容易改变。

一个恶意国家不会真正在意他国的意图。然而对于一个善意国家而言,自其致力于制定一个针对他国的完善的安全战略开始,他国意图的不确定性就会带来麻烦。善意的国家如果错误地把一个恶意国家当作善意国家,那么就有被恶意国家利用的风险。相反,如果善意国家把另一个善意国家误认为恶意国家,将可能使两国之间的安全困境进一步恶化,最终以不必要的军备竞赛和冲突收场②。更为关键的是,解读他人的意图比评估他人的决心更困难:它需要耐心地传递保证信号并解读他

① Richard Ned Lebow, *A Cultural Theory of International Relations*, Cambridge: Cambridge University Press, 2008.

② Robert Jervis, *Perception and Misperception in International Politics*, chap.3; Charles L. Glaser, "Realists as Optimists: Cooperation as Self-help"; Andrew Kydd, *Trust and Mistrust in International Relations*, Princeton: Princeton University Press, 2005, chaps.2 and 3; Shiping Tang, *A Theory of Security Strategy for Our Time*, chap.4.

人对这一保证姿态的回应[1]。此外,意图能够比能力和决心改变得更快。鉴于此,对他国意图的不确定造成的问题是独一无二的,而这也解释了为什么对意图的不确定会在国际关系领域处于中心位置[2]。

他国的利益也许是除能力外最容易被觉察到的,因为大多数国家都承认他国生死攸关与核心的利益(比如领土完整)是不证自明的。然而,我们对他国利益的评价(尤其是那些核心利益之外的部分)面临严重的双重标准问题[3]。大部分是出于我们的族群中心主义,我们趋向于合法化,甚至美化自己的利益和自己对利益的追求,同时非法化他国的利益和他国对利益的追求。因而,我们把自己的利益看成是合法的、克制的和适度的,却把他国的利益看成非法的、野心的和贪婪的。我们同样认为自身利益之于自身,相比他国利益之于他国来得更为关键,甚至更为生死攸关。由此,我们把自己对利益的追求看成文明的、以维持现状为导向的、正义的、思虑周详的、与人为善的,而把他国对利益的追求看成不文明的、修正主义的、非正义的、贪婪成性的和具有侵略性的。

除此之外,我们通常把我们的荣誉、威望、声誉和权力看成合法利益,却很少把他人的荣誉、威望、声誉、权力看作合法。更有甚者,我们倾向于收回我们的沉没成本(sunk cost,例如付出的血汗、赌上的声誉、倾注

---

[1] Andrew Kydd, *Trust and Mistrust in International Relations*, chaps. 7 and 8; Shiping Tang, *A Theory of Security Strategy for Our Time*, chap.5.

[2] Shiping Tang, "Fear in International Politics: Two Positions",同样参见下文的讨论。

[3] S. Oskamp, "Attitudes toward U.S. and Russian Actions: a Double Standard," *Psychological Reports*, vol. 16 (1965), pp.43–46; Richard D. Ashmore, David Bird, Frances K.del Boca, and Robert C.Vanderet, "An Experimental Investigation of the Double Standard in the Perception of International Affairs," *Political Behaviors*, vol.1, no.2 (1979), pp.123–135; Ifat Maoz, Andrew Ward, Michael Katz, and Lee Ross, "Reactive Devaluation of an 'Israeli' vs.'Palestinian' Peace Proposal'," *Journal of Conflict Resolution*, vol.46, no.4(2002), pp.515–546.

的荣耀），而任何微小的收获都会被当作值得保护的财产①。然而，当我们这样做时，我们却极少把他国的沉没成本，以及新的收获看作他国需保护的新利益。简言之，政治家们的族群中心主义偏见使他们强烈缺乏移情能力②。

总的来说，在理解他国的利益时，我们的思维是严重的"双重标准"的。这种双重标准在冲突情境与合作情境中均适用，但在前者中表现得更强烈③。

外部环境则相当之复杂。对我们的大脑来说，即使是仅仅评估我们自身的外部环境就已经是个足以令人却步的挑战，更不用说去评估他国所处的外部环境了。更糟糕的是，由于倾向于以省力模式来运行④，我们的大脑习惯用过于简单的方式来完成这个任务（详见下文的讨论）。

2. 普遍性挑战Ⅱ：系统和动态效应

不确定性的五个维度的运作既不是独立的，也不是静态的。它们持续地进行互动并形成一个动态的系统：不同的维度之间是相互作用的，并且能够彼此相互改变。

能力的变化通常会改变对利益的界定：能力越大，利益的界定就越具扩张性，或者说更为野心勃勃，能力越小则相反。换句话说，如杰维斯⑤早

---

① 这种动态与前景理论（Prospect/Framing Theory）所捕捉到的"损失规避"（Loss Aversion）问题有关。参见 Daniel Kahneman and Amos Tversky, "Prospect Theory: An Analysis of Decision under Risk," *Econometric*, vol.47, no.2（1979）, pp.263-292.For a review of prospect/framing theory in IR, see Jack S.Levy, "Prospect Theory, Rational Choice, and International Relations," *International Studies Quarterly*, vol.41, no.1（1997）, pp.87-112。

② Janice Gross Stein, "Building Politics into Psychology," pp.249-251, 253; Richard Ned Lebow and Janice Gross Stein, *We All Lost the Cold War*, Princeton: Princeton University Press, 1994, pp.309-314。

③ 事实上，双重标准心理是如此强大以至于对我们的盟友同样适用（他们仍然是"他者"！），尽管双重标准的程度比针对我们的（潜在的）对手的要轻一些。

④ A.K.Shah and D.M.Oppenheimer, "Heuristics Made Easy," pp.207-222。

⑤ Robert Jervis, *Perception and Misperception in International Politics*, pp.372-378。

先所言,我们倾向于把我们处理不了的事情放到一边,而总是惦记着那些我们力所能及的事(或者说我们自认为在我们能力范围之内的事情)。这一长期被现实主义者所强调的观念至少道出了部分真相。

目标或利益的变化时常导致战略偏好的改变,用马基雅维利的话来说,就是"目的是手段的理由"。更具有扩张性的目标,通常需要更为无畏且更具侵略性的战略。而意图的变化也会推动能力的改变。这种改变不仅仅表现在总体军事实力上,还体现为军事能力的性质。恶意要求更多的进攻性能力而善意则相反。在希特勒统治下的德国一直将进攻性军事能力优先于防御性军事能力发展,然而英国和法国的做法或多或少与此相反①。

意图和决心同样也能够相互作用:一个国家偏好于什么样的战略取决于为某些目标奋斗的意愿有多大②。同样,决心是目标、能力、外部环境以及意图的函数。在希特勒政权相对虚弱的时期(1936年左右),希特勒在莱茵兰地区再军事化期间就已经准备好一旦英国和法国立场坚定就立刻放弃。然而,1938年后,希特勒变得更难以被威慑(吓阻)。他愿意冒更大的风险去实现他的魔鬼计划,因为他确信他将获胜。并且,他不断膨胀的野心驱使他在追求目标的道路上变得更加坚定不移。

与此同时,所有四个内部维度都能够单独或共同地与外部环境相互作用。当一个国家得到盟国支持时,其利益(或者是目标)界定可能会有所扩大,反之亦然。相类似地,一个国家的(真实或是想象的)能力和由其激发的在危机中的决心将会被真实或想象中的盟国的支持所支撑。一战前奥匈帝国与塞尔维亚的对峙就是一个经典案例。威廉二世(Kaiser William Ⅱ)的空白支票很显然使奥匈帝国变得更加无所顾忌(也更为野心勃勃)。越南战争期间,北越斗争到底的决心如果没有苏联和中

---

① Douglas Porch, "Military 'Culture' and the Fall of France in 1940: A Review Essay," *International Security*, vol.24, no.4 (2000), pp.157-180.

② Robert Jervis, *Perception and Misperception in International Politics*, pp.48-49.

国的支持是很难坚持下去的。

当战略机会（比如权力真空）被认为有利时，一个原本善意的国家很可能被引诱进行扩张（即机会主义扩张），由此变成一个恶意国家①。如果扩张成功，该国能力将得到增强，而其不断壮大的能力也将反过来推动其利益界定的扩大，并继而增强其扩张的决心。

由我们和他国之间的相对权力分配所部分构成的外部环境，不仅是我们和他国行为的基础，还是国家归因努力的基础。因此，当他国弱于我们时，我们会认为它们其实并没有合作的意图：他们之所以合作只是因为它们不得不这样做，而不是因为它们是善意的。当他国的力量等于或者强于我们时，我们则认为它们没什么兴趣与我们合作，因为它们是恶意的或者至少决意要压榨我们。

同时，一个国家的能力和意图能改变它的外部环境。一个带有恶意的强大国家的最后结局往往是招来更多的敌人和（或者）那种为了寻求利益或保护而追随自己的盟友②。一个善意却弱小的国家则很有可能会得到更多同情它的盟友。在这两者之间还有许多能力适中、意图也并不那么明确的国家，它们的能力和意图同样也会对外部环境产生一定的塑造作用。

系统效应的另一个方面其实更难以应付：能力（作为国家实力的一部分）是国家利益或目标必不可少的组成部分。几乎每个政治家都将权

---

① 需要强调的是机会主义扩张并不是"自动的"。此外，一个机会主义扩张国家仍然是一个恶意的国家，格拉泽（Glaser）和托利弗（Taliaferro）给进行机会主义扩张的国家贴上"寻求安全国家"的标签（对大多数人而言这意味着善意国家）是具有误导性的。参见 Charles L.Glaser, "Political Consequences of Military Strategy: Expanding and Refining the Spiral and Deterrence Models," pp.497–538; Charles L.Glaser, "Realists as Optimists: Cooperation as Self-help," *International Security*, vol.19, no.3 (1994–95), pp.50–90; Jeffery W.Taliaferro, "Security Seeking under Anarchy: Defensive Realism Revisited," *International Security*, vol.25, no.3 (2000–01), pp.152–158。

② Stephen Walt, *The Origin of Alliance*, Ithaca: Cornell University Press, 1987; Randall L.Schweller, "Bandwagoning for Profit: Bring the Revisionist State Back in," *International Security*, vol.19, no.1 (1994), pp.72–107。

力当作一个(即期)目标,并且每个人都相信其他人也会这么做。同时,正如上文所言,尽管我们把自己的沉没成本和新得利益看成自己的既得利益,我们并不会把他国的沉没成本和新得利益看成它们的既得利益。正因为如此,我们常常忽视权力和利益之间的相互作用所造成的影响。

由于这五个维度之间能够彼此相互作用并进而构成了一个系统,它们相互作用所产生的系统效应并不能单纯地用把它们相加来评估,而是必须以系统的方法来测量①。不幸的是,由于常常以"省力模式"来运转,我们的大脑更倾向于以非系统性的方式去思考。对系统性思考的厌感并不只是标准社会心理学研究在"启发法"(heuristics)或者是"图式思维"(schematic thinking)这些概念下所捕捉的那些东西②。不确定性的五个维度所产生的系统效应,以及我们对于系统性思考的厌恶对我们的认知造成的挑战远远超出我们的预期。

三、我们的认知所面临的不对称的情境挑战: 冲突情境 v.s. 合作情境

国际关系领域对归因的理解大部分还停留在20世纪60至70年代由社会心理学家所推广的"基本归因误差"的范畴下③。"基本归因误差"的基本观点是我们倾向于将更多的属性特征投射到他人的行为中,即便他人的行为是由属性和情境因素所共同驱使的。尽管琼斯和戴维斯④在重

---

① Robert Jervis, *System Effects*.

② Richard E.Nisbett and Lee Ross, *Human Inference: Strategies and Shortcomings in Social Judgement*, Englewood Cliffs: Prentice-Hall, 1980.

③ Edward E.Jones and Keith E Davis, "From Acts to Dispositions," pp.219-266; Edward E.Jones and Richard E.Nisbett, "The Actor and the Observer: Divergent Perceptions of the Causes of Behavior," pp.79-94; Lee Ross, "The Intuitive Psychologist and His Shortcomings: Distortions in the Attribution Process," in L.Berkowitz, ed., *Advances in Experimental Social Psychology*, vol.10, pp.173-220;更多关于新近的关于偏见的讨论,参见 Daniel T.Gilbert and Patrick S.Malone, "The Correspondence Bias," pp.21-38。

④ Edward E.Jones and Keith E.Davis, "From Acts to Dispositions," pp.219-266.

构海德尔（Heider）[1]所提的命题时有提到感知者的归因很大部分受到感知者所在环境的影响，但是这一关键的洞见并未得到充分的发展[2]。社会心理学家们确实强调了一个行为对行动者和行动的感知者而言是否称心如意，构成了感知者归因的一个关键情境环境[3]。然而，他们始终忽略了另一个关键维度：在现实生活中，除了所关注的行为是否令人称心这一点之外，还有一点也深刻地塑造着我们对于他人行为的理解，即行动的感知者和行动者是处于（潜在的）冲突性关系或情境中，还是处于合作性关系或情境中[4]。

在此描绘的新理论再次强调我们自身所处环境会在很大程度上左右我们对于他人行为背后存在的各类外部限制的相对影响权重的解读。更重要的是，它强调对于国际关系和我们的社会生活而言，我们最关注的就是某种特定的情境到底是冲突性的还是合作性的：正确判断我们所处的情境对于我们成功地生存和繁衍是至关重要的。

在群体层次，我们最为关心的是我们群体的生存。这种对群体生存的关切使我们的大脑更容易感知更多危险而非安全。我们的认知在冲

---

[1] Fritz Heider, "Social Perception and Phenomenal Causality," *Psychological Review*, vol.51（1944），pp.358–374; Fritz Heider, *The Psychology of Interpersonal Relations*, New York：Wiley, 1958.

[2] 事实上，在对"基本归因误差"的重要再构中，罗斯（Lee Ross, "The Intuitive Psychologist and His Shortcomings"）指出，社会心理学家同样也倾向于低估情境在驱使我们行为方面发挥的作用。

[3] Fritz Heider, "Social Perception and Phenomenal Causality," *Psychological Review*, vol.51（1944），pp.358–374; Fritz Heider, *The Psychology of Interpersonal Relations*, New York：Wiley, 1958; Edward E.Jones and Keith E.Davis, "From Acts to Dispositions," pp.219–266.事实上，海德尔明确指出了我们的需求会影响我们的归因，以及对好的行为和坏的行为、好的行动者和坏的行动者的辨别。他同时也提及了福康纳（Fauconnet）对（指派）责任的讨论。这一论断立刻指向了一种对我们思维运行模式的进化解释，尽管其在形式上与进化心理学（Evolutionary Psychology）还有所差异。参见 Fritz Heider, "Social Perception and Phenomenal Causality," pp.358–361.

[4] 本章的一位评论者认为关系问题实质上是一个认同问题（区别敌人与朋友）。我们认为这不过是个标签问题。至于用哪个标签标注更为适合，则是仁者见仁、智者见智，相信读者们会有自己的看法。

突情境与合作情境中的不同运作方式因而也体现出了这一点(见表2-1中的总结)。换言之,不确定性的各个维度在合作情境和冲突情境中所造成的挑战是明显不对称的①。

对于他人的利益和意图,我们的认知从冲突情境到合作情境大体上是一致的。如前面所提到的,我们倾向于否定、忽略、贬损和非法化他国的利益,而对我们自身利益的态度却恰恰相反。

同时,对于意图,不管情境如何,我们都倾向于高估他国的恶意而低估他国的善意。在个体间与群体间的层次上,存在最直接的证据表明这种不对称性来自于小孩和成人的"敌意/险恶归因偏见":我们一般趋向于把他者的那些会对我们造成妨碍且由此不令我们称心的行为归因为带有敌意或险恶意图,纵使这些行为完全是无意的或者至少是没有明确意图的②。

在群体间层次上,"敌意/险恶归因偏见"经常以"反应性贬值"(reactive devaluation)的形式呈现。在谈判过程中,我们倾向于对他人的让步提议进行反应性贬值。当对方提出了妥协和让步,老练的谈判者一贯贬低这些妥协和让步,判定这些还不够充分,并且认为这多半是受情境因

---

① 我们的认知是以非对称的方式运作的,这一事实已经在社会心理学中得到牢固确立,并通常以"错误肯定"与"错误否定"间的不对称性而为人所知。一个与之相关的现象是广为接受的"负面偏见"现象:负面经历往往要比正面经历在我们的记忆中表现得更强烈,停留的时间也更长久。相关的文献述评,参见 Roy Baumeister, Ellen Bratslavsky, Catrin Finkenauer, and Kathleen D.Vohs, "Bad Is Stronger than Good," *Review of General Psychology*, vol.5, no.4 (2001), pp.323-370; Paul Rozin and Edward, B.Royzman, "Negativity Bias, Negativity Dominance, and Contagion," *Personality and Social Psychology Review*, vol.5, no.4 (2001), pp.296-320。

② Kenneth A.Dodge, Gregory S.Pettit, Cynthia L.McClaskey and Melissa M.Brown, *Social Competence in Children*, Monographs of the Society for Research in Child Development, vol.51 (1986), pp.1-85; R.M.Kramer, "Paranoid Cognition in Social Systems: Thinking and Acting in the Shadow of Doubt," *Personality and Social Psychology Review*, vol.2, no.4 (1998), pp.251-275; R.M.Kramer and D.M.Messick, "Getting by With a Little Help from Our Enemies: Collective Paranoia and its Rule in Intergroup Relations," in C.Sedikides, J.Schopler and C.A.Insko, eds., *Intergroup Cognition and Intergroup Behavior*, Mahwah: Lawrence Erlbaum Associates, 1998, pp.233-255.

素(特别是谈判者自身的强硬态度)驱动而不是对手希望妥协或有意合作[1]。当一个实际由以色列人提出的和平提案以巴勒斯坦提案的名义来呈现给以色列犹太人和亲以色列美国人时，这个提案会被认为是不利的("即"这个提案会更偏向巴勒斯坦人")。当同一个提案作为以色列人的提案被呈现给以色列犹太人和亲以色列美国人时，它会被认为是有利和"不偏不倚的"[2]。最后，从现实生活中的国际政治案例来看，在对抗性的国家间关系中，决策者通常把称心的结果(比如妥协)归因于他们自身的努力而把不如意的结果归因于他人的恶意。杰维斯[3]和拉尔森(Larson)[4]在他们的研究中充分地展示了这样的证据。

在冲突情境中，当他国的能力大体同我们的一样或是高于我们时，我们倾向于高估他国施加伤害的能力。因此，尽管(事后看来)英国和法国在1938年以前与希特勒交战要比一年后再来敷衍了事地打一仗好得多[5]，他们仍高估了希特勒德国的军事能力[6]。1814年拿破仑战败以后，主要的欧洲势力始终高估了法国的力量，尽管在那时法兰西已经开始了长时间的相对衰落，而普鲁士的阴云却已然渐渐笼罩在欧洲大陆上空[7]。

---

① Lee Ross and Robert Ward, "Psychological Barriers to Dispute Resolutions," in *Advances in Experimental Social Psychology*, vol. 27, San Diego: Academic Press, 1995, pp.255–304, esp.275–8.

② Ifat Maoz, Andrew Ward, Michael Katz, and Lee Ross, "Reactive Devaluation of an 'Israeli' vs. 'Palestinian' Peace Proposal," pp.515–546.

③ Robert Jervis, *Perception and Misperception in International Politics*, pp.343–355.

④ Deborah W.Larson, *Anatomy of Mistrust*: *US-Soviet Relations during the Cold War*, Ithaca: Cornell University Press, 1997.

⑤ W.Murray and A.R.Millett, *A War To Be Won*: *Fighting the Second World War*, Cambridge: Harvard University Press, 2000.

⑥ Christopher Layne, "Security Studies and the Use of History: Neville Chamberlain's Grand Strategy Revisited," *Security Studies*, vol.17, no.3 (2008), pp.397–437; Norrin M.Ripsman and Jack S.Levy, "The Preventive War that Never Happened: Britain, France, and the Rise of Germany in the 1930s," *Security Studies*, vol.16, no.1 (2007), pp.32–67.

⑦ A.J.P.Taylor, *The Struggle for Mastery in Europe, 1848-1918*, Claredon: Oxford University Press, 1954, pp.xx-xxxiii.

当然,也存在一些例外。有两个原因可能导致我们低估他国的能力,进而低估决心。在某些案例中,双方之间能力太过悬殊以至于优势方很容易就变得过于自信。比如说朝鲜战争中的麦克阿瑟、越南战争中的美国以及2003年美国对于伊拉克的入侵,这些案例都是一种对他国能力(进而对决心)的目中无人式的低估。在另一些例子里,那些低估对手能力(以至于决心)者是一些"突变体"(mutants):他们的自负(和野心)驱使他们低估别人的能力并且确信他们将取得迅速而决定性的胜利。换句话说,许多误判都是由偏见所导致的①。拿破仑对俄国的入侵及希特勒对苏联的入侵就属于这第二类的案例。正如布莱尼(Blainey)②在很久以前就指出的,不管属于哪种原因,领导者对于对手能力(进而对决心)的低估常常导致战争。当然,这两种原因并不互相排斥,当它们同时存在时,它们能彼此增强③。

相对地,我们倾向于低估他国在合作中提供帮助的能力(和决心),这一点无关于我们和他国之间的相对权力分配。在两个盟国之间,双方都倾向于怀疑另一方是否能够做出那么多贡献,并且担心那些困难和吃力不讨好的工作将由自己来完成。当双方能力相差不大时这一偏见会尤其严重:每一方都担心另一方可能想"搭便车"。

正如前文所述,对于他国决心的不确定性通常只有当我们和他国已处于冲突或者合作情境中时才显得重要。与在冲突情境中感知他国能

---

① Richard Ned Lebow, *Between Peace and War*, Baltimore: John Hopkins University Press, 1981; Richard Ned Lebow, *A Cultural Theory of International Relations*, pp.97–100; Richard Ned Lebow and Janice Gross Stein, *We All Lost the Cold War*.

② Geoffrey Blainey, *Causes of War*, New York: Free Press, 1988.

③ "战争的卢比肯理论"(Rubicon theory of war)将危机划分出了一个不同的阶段。在一个领导者做出战争的决定之后,他(或她)将更加自信地认为自己选择的道路将会通向一个正面的结果。参见 Dominic D.P.Johnson and Timothy A.Tierney, "The Rubicon Theory of War: How the Path to Conflict Reaches the Point of No Return," *International Security*, vol.36, no.1 (2011), pp.7–40. 正因为如此,他(或她)拒绝重新考虑其决定,并且任凭这些决定将其带入到战争之中。很显然,这里主要关注的是决定战争前的归因和起意(deliberation)。

力的逻辑相类似，当对手的能力与我们基本一样或大于我们时，我们通常不会在冲突中低估对手的决心，即使另一方在上次冲突中做出过让步①。所以，尽管苏联在两个超级大国间发生的大多数危机中都做出过让步，冷战期间的美国却从未低估过苏联在僵持中坚守立场的决心②。

相对地，当对手的能力大大低于我们自身时，我们很有可能会低估对方的决心。麦克阿瑟低估了中国援助朝鲜战争的决心，因为他根本不相信中国的军事力量有同他那装备优越的军队作战的可能。相似地，以色列排除了埃及会在1973年发动攻击的可能性，因为它坚信埃及只会在能够攻击到以色列的机场的情形下发起攻势③。正如勒博和斯坦因④慧眼所识，这解释了为什么那些信奉理性威慑理论的（粗糙）逻辑的领导者会倾向于低估对方发起挑战的决心。

寻求合作时，对他方决心（即兑现其合作承诺的决心）的不确定性会在真正达成合作的协议之前起作用。而就如费伦⑤所言，这种对他方遵守契约承诺之决心的怀疑是合作的一个重要的障碍。在联盟内部，每一方都担忧在对手的压力或引诱下另一方会抛弃联盟⑥，尽管在现实的世

---

① Jonathan Mercer, *Reputation in International Politics*; Daryl Press, *Calculating Credibility*, Ithaca: Cornell University Press, 2005; Shiping Tang, "Reputation, Cult of Reputation, and International Conflict," *Security Studies*, vol.14, no.1 (2005), pp.34–62.

② Ted Hopf, *Peripheral Visions: Deterrence Theory and American Foreign Policy in the Third World, 1965–1990*, Ann Arbor: University of Michigan Press, 1994.

③ Janice Gross Stein, "Calculation, Miscalculation, and Conventional Deterrence: the View from Cairo," in Robert Jervis, Richard Ned Lebow, and Janice Gross Stein, *Psychology and Deterrence*, Baltimore: John Hopkins Univeristy Press, 1985, pp.34–35; Janice Gross Stein, "Calculation, Miscalculation, and Conventional Deterrence: the View from Jerusalem," in Robert Jervis, Richard Ned Lebow, and Janice Gross Stein, *Psychology and Deterrence*, pp.60–88.

④ Richard Ned Lebow and Janice Gross Stein, *We All Lost the Cold War*, esp. pp.325–328.

⑤ James D.Fearon, "Bargaining, Enforcement, and International Cooperation," *International Organization*, vol.52, no.2 (1998), pp.269–305.

⑥ Glenn H.Snyder, "The Security Dilemma in Alliance Politics," *World Politics*, vol.36, no.4 (1984), pp.461–495; 同样也可以在 Yoichi Funabashi, *Alliance Adrift*, New York: Council on Foreign Relations, 1999f.中找到相关证据。

界政治中,以强制方式楔入联盟的战略是极少成功的,甚至就连选择性调和类的楔入战略也面临着重重困难①。

如果已经处于一定程度的冲突关系中,我们在感知到潜在的不友好或敌意信号时会倾向于轻视他方做出该项举动时所处环境的重要性。换言之,当他国的行为不令我们称心的时候,我们倾向于弱化他们面临的外部约束,即认为他们的不善举动都源于他们天性本恶。更重要的是,我们几乎从不考虑这样一种可能性,即正是我们自己导致了他们的多疑,而他们现在只是在对我们先前的不友好举动做出回应。对这种可能性的忽视正是国家通常难以解开螺旋上升的安全困境这种恶性动态的重要原因②。

相反,当感知来自其他国家的潜在的友好信号时,我们倾向于夸大导致其做出该种举动的外部约束。另一方做出让步是因为在既定的外部环境中他别无选择。换言之,当他国行为令我们满意时,我们倾向于强调他国所面临的外部约束。而如果我们能够将这种外部约束归因于来自我们自身的压力,情况就更是如此了——他们的行为符合我们的心意是因为我们迫使他们这么做。于是乎,在冷战末期,大部分的美国核心决策者一直坚信戈尔巴乔夫是由于美国的压力才被迫屈从的,而直到很久以后戈尔巴乔夫作为一个真正的改革家这一可能性才得到承认③。赫鲁晓夫掌政苏联之后的冷战阶段至少部分地受这种动态所推动。美国的核心决策者并不准备相信,尽管有苏联的共产主义意识形态存在,

---

① Timothy Crawford, "Preventing Enemy Coalitions: How Wedge Strategies Shape Power Politics," *International Security*, vol.35, no.4 (2011), pp.155-189

② Robert Jervis, *Perception and Misperception in International Politics*; Charles L. Glaser, "Political Consequences of Military Strategy," pp.497-538; Shiping Tang, *A Theory of Security Strategy for Our Time*, chap.2.

③ Deborah W.Larson, *Anatomy of Mistrust*; Andrew Kydd, *Trust and Mistrust in International Relations*, chap.8.

赫鲁晓夫可能真的希望与美国及其盟友"和平共存"[①]。

实际上，上文中提到的这些偏见和误差是如此的普遍，以至于在解释他方行为时我们时常陷入其中，哪怕拥有足够的后见之明也依然如此。当他国行为合我们之意时，我们会将导致行为的主要原因归因于我们自己（作为外部原因），而几乎没有给予那些导致对方行为的内生动力以肯定。当他国行为不合心意时（同样从我们的视角来看），我们就会将主要原因归因于他方的恶意和精明算计（作为内部原因）。因此，毕胜戈[②]和沃尔夫斯[③]都坚持认为戈尔巴乔夫只是迫于压力才屈服于西方，他自身观念的成分在其决定的形成中不起主要作用[④]。

在评估他国的威胁和保证信号的可信度时，冲突情境和合作情境之间的差别会变得尤其凸显。根据关于冲突中（特别是威慑和强制中）有成本信号传递的研究成果，一个国家威慑的可信度是关于一国（军事）能力、利益、决心和情境约束的函数（所有变量均为国内观察者感知到的情

---

① Melvin P.Leffler, *A Preponderance of Power*: *National Security*, *the Truman Administration and the Cold War*, Stanford: Stanford University Press, 1992; Deborah W. Larson, *Anatomy of Mistrust*; Andrew Kydd, *Trust and Mistrust in International Relations*, chap.3.

② Richard Bitzinger, "Gorbachev and GRIT: Did Arms Control Succeed Because of Unilateral Actions or in Spite of Them?," *Contemporary Security Policy*, vol.15, no.1 (1994), pp.68-79.

③ William Wohlforth, "Realism and the End of the Cold War," *International Security*, vol.19, 1 (1994-1995), pp.91-129.

④ 对于这些文献的批判，参见 Richard Ned Lebow and Janice Gross Stein, *We All Lost the Cold War*, pp.369-376。在这里需要指出，在解释行为和解释结果之间存在一些惊人的相似之处：如果在我们看来结果是积极的（或令人满意的），我们通常更多地将其归因于我们自己的行动而很少归因于他人的行动，而当结果消极（或不令人满意）之时我们的做法则相反。因此，由于冷战以有利于美国的方式结束，美方的评论者大多用美国的行为来解释这一结果（例如 William Wohlforth, "Realism and the End of the Cold War"）。相对地，当涉及所谓在东南亚，美国相对于中国的影响力下降时，许多评论者将其主要归因于中国的"魅力攻势"和可能隐藏其后的邪恶构想（例如 Josh Kurlantzick, *Charm Offensive*: *How China's Soft Power Is Transforming the World*, New Haven: Yale University Press, 2007; Robert Sutter, "China's Rise: Implications for U.S.Leadership in Asia," *Policy Studies*, vol.21, Washington:East-West Center Washington, 2006）。

况)①。更形式化的表达为,一国在其对手思维中的威胁可信度C_T可由以下等式来决定:

$$C_T = f\left(\frac{\text{一国军事能力} \times \text{利益} \times \text{决心}}{\text{国家面临的能被其对手感知到的情境约束}}\right)$$

根据关于寻求合作的有成本信号传递的研究成果,一个合作行为[即一个战略示善姿态(reassurance gesture)]②的可信度是一个关于其成本、风险(即在姿态没有得到相应回报时将产生的潜在损失)、潜在收益(比如不论另一方是否正面回应都将节省下的资源加上另一方正面回应时获得的其他好处),以及信号发送者面临的情境约束(即情境需要在多大程度上驱动着保证信号的传递),同样所有变量均为接收者感知到的情况。更为形式化的表达为,保证信号的可信度C_A可由以下等式来决定:

$$C_A = f\left(\frac{\text{尝试的成本} + \text{风险} - \text{尝试的获利,所有均为接收者感知到的情况}}{\text{发起者面临的能被接收者感知到的情景约束}}\right)$$

从这两个结构截然不同的等式来看,很显然我们倾向于高估他国威胁信号的可信度(因为分子中的各项是相乘的),除非在构成其威胁信号的各部分(即能力、利益和决心)中至少有一个的值变得极端小。相对地,我们倾向于低估他国保证信号的可信度(因为分子中的各项是相加或者相减的)。在实践中,我们低估他国保证信号的可信度的倾向更为严重,因为我们倾向于低估另一方可能承受的成本和风险而夸大其可能获得的潜在收益。相对地,我们高估他国威胁信号可信度的倾向也更为严重,因为我们总是将另一方威胁信号背后的情境约束最小化。

合作情境下归因与冲突情境下归因之间产生这种对比的支撑基础

---

① 在冲突性情境中,另一方已经被假定为是恶意的。换句话说,我们把另一方将采取对我们不利的行动的可能性估计为1。

② "reassurance"一词没有特别好的直译。经过仔细考虑,我们将"reassurance"翻译成"示善"。详细的讨论见,Shiping Tang, *A Theory of Security Strategy for Our Time: Defensive Realism* (New York: Palgrave Macmillan, 2010), chap.5。

是"为生存而恐惧"的心理。这一心理产生了诸多的偏差，其中的部分已经被贴上了诸如"敌意归因误差"(hostile attribution error)、"险恶归因偏差"(sinister attribution bias)或"迫害认知"(paranoid cognition)之类的标签[1]。这一系列的动态强化并维系了我们对潜在危险的警觉，并且保护我们不会轻易陷入松懈。在为了(个人或群体)生存的世界里，"有备无患，未雨绸缪"是一句至理名言[2]。

需要牢记的一个关键点是，在心理动态为冲突与合作增加了一类内生动态的同时，冲突和合作也会反过来影响我们的知觉。正如冷战所生动诠释的那样[3]，随着对抗的延长，对抗双方都越来越认为对方是不可救药的侵略成性，并且从根本上认定对方的目标是非法的，意图是恶意的，从而渐渐回到只关注能力和决心的更为简单的认知方式(即心理简化)[4]。由此产生的结果是，双方变得对彼此的目标和意图毫无兴趣，眼中只剩下能力和决心。仅当冲突性情境结束之后(虽然依然伴随着一些挥之不去的仇恨)，国家才会缓慢地开始意识到彼此都并非天生侵略成性，继而再次对彼此的目标和意图产生兴趣。

---

① Kenneth A. Dodge, Gregory S. Pettit, Cynthia L. McClaskey, and Melissa M. Brown, *Social Competence in Children*, pp.1–85; Kenneth A. Dodge and Daniel R. Somberg, "Hostile Attributional Biases among Aggressive Boys Are Exacerbated under Conditions of Threats to the Self," *Child Development*, vol.58, no.1 (1987), 213–224; R.M. Kramer, "Paranoid Cognition in Social Systems," pp.251–275; R.M. Kramer and D.M. Messick, "Getting by With a Little Help from Our Enemies," pp.233–255.

② 关于这方面更为详细的讨论，参见 Shiping Tang, "The Social Evolutionary Psychology of Fear (and Trust): Or Why is International Cooperation Difficult?" paper presented in the 49th Annual Convention of International Studies Association in San Francisco, March 26–29, 2008。

③ Richard Ned Lebow and Janice Gross Stein, *We All Lost the Cold War*, chap.12; Sergei Zubov and Constantine Pleshakov, *Inside the Kremlin's Cold War: From Stalin to Khrushchev*, Cambridge: Harvard University Press, 1997.

④ Robert Jervis, Perception and Misperception in *International Politics*, pp.64–65; Shiping Tang, "Reputation, Cult of Reputation, and International Conflict," pp.50–54.

四、人们通常无法正确认知事物的证据

这一部分，将提供一些表明我们通常无法正确认知不确定性的各个维度的证据。当然，这绝不是说我们能正确认知所有事物，并且能将所有错误认知加以矫正。首先我们将提供一些国际关系理论研究文献中的证据，说明许多国际关系理论学者未能正确认知不确定性的各个维度。接着将提供一些来自现实世界政治领域的证据，这些证据目前大部分来源于二手文献资料。

(一)无法正确认知挑战：国际关系研究文献中的证据

许多国际关系学者倾向于（自我中心主义地）相信其对事物的认知比政策制定者更为正确，然而事实并非总是如此。国际关系学者们会犯的错误可以归为三大类，与上文所述的多维度造成的认知挑战的三个层次基本一致。

1.将各维度混为一谈或以不一致的方式来使用这些维度

国际关系学者最明显的错误或许在于他们在许多讨论中未能将五个维度区分开来，并且没有以一致的方式来使用这些维度①。

例如，施维勒②认为动机与意图可以互换，并指出"'意图'这一概念通常指行为体的计划与目标"③。同样，即使张伯伦在慕尼黑协定前的大部分时间里确实对希特勒的野心没什么把握，但巴罗斯和伊姆莱④等人却断言张伯伦对希特勒的"意图"茫然无知（见下文讨论）。这些学者们

---

① 对战争与和平博弈模型存在的问题的详细论述见本章第五部分。
② Randall L.Schweller, *Unanswered Threats*: *Political Constraints on the Balance of Power*, Princeton：Princeton University Press, 2006, p.38.
③ 参见 Randall L.Schweller, "Neorealism's Status Quo Bias：What Security Dilemma？，" *Security Studies*, vol.5, no.3 (1996), pp.103–104; Andrew Kydd, "Sheep in Sheep's Clothing," pp.126, 152。
④ Andrew Barros and Talbot C.Imlay, "Correspondence：Debating British Decision Making toward Nazi Germany in the 1930s," *International Security*, vol.34, no.1 (2009), p.276.

混淆了意图与目标（或者说野心）。

在尝试整理归纳不确定性的各种概念时，拉斯本[1]正确地指出，不确定性对现实主义和自由主义而言意味着"国家对互动者的意图、利益与权力信息的缺乏"。然而，在讨论国际关系中理性选择路径（RCA）的不确定性研究时[2]，拉斯本同他之前的麦克唐纳一样，没有能够成功认识到理性选择路径最感兴趣的是能力和决心的不确定性，同时他将意图固定为恶意，进而将意图的不确定性边缘化，甚至在假定中予以排除。这一点在费伦[3]的作品中是再明显不过的了。

另一些学者尽管区分了意图与动机，却并未以一致的方式来使用这两个概念。例如蒙哥马利[4]声称要使用"动机"与"偏好"来表示国家对目标的偏好，而用"意图"来表示国家对战略的偏好。然而，蒙哥马利对于这些概念的利用并非总是前后一致的。他时常论及"一国可以显示其善意动机的首要方法"和"一个善意国家试图证明其动机"[5]"显示其善意动机"[6]"对他国动机的不确定并且恐惧他国会利用所有让步来牟利"及"显示他们动机"[7]等。在所有类似的情形中，动机均应该被"意图"所替代。

最有名的一个例子是格拉泽在抱怨杰维斯[8]对螺旋模型和威慑模型的阐释仅仅关注了国家的意图而相对忽视了国家的扩张动机时，他坚持认为，我们应该对国家的意图与动机予以同等的关注[9]。格拉泽由此引

---

[1] Brian C. Rathbun, "Uncertain About Uncertainty," pp.537, 541–545.

[2] Thomas C. Schelling, *The Strategy of Conflict*, Cambridge: Harvard University Press, 1960; Thomas C. Schelling, *Arms and Influence*, New Haven: Yale University Press, 1966; James D. Fearon, "Rationalist Explanations for War," pp.379–414.

[3] James D. Fearon, "Rationalist Explanations for War," p.381.

[4] Evan Braden Montgomery, "Breaking out of the Security Dilemma," p.153, footnote 9.

[5] Ibid., p.158.

[6] Ibid., p.160.

[7] Ibid., p.162.

[8] Robert Jervis, *Perception and Misperception in International Politics*.

[9] Charles L. Glaser, "Political Consequences of Military Strategy," pp.499–508.

入了一个他自称更为精致的从两个维度区分国家动机的方法。通过结合这两个动机维度(即贪婪的与非贪婪的、常安全的与不安全的),格拉泽声称国家可以被分为四种类型,因而他的理论增强了螺旋模型与威慑模型的解释力,并为国家军事战略归纳出了更为精细的对策。格拉泽的常安全/不安全二分法显然是无效的,因为根据他自己所信奉的结构现实主义的观点,所有国家在无政府状态下都是不安全的。

更糟糕的是,格拉泽提出的框架中的第一维度取决于一国是否对不以安全为目标的扩张感兴趣——感兴趣的是贪婪的国家,反之则不是。由此,贪婪与非贪婪的二元论并非关乎动机(这里可被理解为目标),而是本质上再次提领了意图维度,因而不过是增加了两个新的标签,没有带来什么实质的益处。

此外,格拉泽[1]总是将"善意的"与"恶意的"置于动机与目标之前。然而,根据他所信奉的结构现实主义的观点,国家对目标的偏好是由国际政治的无政府属性所决定的[2]。换句话说,结构现实主义假定国家的目标偏好是固定的,所有的国家将安全视为最低限度的需求[3]。由于权力仍然是安全的重要支柱,并且权力与安全相互作用,追求权力与追求安全之间不可能存在明显的界限[4]。所以,追求权力不必然意味着恶意,追求安全也不必然意味着善意。因此,对于结构现实主义而言,国家的动机或目标在规范意义上是中性的,只有意图或者对战略的偏好可以被视为恶意或善意。因而也只有放在意图前的形容词能够被用来区分和标示国家所属的两种基本类型,即恶意国家与善意国家。鉴于存在上述缺陷,格拉泽对安全困境和螺旋模型的扩展带来的更多是困惑,而不是

---

[1] Charles L.Glaser, "Realists as Optimists," pp.60, 67–68, 70.

[2] Robert Powell, "Anarchy in International Relations Theory," pp.313–344。亦可参见 Kenneth N.Waltz, *Theory of International Politics*。

[3] 同上。

[4] Reinhold Niebuhr, *Moral Man and Immoral Society*, p.42.

更精细的解释力①。

2.非系统与非动态的理解

由于不确定性的五个维度组成了一个动态系统，我们需要一种系统的、动态的路径来理解它们②。不幸的是，我们中的大部分人通常以非系统与非动态的路径来理解不确定性。这种非系统与非动态的路径是无用且易于误导的，其大大削弱了五个维度变化所拥有的解释力。

针对不确定性的非系统性思维的一种表现是单独拿出一个或两个维度作为自变量并忽视了其他维度。安妮·萨托利③推论，在20世纪50年代，朝鲜战争发生之前中国大陆攻打台湾之誓言的无法兑现（即中国的造势）使中国威胁干预朝鲜战争的可信度被大幅削弱。就因为这个缘故，美国主要的决策者们不会认为中国干预朝鲜战争的威胁是可信的。萨托利由此排除了多数美国决策者因低估中国的作战能力而不把中国的威胁放在心上的可能性。然而，即使中国大陆对台湾的造势在一定程度上诱使美国忽略了中国的警告，但一个可能更为合理的解释是美国决策者对中国作战能力的低估是导致其不认真对待中国威胁的更为关键的原因④。毕竟，"当且仅当受足够的权力支撑并且为清晰的目标服务时，威胁才是可信的"⑤。

不确定性的非动态研究路径的一个典型表现是我们通常倾向于认为一旦我们为某一国家贴上了某种特定类型的标签，那么标签就不应该

① 更为详细的讨论参见 Shiping Tang, *A Theory of Security Strategy for Our Time: Defensive Realism*, chaps.1 & 2。

② Robert Jervis, *System Effects*.

③ Anne Sartori, "The Might of the Pen: A Reputational Theory of Communication in International Disputes," *International Organization*, vol.56, no.1 (2002), pp.137-140.

④ 正如麦克阿瑟所言，"如果他们（中国人）开始介入平壤之事，就会出现一场最大规模的屠杀"。同样地，萨托利也并未发现直接的证据将美国的决策者们对朝鲜的看法与对台湾的看法联系起来。

⑤ Daryl Press, *Calculating Credibility*, p.143.

被摘下,不论之后发生了什么。因此,格拉泽[1]坚持认为一个机会扩张主义国家(即一个至少在某段时间内是恶意的国家)只要其扩张是受安全所驱动就仍然是一个追求安全的国家(或者更精确地说,一个善意国家)。然而他完全没有意识到在无政府状态中所有国家都追求安全。因循着同样的逻辑,许多学者都试图将某种情境认定为安全困境并假定这种情境将持续存在。但在现实世界中,这种情境却能够从安全困境转变为螺旋,再从螺旋转变回安全困境。所以,这些学者就倾向于追问冲突是否是由安全困境所导致的,而不是去追问冲突是否已经从安全困境转变为了螺旋,并进而转变为战争[2]。在以上这两种情形中,一国(或一种情境)在不同类型间来回转变的可能性都遭到了忽视。许多理论学者似乎忘记了标签仅仅是一种启发式工具,它们并非一旦粘上就永无揭下之日,因为五个维度本身是都可变的。也就是说,国家的类型(或身份)是可能发生变化的,这一观点远在建构主义尚未流行之前[3]便被人所提及[4]。因为假定一国的标签是一成不变的,一些现实主义的理论家就把国家行为的现实主义理论变成了静态的理论。这完全是多此一举。

非系统和非动态思维影响国际关系理论学者(也包括政治家,详见下文)的一个最突出的后果是,我们倾向于强调意图只可能从善意迅速变为恶意,却不会从恶意迅速变为善意[5]。换句话说,我们很容易相信他国从善意变为恶意,可是当该国的意图已经从恶意转变为善意时,我们

---

① Charles L.Glaser, "Political Consequences of Military Strategy," pp.497–538; Charles L. Glaser, "The Security Dilemma Revisited," *World Politics*, vol.50, no.1 (1997), pp.171–201.

② Shiping Tang, *A Theory of Security Strategy for Our Time*, chaps.2 and 3.

③ Robert Jervis, *Perception and Misperception in International Politics*, pp.45–84.

④ 也可参见 Robert Jervis with Thierry Balzacq, "The Logic of Mind: Interview with Robert Jervis," *Review of International Studies*, vol.30, no.3 (2004), pp.559–563。

⑤ 这是基于恐惧心理而产生的一种即时预测,我们的认知严重地向不安全或恐惧倾斜,而远离安全、满足与信任。对这方面的更为详尽的讨论,参见 Shiping Tang, "The Social Evolutionary Psychology of Fear (and Trust): Or why is international cooperation difficult?"。

却十分抗拒去改变对该国的印象。然而,从逻辑上看,如果一个国家能迅速地从善意转变为恶意(比如说由于领导人的变化),我们就没有任何理由认为一个国家不能以同样的方式和速度从恶意转变为善意。冷战的历史提供了充分的例证说明领导人的变化可以有效地改变一国的性质,比如戈尔巴乔夫时期的苏联同斯大林与勃列日涅夫时期的苏联就大不相同①。冷战后,我们能颇为确定地认为在布什和新保守主义掌权后美国已经成为恶意的国家。

3.未能把握冲突与合作情境所带来的不同挑战

一个更为严重的问题是,我们未能认识到,不确定性的各个维度在我们与他国身处情境不同(如冲突、合作或模棱两可)时对我们的认知造成的挑战可能也是不同的。实际上,许多既有研究都明示或暗示了不确定性的不同维度在各种情境中没什么区别。

其中最引人注目的一例是道格拉斯·吉布勒②假定"违反防御条约与违反互不侵犯或中立条约将产生同样的不诚实的声誉"。然而,违反互不侵犯条约或中立条约比违反防御条约要糟糕得多,后者不过是传达出合作伙伴的迟疑不决,但前者则意味着(所谓的)伙伴或朋友实际上是恶意国家。事实上吉布勒接下来就写道,"违反中立条约或互不侵犯条约相比忽视防御条约往往制造了对条约的更为露骨的亵渎,因为这类违反常常由一国攻击其盟友所引起"。不过他之后仍然在各种论述中坚持将它们视为相同的。

相似地,格里高利·米勒③致力于研究商业联盟(作为合作的一种形

① Deborah W.Larson, *Anatomy of Mistrust*; Melvin P.Leffler, *For the Soul of the Mankind*: *U.S.*, *Soviet Union*, *and the Cold War*, New York: Hill and Wang, 2007; Shiping Tang, *A Theory of Security Strategy for Our Time*, appendix I.

② Douglas M. Gibler, "The Costs of Reneging: Reputation and Alliance Formation," *Journal of Conflict Resolution*, vol.52, no.3 (2008), p.437.

③ Gregory, D.Miller, "Hypotheses on Reputation: Alliance Choices and the Shadow of the Past," *Security Studies*, vol.12, no.3 (2003), pp.40–78.

式)中以责任为荣的决心所带来的声誉,以此来挑战默瑟①关于由决心所带来的声誉也许在冲突中并不显得那么重要的论点。很明显,米勒相信,对合作(例如商业联盟)中声誉的领悟可以直接移植到(国际)冲突中的声誉上。

(二)误判事实:来自现实世界的证据

从事后来看,我们很容易就能发现政治家们在理解他国行为时经常会出错。鉴于众多学者已广泛而深入地就此项议题进行了研究②,我们在这里只是强调一些关键的方面,特别是突出冲突情境中知觉与合作情境中知觉的比较。

政治家们总是高估他国的恶意,特别是在冲突情境中。这种情况发生之普遍使杰克·列维③断言这些对恶意的高估构成了"错误知觉最为普遍的形式"。冷战期间,美国政策的关键制定者们(如凯南、尼采、杜鲁门等)强烈相信苏联真的热衷于毁灭整个资本主义社会。他们因而认为,朝鲜战争(越南战争也是一样)是苏联设计的一场对美国决心的测试,而不是一场由民族主义而非共产主义驱动的战争④。在另一边,苏联领导人同样夸大了美国摧毁苏联的险恶用心⑤。所以并不令人感到意外,冷战史的大部分都是由不断升级的军备竞赛、代理人战争,以及与促成合

① Jonathan Mercer, *Reputation in International Politics*.

② Robert Jervis, *Perception and Misperception in International Politics*; Richard Ned Lebow, *Between Peace and War*; Jack S.Levy, "Misperceptions and the Causes of War: Theoretical Linkages and Analytical Problems," *World Politics*, vol. 36, no. 1 (1983), pp.76–99; Janice Gross Stein, "Building Politics into Psychology," pp.245–271.; Yuen Foong Khong, *Analogies at War*, Princeton: Princeton University Press, 1992; Richard Ned Lebow and Janice Gross Stein, *We All Lost the Cold War*; Jonathan Mercer, *Reputation in International Politics*; Daryl Press, *Calculating Credibility*.

③ Jack S.Levy, "Misperceptions and the Causes of War," p.88.

④ John Lewis Gaddis, *The Cold War: A New History*, New York: The Penguin Press, 2005, chap.4; Melvin P.Leffler, *A Preponderance of Power*.

⑤ Sergei Zubov and Constantine Pleshakov, *Inside the Kremlin's Cold War*.

作之良机痛失交臂所构成的悲哀故事①。

在试图理解埃及总统纳赛尔将苏伊士运河国有化这一举动背后的深意时，英国首相安东尼·艾登将纳赛尔视为其另一个希特勒式的独裁者，而不是一位需要打动国内与区域内的广泛听众的"泛阿拉伯民族主义者"。对纳赛尔的这一印象的固化使艾登不可能去考虑对纳赛尔让步的可能性②。

在双方能力大致相等的情况下，政治家们同样倾向于高估对手的能力和（相应的）决心。在1936—1938年的关键时期，英国和法国本可以对纳粹德国发动一场防御性战争，但两国始终高估了德国的力量与决心③。结果是，在希特勒最为脆弱和迟疑不决的时候，英法两国却拒绝与之针锋相对④。

冷战的早期为我们呈现了另一个经典案例。在对1957—1961年期间的"导弹鸿沟"传奇进行考察时，乔纳森·罗逊指出，美国领导人始终高估了苏联的能力，"将他们的对手（想象成）比实际更强大、更具有进攻性、也更危险的敌人"⑤。保罗·尼采在起草NSC-68文件时，同样高估了苏联日益增长的绝对能力而将美国的能力视为稳定不变的。他因此也高估了苏联的相对能力，而实际上即使将早年苏联制造原子弹和中国革命的成功计算在内，对美苏间相对实力的更为乐观的评价仍应成立。两

① Deborah W.Larson, *Anatomy of Mistrust*; Melvin P.Leffler, *For the Soul of the Mankind*.

② Janice Gross Stein, "Building Politics into Psychology," p.249.

③ 然而，英法两国均低估了希特勒的野心。这或许是一种因关于一战的记忆而产生的动机偏见。由于这些记忆，直到1936年，英法两国的决策者们才确信了希特勒的邪恶意图。关于这方面的更为详细的论述，参见 Christopher Layne, "Security Studies and the Use of History".

④ Norrin M.Ripsman and Jack S.Levy, "The Preventive War that Never Happened," pp.48-58.同样也可参见下文的讨论。

⑤ Jonathan Renshon, "Assessing Capabilities in International Politics: Biased Overestimation and the Case of the Imaginary 'Missile Gap'," *Journal of Strategic Studies*, vol.32, no.1 (2009), p.116.

个超级大国同样高估了彼此挑战另一方的决心,并且同时害怕在让步或妥协后会失去关于自己决心的声誉①。

由于族群中心主义(或者更为确切地说,缺乏移情能力),政治家们通常认为,一国对其他国家的恐惧是合情合理的,但其他国家对该国的恐惧则是不合情理的。因此,迪安·艾奇逊认为苏联没有恐惧北约的理由,而美国及其盟国却有理由恐惧苏联。同样,当美军朝鸭绿江推进时,中国应该没什么好怕的,而美国对苏联和中国的扩张主义的恐惧则是理所应当的②。类似地,约翰·肯尼迪认为猪湾入侵事件不过是一场颠覆诡计,但赫鲁晓夫在古巴部署导弹却是具有挑衅与侵略性质的行为。而赫鲁晓夫对于这些情境的解读则恰恰相反③。

与上述情形形成鲜明对比的是,政治家们倾向于低估盟友们为集体福利做出贡献的能力、利益以及决心。因此,自从尼克松访问中国而未知会日本(即"尼克松冲击")之后,日本就一直怀有被美国"遗弃"的恐惧。许多日本政治家开始怀疑美国对美日联盟做出的承诺,并害怕在时机成熟之后美国会为了中国或其他亚洲国家而抛弃日本④。联盟政治的整个被抛弃之恐惧的动态都能反映出低估盟友贡献联盟的能力、利益和决心这一机理的影响⑤。

此外,处于正在发展的合作关系之中的双方几乎总是倾向于相信另一方选择合作是不得不为之,并且多半是由于我们不懈地施压所致⑥。

---

① Jonathan Mercer, *Reputation in International Politics*; Daryl Press, *Calculating Credibility*; Shiping Tang, "Reputation, Cult of Reputation, and International Conflict", pp.34-62.

② Robert Jervis, *Perception and Misperception in International Politics*, pp.67-74.

③ Richard Ned Lebow and Janice Gross Stein, *We All Lost the Cold War*, pp.309-314.

④ Yoichi Funabashi, *Alliance Adrift*.

⑤ Glenn H.Snyder, "The Security Dilemma in Alliance Politics".

⑥ Robert Jervis, *Perception and Misperception in International Politics*, pp.343-349.

因此，当印度和中国在20世纪80年代末90年代初开始走向和解时，双方都相信另一方选择合作本质上是迫于外部的压力。对于中国而言，这种压力是1989年后的外交孤立状态，对于印度而言，则是苏联解体带来的冲击。双方都弱化了这样一个事实，即自1962年短暂的冲突之后，两个国家内部都持续地存在着对两国和解的呼吁①。同理，美国的主要决策者都曾经很不乐意承认苏联之所以选择与西方合作，是因为戈尔巴乔夫时期的苏联确实与以往大不相同②。

冷战初期的那几年（1945—1950）很好地佐证了以决心和能力为基础的计划系统逐渐形成的过程。从乔治·凯南主导的NCS-20/4文件到保罗·尼采主导的NSC-68文件③，美国对苏联的知觉越来越集中于能力与决心维度，将苏联的利益固化为不可救药的野心勃勃，而将苏联的意图固化为不可救药的侵略成性。外部约束力同样被视而不见，在美国人眼里，"克里姆林宫能够选择任何可以利用的有效手段来执行它的基本设计"④。而斯大林时期苏联的思考则如同美国的一个镜像⑤。

五、误判事实的后果

由于对不确定性维度的误判的整体政策影响是显而易见的，我们将重点聚焦于误判事实在理论上会产生的后果。我们的研究表明，无法正确认知不确定性维度已然给我们对国际关系中一些最重要的问题的理解制造了可怕的陷阱。有时，我们的讨论已经彻底失去了连贯性和一致性。

---

① Jing-dong Yuan and Waheguru Pal Singh Sidhu, *China and India: Cooperation or Conflict*, Boulder: Lynne Rienner Publishers, 2003.

② Deborah W.Larson, *Anatomy of Mistrust*; Andrew Kydd, *Trust and Mistrust in International Relations*, chap.8.

③ John Lewis Gaddis, *The Cold War*, esp.chaps.2-4.

④ S.Nelson Drew, ed., *NSC-68: Forging the Strategy of Containment, with analyses by Paul H.Nitze*, Washington, D.C.: National Defense University, 1993, p.44.

⑤ Sergei Zubov and Constantine Pleshakov, *Inside the Kremlin's Cold War*.

第二章　一个新的国际关系归因理论:不确定性的维度及其认知挑战

1. 区别在于"概率性"与"可能性"?

区分进攻性现实主义与防御性现实主义(或者其他非进攻性现实主义)的一个非常有影响的构想是布鲁克斯的"概率性与可能性之分"[①]。根据布鲁克斯的观点,进攻性现实主义(或者更精确地说,在布鲁克斯的作品里是指结构现实主义)是一个由"可能性"驱动的理论,而防御性现实主义则是由"概率性"驱动的理论。遗憾的是,布鲁克斯在讨论"概率性"和"可能性"问题时没有明确区分不确定性的各个维度。他因而没有认识到,在估计另一国家的能力、利益、决心和外部环境方面,进攻性现实主义也是一个"概率性"的理论。只有在估计意图时,进攻性现实主义才是一个"可能性"理论[②]。由此,进攻性现实主义既是"可能性"的,也是"概率性"的,而非仅仅是"可能性"的[③]。

沿袭布鲁克斯的构想,托利弗[④]赞扬科普兰[⑤]解决了评估他人行为时的"概率性与可能性之分"问题(由此整合了进攻性和防御性现实主义),并将科普兰的理论归入防御性现实主义。托利弗对科普兰的推崇和他对进攻性与防御性现实主义区别的误解同样也是因为没有把握不确定性的各个维度。

虽然科普兰[⑥]开始时将他国现在和未来意图的不确定性视为其理论中一个重要的驱动因子,并且似乎同意将意图的不确定性置于其理论的中心位置,但他最后的总结却是:一个国家是否会发动一场预防性战争

[①] Stephen G.Brooks, "Dueling Realisms," pp.445-477.

[②] Shiping Tang, "Fear in International Politics".

[③] 由于多数现实主义理论假定国家是战略的或者"理性的"行为体,又由于许多人又将"理性的"理解为根据"概率性"来行动,并且"可能性"是一种"概率性"的极端表现,布鲁克斯的公式对许多人来说都有些极端。在这里感谢安迪·寇德(Andy Kydd)对这个问题进行讨论。

[④] Jeffery W.Taliaferro, "Security Seeking under Anarchy: Defensive Realism Revisited".

[⑤] Dale Copeland, *The Origins of Major War*, Ithaca: Cornell University Press, 2000.

[⑥] Ibid., p.4.

既取决于其感知到的相对衰落之性质（如衰落的速度、深度及在多大程度上是不可避免的），也取决于在特定的系统权力分配（即"极性"）条件下这场预防性战争是否会取得胜利。国家对预防性战争的算计成为纯粹的成本—收益计算（虽然要更为复杂一些），其中涉及能力、决心、利益和外部约束，而对意图的不确定性则在任何时候都未在其中占有一席之地。因此，尽管科普兰的预防性战争理论是由"概率性"所驱动的，但其却是典型的进攻性现实主义理论。这是因为是否将他者的意图假定为最恶是划分进攻性现实主义与其他所有非进攻性现实主义理论的真正的界线：进攻性现实主义是，而所有非进攻性现实主义都不是①。如此一来，托利弗对科普兰解决评估他人行为时的"概率性与可能性之分"问题的赞美是缺乏依据的，并且他对进攻性与防御性现实主义之间区别的理解是具有误导性的②。

2. 意图的妄想与结构进攻性现实主义

意图的不确定性毫无疑问应该被置于国际关系研究的中心位置③。然而，一些国际关系学者也许在这方面走过了头——他们过于强调意图的不确定性而边缘化了其他维度。更关键的是，他们中的大部分对于意图的理解是固定而静态的，而且忽略了这样一种可能性，即既然国家能够迅速从善意转变为恶意，那么也能够以同样的速度从恶意转变为善意。在他们看来既然意图能从善意转变为恶意却无法再转变回来，那么将他国的意图假定为最恶就不失为一种更好的做法。其结果就是，进攻性现实主义成了他们选择的路径。对他者未来（恶意）意图的过分强调，

---

① Shiping Tang, "Fear in International Politics".

② Ibid.；Shiping Tang, *A Theory of Security Strategy for Our Time*, chaps 1 and 6.

③ Stephen Walt, *The Origin of Alliance*；Charles L.Glaser, "Political Consequences of Military Strategy," pp.497-538；Charles L.Glaser, "Realists as Optimists"；Andrew Kydd, *Trust and Mistrust in International Relations*；Brian C.Rathbun, "Uncertain About Uncertainty", pp.533-557；Shiping Tang, "Fear in International Politics"，也可参见 Bertram F.Malle, *How the Mind Explains Behavior*。

以及继而所做出的假定意图最恶是逻辑或理性之选择的断言,是米尔斯海默[1]和科普兰[2]所拥护的结构进攻性现实主义的一个秘而不宣却无法绕开的基石性假定——其正是进攻性现实主义的"第六元素"[3]。并且,正是这种对他人意图的最恶假定,而不是其他诸如如何划分所得和传递善意信号之类的原因,使得进攻性现实主义否定了在无政府状态下除面临共同威胁时组成临时联盟之外还存在合作的可能性[4]。

然而,这一进攻性现实主义的基础是有问题的。其没有认识到,意图在通常情况下不会在一夜之间就发生变化(从善意变为恶意或者相反)。意图的变化多半与一国的领导层、能力及目标的变化有关。这就为其他行为者提供了评估对方意图的时间。最重要的是,即使一国的意图从善意转变为恶意,也只有当其(进攻性)军事能力发生实质性变化之后其才能够造成真正的威胁。尽管希特勒也许很久以前就是个有谋杀倾向的精神病患者,但大致直到1936—1938年左右纳粹德国才成为一个严重的威胁[5]。这一延迟给了其他国家机会来观察对方的行为(包括其军事能力和姿态)、评估其意图并进而据此设计针对该国的政策[6]。当这些方法成为可能时,将他国意图假定为最恶(并且固定对他国意图的印象)就不会永远是最好的下注手段。最关键的是,从对他国意图的不确定到将他国意图假定为最恶之间存在一个逻辑跳跃。为了给进攻性现实主义一个更坚实的基础,进攻性现实主义者们需要为他们的理论寻找一个更好的锚点。

---

[1] John J.Mearsheimer, *The Tragedy of Great Power Politics*.

[2] Dale Copeland, *The Origins of Major War*.

[3] Shiping Tang, "Fear in International Politics".

[4] Ibid., pp.465-466.

[5] Christopher Layne, "Security Studies and the Use of History"; Norrin M.Ripsman and Jack S.Levy, "The Preventive War that Never Happened".

[6] 实际上,其他国家也许可以采取一些办法来影响目标国的国内政治,使那个国家的"希特勒"无法获得权力或维持权力,尽管这肯定不会是件容易的事情。

3.从不完全信息到承诺问题

主要由我们无法正确认知不同维度而造成的另一后果的一个典型示例是以"不完全信息"为基础的战争模型[1]。这些模型的一个典型特征是假定了在完全信息的条件下，战争或冲突将不会发生。然而，显然存在另一种可能性，即当一国发现另一国从本质上是无可救药的进攻性现实主义国家(比如希特勒统治下的纳粹德国)时，该国必将选择进攻，因为投降不在其选择范围内。在族际政治中，冲突爆发是因为一方或双方都是恶意的，并且另一方或双方都对此心知肚明，而不是因为双方不确定彼此的意图。因此，完全信息不但未必能阻止战争，而且关于一方之恶意的完全信息实际上可能引发一场战争[2]。同样地，当一方或双方能够确定对方坚持立场的决心时，战争也可能爆发。因为这些缺陷，基于不完全信息的战争博弈模型"对某些持续冲突的解释是很无力的，并且其对一些案例历史的解读也相当之匪夷所思"[3]。毫无疑问，只有当我们将不确定性的多种维度拆解开时，我们才能把"完全信息能消除战争"这个普遍存在于各种关于战争的"不完全信息"研究中的古怪结论去除掉。

另一个颇具影响力但对各个维度的理解存在问题的构想是由费伦首创[4]的"承诺问题"。莫妮卡·托夫特[5]对"时间线"的强调具有同样的潜在含义：所有五个维度都会变化是"时间线"成为一个问题的唯一原因。

---

[1] James D.Fearon, "Rationalist Explanations for War", pp.379-414.Robert Powell, *In the Shadow of Power*: *States and Strategies in International Politics*, Princeton: Princeton University Press, 1999.

[2] Paul K.MacDonald, "The Virtue of Ambiguity: A Critique of the Information Turn in IR theory"; Robert Powell, "War as a Commitment Problem"; Jennifer Mitzen and Randall Schweller, "Knowing the Unknown Unknowns: Misplaced Certainty and the Onset of War", *Security Studies*, vol.20, no.2 (2011), pp.2-35.

[3] Robert Powell, "War as a Commitment Problem," p.170, 同样参见 pp.172-176。

[4] James D.Fearon, "Rationalist Explanations for War," pp.379-414, esp.401-409; 也可参见 Robert Powell, "War as a Commitment Problem"。

[5] Monica Duffy Toft, "Issue Indivisibility and Time Horizons as Rationalist Explanations for War", *Security Studies*, vol.15, no.1 (2006), pp.34-69.

"承诺问题"的概念不仅没有让问题清晰化,而且让问题更加混乱[1]。第一,通过假定动机(根据费伦的解释,指的是目标、贪婪或征服的欲望)不会变化[2],国际政治中的一个基本问题就被假定掉了——无论其表述是"承诺问题"还是动机的不确定性。毫不令人意外,当动机被假定为是固定的而意图被假定为不存在(或者在某种程度上被永恒的"承诺问题"所取代)时,费伦一度曾试图引入的安全困境在很大程度上就消失了,因为形成安全困境最主要依赖的一个条件正是国家的意图可能会向最糟糕的方向转变[3]。

第二,费伦注意到,导致"承诺问题"产生的根本原因是即使合作性的交易已经达成,行为体仍然有欺骗或背叛的动机。而正是这一承诺问题使得国家之间难以达成妥协,纵然战争的代价是如此高昂。然而,他没有解释为什么交易已经达成后,国家还是会改变其想法(即选择欺骗)并偏向于采取一个完全不同(即对抗性)的战略。而这正是问题的核心所在。

第三,正如加兹克[4]指出的,当用费伦的逻辑来推导一个逻辑结果时,将会得出这样一个结论:既然"承诺问题"是永恒的,那么战争就不应该被停止。所以我们应当持续进行战争或为战争而准备,直到我们至少建立起一个区域性帝国为止。同时,因为"承诺问题"是永恒的,所以得到安全的最好的途径便是在任何有利的时机下发起预防性战争。然而,即使在非洲这样盛产由西方殖民主义塑造的"人造国家"的地方,国家之

---

[1] James D.Fearon, "Rationalist Explanations for War", p.401.

[2] 当然,在现实世界中,即使动机保持不变,行为体的意图仍然可能发生变化。

[3] Randall L. Schweller, "Neorealism's Status Quo Bias" pp. 91–121; Andrew Kydd, "Sheep in Sheep's Clothing"; Shiping Tang, A *Theory of Security Strategy for Our Time*, chap.2.

[4] Erik Gartzke, "War Is in the Error Term," *International Organization*, vol.53, no.3(1999), pp.567–587.

间也很少发动改变彼此边界的战争①。费伦因此完全忽视了这样一个事实，即在很多根据他的逻辑承诺问题应该是最为严重的领土争端案例中，许多妥协仍然能够达成并为当事国所遵守。另外，国家还有其他选择，他们可以简单地冻结搁置纠纷，使争议退回原处。

通过假定国家（或领导人）是风险规避或风险中性的②，费伦假定排除了一个战争的准充分原因（或者说为什么一些国家不会坚持它们的谈判立场），即有些国家是风险接受的。当像希特勒这样的人统治着一个国家，并且如果该国正好已经获得了一些重要能力，那么这样一个国家将会引发战争。虽然像希特勒这样的极端案例十分少见（老天保佑！），但风险接受型的领导人兴许未必如费伦所期待地那么稀有。正如勒博所言③，当领导人面对可能丧失尊严与威望的情形时，他们会变得相当能接受风险。

鲍威尔④试图进一步探索"承诺问题"的根源。他声称，费伦对战争的三种"理性主义"解释可以最终被解构归入"承诺问题"中，战争因而仅仅是一个"承诺问题"。然而，他的努力并没有解决不确定性的问题，事实上，他的解释（再次）混合不确定性的各个维度。在费伦的讨论中，我们还隐约可以发现动机、意图、决心和能力几个因素，而到了鲍威尔的理论中，就只剩下"承诺问题"的标签了。鲍威尔把战争只当成一个"承诺问题"的做法从国家的战略计算中掩盖了，甚至是完全删除了对他国意图的不确定性⑤。虽然过分强调意图会扭曲我们对国际关系的理解，但无视意图的情况更为糟糕——它让我们对现实国际政治中不确定性最为关键的组成部分视而不见。

---

① Donald Horowitz, *Ethnic Groups in Conflict*, Berkeley: University of California Press, 1985.

② James D.Fearon, "Rationalist Explanations for War", p.388.

③ Richard Ned Lebow, *A Cultural Theory of International Relations*, chap.7.

④ Robert Powell, "War as a Commitment Problem".

⑤ Robert Jervis, *Perception and Misperception in International Politics*, pp.58-67.

从根本上看，将战争视为"承诺问题"并不会增加我们对战争的理解，其仅仅是将不确定性问题重新贴上了一个并不十分有趣的标签[①]。最后，通过边缘化，甚至删除意图的不确定性，正式或非正式的理性选择模型最终采取了与进攻性现实主义异常相似的立场。对于这些理论或模型而言，只有当战争毫无益处，才应该避免战争[②]。然而，正如上文所提及的，这一立场所依靠的基础是十分脆弱的。更糟糕的是，经验事实全然不支持这一论调。1945年后国家间实现了大量的合作，但无论是出于意图的不确定性还是"承诺问题"的考虑，进攻性现实主义者和理性选择理论家们都只能或暗或明地宣称：在世界政治中，只有极少的妥协可以达成。

4. 不朽的慕尼黑，还是被误解的慕尼黑？

在慕尼黑的悲剧中，张伯伦与达拉第对希特勒吞并捷克斯洛伐克苏台德地区的要求做出了让步。这让慕尼黑永远与"绥靖政策"这一声名狼藉的术语联系在了一起。这种联系转而使慕尼黑成为国际关系领域中最为强大、最多援引并进而被最多滥用的意象之一。可以说，慕尼黑这一隐喻已经影响了一代又一代的决策者[③]。对于许多人来说，慕尼黑的象征意义是一位野心家可以轻而易举地隐藏其真实的（恶意）意图，因此竞争性的政策总是比合作更为可取[④]。此外，由于合作姿态（即示善信号）只会让对手变本加厉，（通过妥协而达成的）合作总是危险的。因此，竞争永远是一种更为可取的政策。

---

① 麦克唐纳提出的论点与我们在此提出的有一定关联。其认为，在推导出的逻辑结果中，建立在不完全信息上的战争与和平模型实际上仍然受"利益"与"权力"之类的"传统"问题的驱动。参见 Paul K.MacDonald, "The Virtue of Ambiguity", pp.19-23。

② Dale Copeland, *The Origins of Major War*；John J.Mearsheimer, *The Tragedy of Great Power Politics*；也可参见 Shiping Tang, "Fear in International Politics"。

③ Yuen Foong Khong, *Analogies at War*；Christopher Layne, "Security Studies and the Use of History"。

④ David M.Edelstein, "Managing Uncertainty"。

区分不确定性的五个维度将对有关慕尼黑的一些错误理解做出新的阐明和澄清。从本质上说，慕尼黑事件存在三种可能的理解方式，而只有其中的一种支持恶意容易被隐藏这一观点。另外两种理解实则指向了完全相反的方向。第一种理解认为，慕尼黑悲剧的产生是由于张伯伦没有意识到希特勒的恶意。第二种理解认为，尽管张伯伦意识到了希特勒的恶意，但他无法确认希特勒的野心与决心实际上有多大。这一理解并不支持恶意容易隐藏这一观点。其重点讨论的是张伯伦对希特勒扩张的范围和决心的不确定，而非希特勒的扩张意图。将这一理解与第一种解释等同就犯了将意图与决心或利益混为一谈的错误。第三种理解则认为，导致慕尼黑悲剧的原因并非张伯伦不确定希特勒的恶意或是虽然他认识到了恶意但不确定希特勒的贪婪程度，而是英国和法国缺乏相应的军事能力进而缺乏在慕尼黑抵抗希特勒的决心①。同样，这一理解也不支持恶意容易被隐藏这一论点。

近期的经验研究已经很令人信服地证明了早至1934年，晚至1936年，当希特勒将莱茵兰地区再军事化后，大多数法国与英国的决策者，包括最为关键的张伯伦本人，就已经得出了德国对欧洲的和平造成了严重威胁这个结论。尽管莱恩②、利普曼与列维③、巴罗斯与伊姆莱④对导致英国对希特勒采取绥靖政策的确切原因意见相左，但他们都同意一点，至早在1933年，至迟到1936年，英国和法国都已经意识到了希特勒所带来的一目了然且迫在眉睫的危险⑤。到了慕尼黑事件发生的时候，即使仍

①事后来看，如果英国与法国在慕尼黑打一仗而不是一年后再来不情不愿地做这件事，结局一定会更好一些。参见 W.Murray and A.R.Millett, *A War to Be Won: Fighting the Second World War*。显而易见，第二种与第三种理解的结合是更为合理的一种解释。

② Christopher Layne, "Security Studies and the Use of History", pp.404—405.

③ Norrin M. Ripsman and Jack S. Levy, "The Preventive War that Never Happened", p.150.

④ Andrew Barros, and Talbot C.Imlay, "Correspondence", pp.173—182.

⑤ 也可参见 David M.Edelstein, "Managing Uncertainty", p.29。

然很不确定希特勒的野心究竟有多大,英法两国的领导人对希特勒的侵略性与(发动战争的)决心的不确定已然为零。无论以何种方式衡量,对希特勒意图的不确定都不是导致慕尼黑悲剧的主要原因。换句话说,虽然可能有很多原因使英法两国没能坚定地去对抗希特勒,但没有意识到希特勒的恶意及他带来的威胁肯定不在这些原因之中。尽管希特勒认识到了隐藏其真实意图的价值,但他从未像埃德尔斯坦[①]所认为的那样擅长做这件事。事实上,正如基辛格[②]早先所指出的,当面对一个类似于拿破仑时期的法国这样的革命性政权时,常见的错误并非对意图的误判,而是低估其野心(即利益)与发动战争的决心。

因此,许多人将慕尼黑悲剧理解为表明恶意不易察觉的现实案例是错误的。这些错误理解在一定程度上延长了慕尼黑神话的影响。其所造成的一个关键后果隐藏于进攻性现实主义的假定之中——因为意图本身难以被估测,所以对于国家而言更好的做法是将他国的意图假定为最恶,并将所有的妥协都视为“绥靖”[③]。慕尼黑神话因此有力地阻止了国家通过保证来寻求合作,即使合作与竞争一样是自助的一种重要手段[④]。

---

① 参见 David M.Edelstein, "Managing Uncertainty", p.29。

② Henry A.Kissinger, *A World Restored: Metternich, Castlereagh and the Problem of Peace, 1812-1822*, Boston: Houghton Mifflin, 1957, pp.2-3.

③ John J.Mearsheimer, *The Tragedy of Great Power Politics*, pp.163-164; David M. Edelstein, "Managing Uncertainty", Randall L.Schweller, "Managing the Rise of Great Powers: History and Theory", in Alastair Iain Johnston and Robert S.Ross, eds., *Engaging China: The Management of an Emerging Power*, London: Routledge, 1999, p.14; Randall L.Schweller and William Wohlforth, "Power Test: Evaluating Realism in Response to the End of the Cold War", *Security Studies*, vol.9, no.3 (2000), p.81.

④ Charles L.Glaser, "Realists as Optimists: Cooperation as Self-help"; Andrew Kydd, *Trust and Mistrust in International Relations*; Shiping Tang, *A Theory of Security Strategy for Our Time*, chap.5.事实上,不朽的慕尼黑神话所代表的意义(即由于他国的意图是内在的,一国必须尽早坚定立场)反映了恐惧这一社会进化心理的力量:我们天生给予负面事件更多的关注,因为我们希望阻止此类事件再次发生。关于这方面更详细的讨论,参见 Shiping Tang, "The Social Evolutionary Psychology of Fear (and Trust): Or Why is International Cooperation Difficult?"。

六、理论意义：打倒结构（现实主义）的正统地位

上文讨论中最为明显的意涵在于我们需要区分不确定性的各个维度，用系统与动态的方法来研究它们，并且以前后一致的含义来使用它们，这样才能让我们的探讨更为清晰、连续和有效。让不确定性保持太多的含糊和歧义会让我们付出许多代价。除此之外，我们的研究对于国际关系的理论化来说至少还有另一层关键意义。

对于国家的动机或目标，从修昔底德到摩根索、沃尔弗斯的古典现实主义者给了（作为个人集合的）国家很大的选择自由，从安全、权力、统治到名望与虚荣都是可以选择的对象[1]。然而，在沃尔兹[2]的结构主义革命后，大多数现实主义者和他们的批评者都接受了这样一个观念，即国家追求生存是一个最基本的假定，而权力是一种追求生存的手段进而其本身也可以作为通向安全的间歇目标[3]。此外，对于多数后沃尔兹时代的现实主义者而言，目标（或动机）与意图在一定程度上是相互独立的：动机受结构驱动（即被无政府状态支配），而意图的驱动力则来自单元层次[4]。因此，虽然每个国家都在寻求更多的权力与安全，但不同的国家追求这两个目标的战略是不同的（即是恶意或善意的）。

这种由沃尔兹启迪的正统一定程度上有效地启发了对国家行为与结构性结果的理论化[5]。然而，套用麦克唐纳的话，这一正统只是"有用

---

[1] Richard Ned Lebow, *A Cultural Theory of International Relations*.

[2] Kenneth N. Waltz, *Theory of International Politics*.

[3] Dale Copeland, *The Origins of Major War*; Jeffery W. Taliaferro, "Security Seeking under Anarchy", pp.128−161; John J. Mearsheimer, *The Tragedy of Great Power Politics*.

[4] Robert Powell, "Anarchy in International Relations Theory", pp.313−344; Jeffery W. Taliaferro, "Security Seeking under Anarchy", pp.128−161; 也可参见 Kenneth N. Waltz, *Theory of International Politics*, pp.91−92; Charles L. Glaser, "Political Consequences of Military Strategy", pp.497−538, esp.499−502。

[5] Benjamin O. Fordham, "The Limits of Neoclassical Realism: Additive and Interactive Approaches to Explaining Foreign Policy Preferences", in Steven E. Lobell, Norrin M. Ripsman, and Jeffrey W. Taliaferro, eds., *Neoclassical Realism, State, and Foreign Policy*, Cambridge: Cambridge University Press, 2009, pp.251−279.

的小说"[1],而非"奇迹制造者"[2]。因为正统仅仅是"有用的小说",其最终会弱化并误导我们对现实世界的理解,所以应该被坚定地予以拒绝。

首先,尽管很多人相信是无政府状态决定了对他者意图的不确定性,但无政府状态与对他者意图的不确定性之间并没有内在联系。对他者意图的不确定无所不在,即便是在等级制国家内的日常生活也如此。

更为关键的是,在现实世界中,国家想要的不仅仅是抽象的安全与权力,而是切实的、物质的和象征性的事物,比如特定的领土、可度量的货币收益、明确的投票份额、面子、威望、荣誉,等等,并且后一类的情况更为多见。因此,在现实世界中,将安全与权力的抽象概念作为目标对于把握国家真实动机的帮助是很有限的。政治家们(其他人也是一样)希望知道其他国家想要的是这样或那样的确切的东西,而非"安全"或"权力"这样的抽象事物。坚守国家追求权力或安全的主张削弱了国家利益天生拥有的对国家行为的解释力,而这种解释力已经体现在了马基雅维利的至理名言中(即"目的是手段的理由")。很显然,不同的目标通常需要不同的能力、意图和决心。

为了理解真实的国家行为,我们必须探究国家的特定利益诉求。显然,如果我们仅仅保有国家追求安全与权力这一个观点,便不可能理解为什么朝鲜与越南民主共和国都如此致力于实现民族的统一。我们必须承认,金日成与胡志明都是具有强烈使命感的民族主义者,而现代民族国家与民族主义的兴起也预示着由他们二人所领导的国家将会被狂热民族主义强有力地驱动起来。相似地,如果没有抓住"共产主义阵营"的敌人印象在两场冲突爆发前就已经建立这一点,我们同样无法理解为

---

[1] Paul K.MacDonald, "Useful Fiction or Miracle Maker: The Competing Epistemological Foundations of Rational Choice Theory", *American Political Science Review*, vol.97, no.4 (2003), pp.551-565.

[2] 事实上,就连沃尔兹自己也无法明确说明他的这些假定在工具性层面是必要的,所以只能称之为"为了建构一个理论而采取的比较激进的简化"。参见 *Theory of International Politics*, pp.91-92。

何美国精英将朝鲜战争及越南战争视为对美国国家安全的威胁。从反事实的角度来看，如果美国的精英们将这两场战争建构为民族统一的战争，他们定然远远不会觉得自己必须要介入其中。

因此，若要充分理解国家行为（这也是新古典现实主义所宣称的目标），就不能仍然只听从这种结构正统。[①]事实上，国际关系学者的主要任务是把动机（或利益、目标）作为国家行为的主要驱动力来进行解释，而不是通过假定国家追求权力与安全来将这一问题排除在考虑范围之外。没有对驱动国家的有形目标的一定了解，便无从去充分理解国家的行为。格雷泽[②]、施维勒[③]等现实主义者开始试图将所有的动机纳入相关的描述之中。他们起了个好头，但做得不够。沃尔弗斯[④]认为国家安全存在主观方面和客观方面，这一根本性的洞见意味着我们必须将哥本哈根学派与社会建构主义共同纳入我们的分析和描述中。国家利益并非由结构赋予的，而是由精英（以及公众，不过相比之下作用远不如前者）通过叙述中的话语行为建构出来的[⑤]。在此过程中，文化因素需要纳入描述和分析之中，因为社会心理学家们已经令人信服地证明了文化因素确实影响着社会认知，包括归因[⑥]。在此意义上，哥本哈根学派与社会心理学对于结构现实主义（以及结构建构主义）来说代表的不仅仅是一种挑战，还是一种必要的救济，因为它们提供了一种理解国家利益的渠道。

同时，国际关系领域的心理学研究的最大挑战之一，在于将心理学

---

① 近期有一本关于新古典现实主义作品的合集，参见 Steven E.Lobell, Norrin M. Ripsman, and Jeffrey W.Taliaferro, eds., *Neoclassical Realism, State, and Foreign Policy*。

② Charles L.Glaser, "Political Consequences of Military Strategy", p.507.

③ Randall L.Schweller, "Bandwagoning for Profit", pp.72–107.

④ Arnold Wolfers, "'National Security' as an Ambiguous Symbol," *Political Science Quarterly*, vol.67, no.4（1952）, pp.481–502.

⑤ Ole Weaver, "Securitization and De-Securitization," in Ronnie D. Lipschutz, eds., *On Security*, New York: Columbia University Press, 1995, pp.46–86.

⑥ Richard E.Nisbett, Kaiping Peng, Incheol Choi, and Ara Norenzayan, "Culture and Systems of Thought: Holistic Versus Analytic Cognition," *Psychological Review*, vol.108, no.2（2001）, pp.291–310.

和宏大的研究议题结合起来。在这方面，建构主义对身份与身份变化的强调显然是一块试验田。然而，多年以来，众多的建构主义研究文献同样过于结构化，并且一同忽视了所有的心理因素。不幸的是，如果说主要采用物质主义路径的现实主义或许还能够在一定程度上承担得起忽视人类社会中观念变化的现实过程及观念的变革力量的代价，建构主义却是绝对不行的，因为其所宣扬的正是观念的变革之力。因此，(没有心理学的)结构建构主义是自相矛盾的。我们需要建立起联结宏观社会(物质的与观念的)变化与心理变化的桥梁。另外，从安全化(或去安全化)、社会习得、建构到群体认同，哥本哈根学派、社会建构主义与社会心理学所强调的所有这些过程影响国家目标界定与战略选择的关键途径都是国内政治。因此，要充分理解他国的行为，建构主义同样必须开始认真进行对国内政治的研究。

结构正统是一种作用很有限的工具，其为国际政治描绘了一幅不完整、甚至扭曲的图景。它"辉煌了"三十年，现在是我们同它彻底决裂的时刻了。

七、结论：超越国际关系的归因

不确定性的研究理应在国际关系及其他更广泛的社会科学研究中占据核心位置。在国际关系中，在对不确定性的既有探讨中很重要的一个部分是由社会心理学的认知研究(尤其是其中的归因理论)所支撑的。然而，尽管近期取得了一些重要进展，社会心理学的归因研究在理解现实世界政治方面仍是不令人满意的。社会心理学的研究文献基本上并未区分上文所提及的五个维度，也没有涉及五个维度间的动态互动。而且，社会心理学中的归因情形往往在实验中受到控制，其通常远远比现实政治中的情况更为简单。这样的结果就是，国际关系中对不确定性的现有研究往往是也未作区分的、非系统性的，以及静态的。

本章中，我们提出了一种针对国际关系的新的归因理论，而这种归因理论也能够从几个方面对更广泛意义上的社会心理学归因研究做出贡献。首先，其对行为的各种动因作出了更为细致的描述和分析。其次，通过承认一个简单的事实，即我们的归因受控于群体动态的影响，这一理论还指出了一种将个体主义与集体主义结合起来的归因研究路径。最后，这一理论要求使用更为系统与动态的方法来研究归因，并将个人与集体的历史、身份及话语引入相关讨论中。

长期以来，国际关系理论家从不吝于借鉴心理学的研究成果。不幸的是，社会心理学与政治科学或社会学之间的对话常常是单向的：社会心理学家几乎只在彼此间汲取灵感。然而，通过向政治科学家与社会学家学习并与之合作，社会心理学家们可以收获许多的东西，因为前者对个体（从关键决策者到选民）在重要的现实生活情境中如何思考与行动知之甚多。因此，我们也需要心理学家从国际关系及更广泛意义上的政治科学与社会学研究文献中吸纳和借鉴。毕竟，如果只拿大学二年级学生做实验，社会心理学不可能获得自身的发展与成熟。

为了在社会心理学与政治科学或社会学之间形成双向对话，我们同样需要国际关系理论家（以及其他社会科学家）去建构能够同时被实证和实验所论证的心理学理论。只有这样，国际关系理论家才能在理论上对社会心理学做出贡献。本章在此方向上迈出了一步[1]。

表2-1　国际关系新的归因理论框架

项目	情境		
	冲突关系（无论是否存在现实的冲突）	模棱两可（可以向任何一个方向演变）	合作关系/建立合作
能力	当一方的权力远高于另一方时，我们有可能低估另一方的能力。否则（即当我们的权力与他国大致相当或低于另一方时），我们倾向于会高估他国的能力。		通常，我们倾向于低估别人能够贡献于集体利益的能力。

① 勒博近期对前景理论的重构指向一个与此相近的方向。参见 Richard Ned Lebow，*A Cultural Theory of International Relations*。

续表

项目	情境		
决心	类似于我们对另一方能力的估计。	当关系模棱两可时,我们倾向于忽视这一维度。	我们倾向于低估另一方遵守其协定的决心。
利益	我们倾向于否定、忽视、降低或非法化另一方的利益。		
意图	我们倾向于夸大另一方的恶意,且同时低估另一方的善意。		
外部环境	当另一方的行为是我们所期待的,我们倾向于强调其所面临的外部限制:他们表现良好是因为他们不得不这么做;而当他国的行为不符合我们的期待时,我们常常弱化其所面临的外部限制:他国表现得不好是因为他们天性本恶。		
	我们处理不确定性的一般倾向会助长冲突而阻碍合作。		

第三章

理解国际安全战略中的"系统效应"

——以小布什政府全球反恐战争的多重影响为例[①]

系统广泛地存在于宏观/微观世界、无机/有机世界以及自然/社会世界之中,因此,各学科几乎都会讨论系统并发展关于系统的理论。[②]20世纪90年代中后期以来,社会科学与文化研究领域对"系统"的探讨方兴未艾,并出现了一个学术研究的"复杂性转向"。[③]罗伯特·杰维斯在广泛引用各学科成果并批评本学科既有理论的基础上提出的"系统效应"(system effects)是这一转向在国际关系领域的代表。[④]

---

① 唐世平(复旦大学国际关系与公共事务学院)、王凯(上海外国语大学国际关系与公共事务学院)、杨珊著。本研究得到国家社科基金一般项目"国际战略的分析框架与分析工具研究"(项目号:12BZZ053)、教育部人文社会科学重点研究基地(复旦大学美国研究中心)重大项目"历史中的战略行为:美国和其他国家的比较"(项目号:11JJD810017)的支持。感谢《世界经济与政治》杂志匿名审稿人提出的意见和建议。文中错漏由笔者负责。
② 本章沿用罗伯特·杰维斯(Robert Jervis)对系统的定义,即"任何'系统'必须具备两个特征:首先,组成系统的一系列单元或要素相互联系;其次,系统的整体具有不同于部分的特性和行为状态"。参见罗伯特·杰维斯:《系统效应:政治与社会生活中的复杂性》,李少军、杨志华、官志雄译,上海人民出版社2008年版,第3页。
③ John Urry, "The Complexity Turn," *Theory, Culture & Society*, vol.22, no.5, 2005, pp.1–14.
④ 实际上,在杰维斯的《系统效应:政治与社会生活中的复杂性》一书出版前的20年里,国际关系学科对系统的关注极少,这与世界系统论和结构现实主义过分强调"结构"而忽视系统内的其他部分的研究取向不无关系,比如,Immanuel Wallerstein, *The Modern World System*, New York: Academic Press, 1974; Kenneth N.Waltz, *Theory of International Politics*, Reading: Addison-Wesley, 1979。对过分关注结构的批评,参见 Shiping Tang, *The Social Evolution of International Politics*, Oxford: Oxford University Press, chapter 5, 2013。

但是,国际关系学目前关于系统效应的讨论都没有给出一个分析系统效应的基本框架。比如,罗伯特·杰维斯只强调了系统效应的普遍存在,但是他并没有告诉我们怎么去考察各种类型的系统效应,特别是战略行为的系统效应。本章试图在这方面做出尝试。

事实上,任何行为体,特别是国家,都处在一个复杂的系统中。因此,充分理解系统效应并自觉运用系统效应思维进行战略思考,能够提高战略分析和决策的水平。以小布什政府的全球反恐战争对中国对外战略的多维影响为例,本章展示了四个维度和九种类型的系统效应的存在及其超越时空限制的影响力,并且进一步总结了应用系统效应的框架来优化战略评估的方法。笔者希冀这一分析框架在战略分析上的切实运用能够在一定程度上提升中国的战略分析水平。

在具体论述之前,有必要特别说明一下:

第一,之所以选取美国小布什政府的全球反恐战争作为案例来阐述系统效应,是因为国内外学界已经比较全面和深入地研究过这一段历史,且存在一些已经解密的档案。更为重要的是,这段我们所熟悉的历史恰好为本章提供了一个具有说服力的案例,透过这个案例,我们能够展示系统分析的强大力量。

第二,本章的主旨是通过对系统效应进行进一步的讨论来指出其对行为体的战略评估和决策的重要意义,所以我们对美国小布什政府的反恐战争这一案例的讨论主要围绕某个特定的战略行为体(即美国)展开。这就意味着,我们强调小布什政府发动反恐战争的战略决策会通过某些系统效应再次影响美国以后的内政外交和地区格局,并有意识地忽略了对此影响程度较低的其他系统效应。

第三,由于接触一手资料的困难性、决策者隐瞒战略意图及在事后合理化战略行为的倾向,所以在下文中所提到的由战略行为导致的四组效应中,对意图性/非意图性效应的明确区分是最为困难的。为了尽可能地在避免谬误的同时保持本书的完整性,本章只能力求通过合理的逻辑演绎和接触更多史料的方法来判定战略行为体（美国）的意图。

本章按以下几个部分展开：首先，指出既有讨论的不足，进而对系统效应进行更加精准的定义和分类。其次，以小布什政府的反恐战争为例，证明多重系统效应的存在及其影响力。再次，总结应用系统效应的框架来优化战略评估的方法。最后，强调精细分析系统效应的意义。

一、如何理解系统效应？

罗伯特·杰维斯认为，系统效应是政治和社会生活中普遍存在但又常被忽视的部分，并且任何系统中的行为都会导致直接/间接、立即/延迟和意图性/非意图性三组效应。[①]可是，杰维斯混淆了前两组效应，并没有对它们进行区分。我们认为，虽然直接/间接和立即/延迟这两组效应存在含义上的重叠，但是对它们进行必要的区分有助于更为准确地理解系统效应。此外，杰维斯没有注意到对发生了的/未发生的效应的区分同样体现了系统效应的一个维度，而未发生的效应只能通过反事实思考（counterfactual reasoning）来考察。更重要的是，目前关于系统效应的讨论尚未给出一个分析系统效应的基本框架。

为了更为完善地考察系统效应，在此有必要先更加精确地定义这四组效应。

第一，对直接/间接效应的区分主要反映了影响的传递性。直接效应指的是由某项战略直接导致的相关行为体的能力、认知和国内外战略环境的变化，间接效应则反映了因上述变化的产生而进一步导致的行为体之间后续的互动结果。

第二，对立即/延迟效应的区分通常依据时间维度。行为的某些效应也许很快就会显现，但是它的另一些效应则可能需要更长时间才能体

---

① 罗伯特·杰维斯：《系统效应：政治与社会生活中的复杂性》，第33—62页。另外，这里也想强调，因为系统内几乎所有的结果都是系统效应，试图去精确地定义系统效应并无太大意义。

现出来。比如,学生在进入大学后会选择某个具体的专业,这一行为的立即效应之一是他将接触到这个专业的知识,而专业教育对于该学生职业发展影响的体现则可能需要相当长的时间。

第三,对意图性/非意图性效应的区分需依据影响与预期相符合的程度。由于不同行为体对行为将在何时以及何处产生效果的预期不同,因此对意图性/非意图性效应的区分往往需要研究者考虑行为体的这些不同预期。意图性效应指的是某种行为造成的影响与行为体的预期相符,非意图性效应则包括预期之外的收获、预期之外的损失及与预期相反的结果这三种可能的影响。

第四,对发生了的/未发生的效应的区分同样体现了系统效应。实际上,上述前三组效应都属于发生了的效应,即通过分析已经发生的事件来考察某一事实的影响。未发生的效应则体现了因某一历史事实(如某种战略行为)的发生而被阻止的其他可能事件。对未发生的效应的考察(主要使用逻辑和证据进行反事实思考)能进一步通过展现历史进程其他可能性的方式来帮助我们认识另一个维度的系统效应。

因此,系统效应可以细化为上述四组不同但又在含义上存在重叠的类别。以美国小布什政府发动的反恐战争为例,它对美国造成了八类发生了的系统效应和另一类未发生的系统效应。下面将依次分析这八类发生了的效应,随后会运用反事实思考来考察那些未发生的效应。

二、小布什政府全球反恐战争的多重系统效应

本章旨在讨论美国乔治·布什政府两届任期内发动的反恐战争(War on Terror)或全球反恐战争(the Global War on Terror)对美国来说的系统效应。反恐战争是美国在"9·11"恐怖袭击事件后发起的全球反恐军事行动,该运动的主要目标是激进的极端组织,如基地组织,其他目标包括伊拉克复兴党政权和其他激进派别。乔治·布什于2001年9月16日首次使用了"反恐战争"一词,几天后又在向国会发表的正式演讲中使用

了"反恐战争"一词。①小布什认为,反恐战争的敌人是"激进的恐怖分子网络和每一个支持他们的政府"。虽然"反恐战争"或"全球反恐战争"从未作为美国行动的正式名称,但美军在"9·11"之后一直在颁发全球反恐战争服务勋章。②小布什于2005年9月28日发表的题为《打一场全球反恐战争》的声明中,强调美国反恐战争的四个核心目标:在海外打击恐怖分子,阻止恐怖分子获得国家支持和庇护,阻止恐怖分子获得大规模杀伤性武器,传播民主。这些内容与美国政府在2003年2月14日《国家反恐战略》中提出的反恐战略目标基本一致。③

2007年4月,英国政府公开宣布放弃使用"反恐战争"一词。④美国前总统巴拉克·奥巴马很少使用这个词。2009年3月,奥巴马政府要求五角大楼工作人员避免使用"全球反恐战争",而使用"海外应急行动"(Overseas Contingency Operation)。⑤

反恐战争是一个动员性的话语,首先被小布什政府所使用,后来被美国的盟友用来合法化各种军事、政治战略和目标。它表达了一种两极化的世界观,即现代与落后、文明与野蛮、自由与压迫。反恐战争在内容上具有单边主义和军事主义的特征,反映在诸如"战争"和"恐怖"等措辞的选择上,也体现在其为先发制人的军事干预提供了简单的理由。反恐战争在国家和非国家行为者之间产生了新的联盟和分裂。⑥

---

① Transcript of President Bush's address. September 20th, 2001. https://edition.cnn.com/2001/US/09/20/gen.bush.transcript/.

② Marc Ambinder. "The New Term for the War on Terror," The Atlantic. May 20th, 2010. https://www.theatlantic.com/politics/archive/2010/05/the-new-term-for-the-war-on-terror/56969/.

③ http://www.whitehouse.gov/news/releases/2003/02/2003214-7.html

④ Paul Reynolds. "Declining use of 'war on terror'". BBC. April 17th, 2007. http://news.bbc.co.uk/2/hi/uk_news/politics/6562709.stm.

⑤ Scott Wilson and AI Kamen, "Global War On Terror Is Given New Name," The Washington Post, March 25th, 2009.

⑥ Jude Howell and Jeremy Lind. *Counter-Terrorism, Aid and Civil Society: Before and After the War on Terror.* Palgrave Macmillan, 2009. p3.

（一）意图性、立即且直接的效应

在"9·11"事件后，美国以"反恐"为名义，组织了联军、发动了阿富汗战争，基地组织短期内的发动大规模恐怖袭击的能力受到削弱。2001年10月7日，以美国为首的联军对基地组织和塔利班发起攻击，这标志着反恐战争的开始。2001年11月12日，盘踞在喀布尔内部的塔利班部队撤离，美国取得了第一阶段的胜利。同年12月，阿富汗反塔利班联盟首领拉巴尼在美国的支持下成立临时政府。对于基地组织来说，2001年末塔利班的失败使得基地组织失去了重要的庇护所。从那时起，基地组织的核心组织受到打击，分散到阿富汗山区和周边国家，在2001—2003年的短期内无法再策划一次类似于"9·11"的袭击。

（二）意图性、立即且间接的效应

借着反恐战争的由头，美国的国防开支立即开始大幅度增加。2002年，在"9·11"恐怖袭击之后，美国总统小布什要求国会根据2003财政年度预算扩大与安全有关的计划，新增国防支出480亿美元（比上年增长14%）。根据斯德哥尔摩国际和平研究所的一项研究表明，2003年全球军事开支实际增长了约11%，而2002年的数字比2001年增长了6.5%。2001年至2002年期间，全球军费实际增长18%，2003年达到9560亿美元。世界军费开支增加的主要原因是美国军费的大幅度增加，占全球军费总额的近一半。为了实现美国的三个主要目标——赢得反恐战争、保护国土和加强经济——2004年美国预算提供了1230亿美元的研发投资，比2003年的申请水平增加了7%。①

（三）意图性、延迟且直接的效应

美国的全球反恐战争采用了一系列新的策略和话语，导致了所谓"全球战场"的陷阱和无限制羁押等违背国际法的行为。美国打击基地

---

① Winston T.H. Koh, "Terrorism and its impact on economic growth and technological innovation," *Technological Forecasting and Social Change*, vol.74, no.2, 2007, pp.129-138.

组织和其他恐怖组织的行动的本质引发了一种"全球战场"（a global battlefield）的危险现实。传统上，国际武装冲突发生在交战各方的部队相遇的地方，中立方的领土不在此之列。因此，中立法界定了参与武装冲突的国家与未参与武装冲突的国家之间的关系，也就是为传统冲突中的敌对行动规定了边界。然而美国反恐战争的言辞似乎直接导致一个结论，即世界是一个全球战场，所有存在恐怖分子的地方就是战区的一部分，这种言辞对全球的人权状况产生了深刻的负面影响。一旦接受这种"全球战场"的概念，那么在世界任何地方被美国及其盟友俘获的人都可以在反恐战争的范式内被拘留。被抓获的恐怖分子嫌疑人随时可能被无限期关押在关塔那摩基地，在没有受到公开审判的情况下被美国长期关押。[①]

（四）意图性、延迟且间接的效应

有学者认为从阶级分析的角度来看，美国的反恐战略对不同的社会阶层有不同的影响。对统治阶级而言，它意味着对公共资金的挪用和直接参与政治决策，对其他阶级来说，却是意味着物质上的剥夺和政治上的排斥。通过反恐战略，美国的统治阶级对国家进行重组，以便管理反复出现的经济危机，同时防止经济危机演变为政治危机。美国总统小布什通过这种战略来分化国内社会中的反对派别，利用激进和市场化的爱国主义，重新巩固民众与国家的结盟。"9·11"的主导性代表使得以前对新自由主义国家持怀疑、甚至是敌对态度的人群，在新自由主义国家正在实施旨在支持转向严重损害大众物质利益的积累模式的政策时，与新自由主义国家结盟。[②]

国家通过反恐政策对资本积累最明显的干预是建设一个特殊的经

---

① Laurie R. Blank, "The Consequences of a 'War' Paradigm for Counterterrorism: What Impact on Basic Rights and Values?," *Georgia Law Review*, vol.46, no.3, 2012, pp.719-740.

② Christos Boukalas, "Class war-on-terror: counterterrorism, accumulation, crisis," *Critical Studies on Terrorism*, vol.8, no.1, 2015, pp.55-71.

济部门:国土安全行业。该行业并非发展了某种新型产业,而是将现有行业,如军备、制药、金融、信息行业等,重新命名为与安全相关的行业,并由政府投入大量的资金支持。2002年,美国联邦政府以300亿美元的价格购买了各类反恐产品,类型涵盖了机场甄别仪器和反黑客软件等大量产品。2003年,美国国土安全部成立,其成为国土安全采购的主要渠道。2003至2005年,国土安全部每年在安全产品上的支出从310亿美元到530亿美元不等,2006年达到760亿美元。这一政策的主要受益者是传统国防工业、信息技术、化学品和制药及私营保安公司。以反恐名义给特定部门的投资对克服美国的经济衰退和振兴经济做出了重大贡献,同时也以国土安全的名义规避了其他阶级对统治阶级的政治挑战。①

(五)非意图性、立即且直接的效应

虽然美国旨在打击威胁美国利益的恐怖主义,但是作为针对对象的恐怖组织也是战略行为体,会针对性地迅速做出调整和应对,导致对美国来说属于非意图性、立即且直接的效应。首先,有研究发现,美国和盟友加强边境安全的行为导致恐怖袭击的目标从北美和欧洲转移到中东、非洲和亚洲。②其次,虽然有效的无人机袭击能够威慑恐怖团伙,但是无人机袭击也会引发当地社会的反恐,制造反弹,反而有利于恐怖分子的招募。在一项研究中,学者研究了美国在巴基斯坦的无人机袭击和恐怖袭击之间的关系,他们发现,在发生无人机袭击的一周内,恐怖袭击事件和造成的人员伤亡会分别减少5%和25%,然而,从更长的时间段来看,用无人机击毙恐怖组织的头目并不能显著减少恐怖袭击及其带来的一系列后果。③

---

① Christos Boukalas, "Class war-on-terror: counterterrorism, accumulation, crisis," *Critical Studies on Terrorism*, vol.8, no.1, 2015, pp.55-71.

② Konstantinos Drakos and Andreas Gofas, "In Search of the Average Transnational Terrorist Attack Venue," *Defence and Peace Economics*, vol.17, no.2, 2006, pp.73-93.

③ Patrick B. Johnston and Anoop K. Sarbahi, "The Impact of US Drone Strikes on Terrorism in Pakistan," *International Studies Quarterly*, vol.60, no.2, 2016, pp.203-19.

（六）非意图性、立即且间接的效应

一个非意图性、立即但是属于间接的效应发生在美国、恐怖组织和接受美国反恐援助的东道国这三方的战略互动过程中。理论上，美国对恐怖组织所在的东道国进行反恐援助旨在协助东道国击败恐怖分子，从而降低恐怖分子损害美国利益的风险。然而，给东道国的援助会间接造成一种非意图性的动机和结果，即导致东道国通过维持与其国内恐怖组织的对峙局面，来保证将来的援助。[①]

"9·11"事件后，大量美国的军事援助流入巴基斯坦、阿富汗和也门，但是这些受援国政府并未取得多少打击国内恐怖组织的成绩。有学者研究了1997—2006年期间针对48个东道国的184次恐怖主义活动，发现美国的军事援助反而使驻扎在接受援助国的恐怖组织的持续时间从平均4.69年增加到7.82年。不过，尽管存在这种非意图性效应，美国依然需要继续向这些东道国提供军事援助，因为切断援助可能导致东道国对恐怖分子的妥协，从而威胁美国的利益。[②]

（七）非意图性、延迟且直接的效应

虽然反恐战争的直接目标是基地组织，但是小布什政府多年的反恐战争并没有击倒基地组织，这对于美国来说属于非意图性、延迟且直接的效应。2008年，在反恐战争进行了多年以后，基地组织在巴基斯坦—阿富汗边境地区不断重组，在巴基斯坦联邦直辖部落地区和西北边境省及周边地区再次拥有了一个避难所，可以训练武装、发动恐怖袭击，再次集结部队继续对抗美国。此外，基地组织在南亚、北非的分部势力也日益增强。尽管美国在战术上消灭或俘虏了基地组织的部分领导人和成员，但在战略上该组织的政治基础依然存在，其意识形态依然具有吸引

---

① Gaibulloev, Khusrav, and Todd Sandler, "What We Have Learned about Terrorism since 9·11," *Journal of Economic Literature*, vol.57, no.2, 2019, pp.275–328.

② Navin A. Bapat, "Transnational Terrorism, US Military Aid, and the Incentive to Misrepresent," *Journal of Peace Research*, vol.48, no.3, 2011, pp.303–318.

力,有能力吸引新的成员、获取资金和同情。

2007 年 7 月的美国国家情报评估报告(National Intelligence Estimate)《对美国国土的恐怖威胁》(*The Terrorist Threat to the US Homeland*)描述了基地组织成功地在巴基斯坦和阿富汗之间重组和发展,并认为其有能力再次攻击美国。[①]英国广播公司在 2008 年美国总统大选前进行的民意调查表明,美国反恐战争和基地组织遭受的破坏之间存在着根本的不对称性。例如,近三分之一的美国受访者(29%)认为,基地组织在 2008 年比 2001 年 9 月 11 日时更强大,或者认为反恐战争对基地组织没有任何影响。[②]

(八)非意图性、延迟且间接的效应

非意图性、延迟的效应不仅体现在反恐战争的直接目标——基地组织身上,还间接地作用在新的恐怖组织和地区局势上。

小布什政府的反恐战争为了短期的利益而牺牲了长期的利益。目前已经解密的 2006 年 4 月题为《全球恐怖主义的趋势:对美国的影响》(*Trends in Global Terrorism:Implications for the United States*)国家情报评估报告警告称,美国的入侵和对伊拉克持续的占领已经激怒阿拉伯国家,并有可能产生无数的新恐怖分子。[③]反恐战争造成的乱局又为极端组织创造了机会,正是在这个背景下,约旦人扎卡维在伊拉克创建了"统一圣战组织",他一方面协助基地组织向伊拉克转移,另一方面大肆发动恐怖袭击,挑起逊尼派与什叶派的冲突。本·拉登鉴于基地组织急需开辟新的战场,所以做出妥协,选择与扎卡维合作。2004 年 10 月,扎卡维

---

① U.S. National Intelligence Council, "The Terrorist Threat to the US Homeland," July 2007. http://www.dni.gov/press_releases/20070717_release.pdf.

② Bruce Hoffman. "A Counterterrorism Strategy for the Obama Administration," *Terrorism and Political Violence*, vol.21, no.3, 2009, p.361.

③ U.S. National Intelligence Council, "Trends in Global Terrorism: Implications for the United States," April 2006. https://www.odni.gov/files/documents/FOIA/DF-2016-00118%20(Knapp)%20Final%20Response.pdf.

表示接受本·拉登领导，将"统一圣战组织"改名为基地伊拉克分支。作为报答，本·拉登号召去伊拉克进行"圣战"的人们听从扎卡维的指挥，自此"基地"伊拉克分支实力大增。在扎卡维被消灭、其组织被美国重挫之后，该组织改名为"伊拉克伊斯兰国"，成为了新一代的恐怖组织。①

美国发动的阿富汗和伊拉克两场战争还极大地改变了地区动态。例如，伊朗意外成为该地区的受益人，因为两伊战争的对手萨达姆·侯赛因被推翻，曾经在1998年与伊朗交战的塔利班也被击败。随着逊尼派伊拉克政权的倒台，什叶派势力崛起，中东形成了从伊朗经伊拉克到叙利亚再到黎巴嫩的"什叶派新月地带"，这对于美国而言依然是非意图性、不利的局面。

（九）未发生的效应：历史的其他可能走向

使用反事实思考得出的未发生的效应可以揭示历史的其他可能走向。值得强调的是，研究者通过不同的逻辑路径和证据能够得出不同的未发生的效应。如果美国在"9·11"事件发生之后，没有利用该事件发动大规模的全球反恐战争，而是将针对基地组织的军事行动限定在有限的地区，如阿富汗，则涉及美国的一些重要节点性事件将会发生变化。

首先，在这种反事实情况下，美国的全球影响力相对衰退将会减慢。全球反恐战争不仅消耗了美国的国力，而且消费了美国的全球领导力和声誉。一方面，小布什政府的全球反恐战争带来了沉重的财政负担；"9·11"事件后，美国大幅度增加国家安全开支，同时在阿富汗和伊拉克的战争中投入了数万亿美元；另一方面，这两场战争不仅将美国拖入了长期的消耗战中，而且引发了全球穆斯林和其他群体对于美国霸权的质疑。

其次，在这种反事实情况下，中美关系中竞争的一面可能会更早出现。冷战结束之后，美国失去了传统竞争对手苏联的压力，一直对中国

---

① 王雷：《"伊斯兰国"极端组织兴起与中东政治变迁》，载《亚非纵横》，2014年6月，第3页。

的发展保持警惕态度。即使在反恐战争中想要得到中国支持的情况下，在小布什政府时期，美国也经常利用反倾销、反补贴调查来压制中国企业。如果没有反恐战争，美国的重返东亚的脚步可能加快。

三、应用系统效应框架来优化战略评估的方法

上文以小布什政府反恐战争为例，证明了多种系统效应的存在及其影响力。但是，系统效应的存在并不会导致人类的行为变得无关紧要，因为没有直截了当的方式达到目标并不意味着完全没有办法达到目标。相反，通过更为完善地评估战略行为可能会导致的诸多系统效应，使政策制定者可以更精准地设定达成战略目标的路径，或者尽快调整难以达成的战略目标。我们应该通过以下几个步骤来考察战略行为可能导致的潜在系统效应。

(一)重视多种系统效应

上文已经展示了小布什政府反恐战争会导致八种发生了的和另一种未发生的系统效应。随着这些效应越来越贴近间接、延迟和非意图性的维度，它们对现实世界的影响也越来越深远，最终参与塑造了当前中东(甚至世界)的格局。因此，政策制定者在战略的评估和决策阶段应特别重视分析由潜在的战略行为所引发的系统效应，特别是那些不断贴近间接、延迟和非意图性维度的效应。

为了全面地考察系统效应，我们可以先从绘制战略行为(或者战略结果)的影响图入手。在这个初步的评估图中，实线箭头表示确定的影响，虚线结构表示不确定的影响。具体来说，前者几乎是无条件的：只要小布什政府发动全球反恐战争，就一定会产生(激化阿拉伯国家的反美情绪)；后者是有条件的：小布什政府发动反恐战争可能只是必要条件，但不充分(削弱基地组织、降低美国面临的恐怖袭击威胁)。但是，一旦某些有条件的结果成立，它又会导致一些其他的结果必然发生(比如，削弱基地组织会导致其他恐怖组织或国家从中获利)。通过绘制这样的影

响图，我们能够清晰地把握各种可能的影响，更为方便地推敲某个具体的影响到底属于哪一类系统效应。随后对系统效应的考察也可以反过来帮助我们完善初步的影响图。

（二）考察系统效应应从直接效应开始

分析某一具体战略可能导致的系统效应应从该战略对相关行为体的能力、认知和国内外战略环境造成的直接效应出发，无论这种效应包含立即/延期还是意图性/非意图性的维度。

考察战略行为的直接效应是我们进一步分析各种间接效应的基础。比如，小布什政府反恐战争导致的直接效应大致包括以下几点：基地组织受到威胁，基地组织寻求战略应对，美国需要寻求国际支持，美国需要渲染全球反恐、全球战场的必须性。如果我们能够较准确地考察这些直接效应，那么我们就有信心预测相关行为体未来的战略行为和它们之间的互动。因此，为了尽可能全面地分析多种系统效应，政策制定者应遵循直接效应到间接效应的逻辑链条。

（三）评估各种意图性/非意图性和立即/延期的直接效应

在评估各种类型的直接效应时，政策制定者还必须考虑意图性/非意图性效应和立即/延期效应这两个维度。意图性的直接效应往往集中体现了某项战略的主要目标，无论这种效应是立即还是延迟的（两者的区别仅反映在达成战略目标所需的时间维度上）。对于政策制定者来说，确定某项战略的主要目标及实现各项目标所需的时间是评估战略的第一步。

在完成评估的第一步后，政策制定者需要关注某项战略可能直接导致的立即、非意图性效应或延迟、非意图性效应。在分析这些效应时，政策制定者必须考察这项战略会在一个长时间段内影响哪些相关行为体，是否会导致这些行为体的能力、认知和战略环境发生某些变化。再次以反恐战争为例，如果美国领导人在做出发动全球反恐战争的决策前能够全面评估在战争发生后的短期内"阿富汗、伊拉克乃至整个阿拉伯世界的战略环境将会发生何种变化"、"美国的全球影响力是否会受到负面影响"及从长期来看"是否会影响各全球主要国家和中东主要国家的战略判断",那么美国领导人就可以根据这些可能的非意图性效应来调整战略路径和战略目标,甚至会因为达成目标的成本太大而暂时放弃战略行为(即避免扩大反恐战争的规模)。

(四)在直接效应的基础上考察各种间接效应

在一个系统中,行为体不可能指望己方的行为不对系统中的行为体或系统的环境产生任何影响,每项战略行为带来的相关行为体的能力、认知和环境的变化必将造成这些行为体考虑采取相应的应对战略(即系统的反馈作用),从而进一步导致系统中各个行为体之间后续的战略互动。因此,为了尽可能准确而全面地预测这些互动,政策制定者需要在直接效应的基础上进一步考察诸多可能的间接效应。而且,有一点必须牢记:间接效应通常比直接效应更加广泛,其影响也更加深远。

首先,有些间接效应可以较为方便地从直接效应推测出来。例如,如果大规模的反恐战争可能激化阿拉伯国家的反美情绪,那么即使击败基地组织也会催生新的反美力量。

其次,对另一些间接效应的评估必须将战略的直接效应与其他外生于该战略的因素(如既有的国内政治和国际格局等)联系起来考察。例如,受援国的领导层可能通过维持与恐怖组织的态势以持续获取美国军事援助。

最后,更多的间接效应来源于外生因素、直接效应和已发生的间接效应的综合作用。例如,如果大规模反恐战争会激化反美情绪、恐怖组织有能力调整反美策略、受援国不会照章办事,那么,美国的政策制定者就需要考虑这种大规模反恐成功的概率到底如何。

(五)使用反事实思考来分析未发生的效应

政策制定者除了需要评估可能由某项战略导致的上述三个维度的系统效应,还必须使用反事实思考来分析战略行为可能造成的未发生的效应。虽然使用发生了的/未发生的效应来评估尚未被执行的战略与分析历史上已发生的战略之间存在表面上的不同，但是考察这一维度的系统效应仍然有助于完善战略评估，因为我们不仅需要知道战略行为将会通过何种路径带来什么，而且应该清楚它会怎样导致我们失去什么。

对于任何一项处于评估阶段的战略计划来说，虽然该项战略中所描绘的、达到战略目标的路径实际上都处于未实现的状态，但是这些路径实际上体现了政策制定者预期中发生的效应。相应地，该项战略未发生的效应相当于使用反事实思考来预测该战略的实施可能会阻止系统中的哪些变化（即历史发展的其他可能性）。在实际分析未发生的效应时，除了首先提出反事实的问题，我们还需要利用在考察诸多发生了的效应时使用的逻辑和证据，因此，首先分析发生了的效应、再分析未发生的效应，不失为行之有效的办法。例如，上文在分析了小布什政府反恐战争导致的诸多发生了的效应后，就可以较为有效地推测出小布什政府反恐战争导致的某些未发生的效应（即当代历史的另一种或多种与现实大相径庭的可能走向）。对于政策制定者来说，如果要通过战略设计来建立一条最为有利的、通向未来的路径，那么评估各项战略可能导致的未发生的效应则是必需的步骤之一。

四、结论

本章展现了系统效应在国际安全战略中的存在及其巨大影响力。在国际系统内，每一项安全战略都会不可避免地影响战略发起者的后续行为和世界格局的变化。以小布什政府发动反恐战争的战略行为为例，它不仅以各种方式影响了21世纪美国的战略行为，而且在一定程度上塑造了中东甚至世界的走向。通过进一步将系统效应细化为四个维度和九种类型，提供了一个分析系统效应的框架，因而具有理论和现实价值。

我们强调，习惯性地采用线性思维方式不足以理解国际政治系统和更广范围的人类社会，为了应对系统的挑战，我们必须采用系统效应的

（乃至进化的）思维方式。实际上，只有应用这种思维方式，我们才有可能充分理解并积极发掘社会科学中广泛存在的、以系统中的互动为基础的社会机制（如路径依赖、多米诺骨牌效应及反馈等）。

具体到战略的层面，对系统效应的讨论在两个方面有助于国家战略的制定。首先，这一分析有助于优化己方的战略评估。通过更为全面地评估战略行为可能会导致的诸多系统效应，使政策制定者可以更精准地设定达成战略目标的路径或者尽快调整难以达成的战略目标。其次，对系统效应的理解可以帮助我们更有效地应对对手的战略。通过评估对手的战略可能导致的诸多系统效应，我们可以寻找并利用该战略的不足和疏漏，从而方便我们"对症下药"。

对中国的安全战略来说，系统效应给予我们的提醒是非常有用的。首先，系统效应的存在要求我们统筹协调各项国家安全战略。中国的外交中存在大量的战略思路和概念，例如，按照外交对象划分的大国、周边、发展中国家、多边外交和公共外交，按照外交手段划分的政党、文化、经济和军事外交及因具体议题而异的领域外交（能源、人权、环境和网络等），这些不同层次的战略的实施会导致不同的甚至相互冲突的系统效应，因而极有可能影响各自战略目标的达成。其次，相比其他影响力有限的国家，中国制定的安全战略必将对世界产生更为深远的系统效应，因此，抱着对中国和世界负责的态度，更应该关注国家战略的系统效应。最后，系统效应的存在要求我们不能过分简单地评价历史，这一点集中地体现在本章的案例中：小布什政府的反恐战争在短期内削弱了基地组织和伊拉克等国家，但是从长远来看却间接、延迟和非意图性地刺激了阿拉伯国家的反美情绪，这其中的许多系统效应可能都不是美国领导人所能预想到的，更谈不上是设计好的。

我们给出了应用系统效应进行战略评估和决策的分析框架，但是，具体的战略评估需要战略分析人士在实际工作中自觉运用这一框架。

第二部分 历史案例

第四章

英法对希特勒德国的绥靖政策(1931—1939) [①]

案例介绍

绥靖政策可能算得上是二战研究中最为关键、也最为复杂的课题之一,对该政策的形成、成败及影响的研究,卷帙浩瀚并且歧异颇多。本案例介绍,重点不在于提供某种结论,仅在于描述绥靖政策的基本情况,并引导学生自主进入原始历史材料及颇具影响的后世研究中,提醒学生应当重点关注的诸多战略要素,进而形成自己的战略判断,培育学生的战略思维和判断能力。

一、绥靖政策的含义

绥靖政策(appeasement)大致用来指西方大国(尤其是英法两国)对德国、意大利、日本三个法西斯国家种种行为采取的不断退让、息事宁人的政策。英法两国对德绥靖政策则是对二战爆发及其毁灭性后果、英法两国战时及战后国运有决定性影响的战略决策。该政策被认为最早始于一战结束之初,到张伯伦时期形成比较系统的战略构想并且不乏支持者(而此时法国瘫痪,其外交政策几乎完全依赖于英国),二战爆发后,随着丘吉尔的上台,绥靖政策被完全抛弃。

---

① 吴征宇(中国人民大学国际关系学院)著。

二、英法对德绥靖政策(1931—1939)的由来和形成背景

笼统地称"英法"对德绥靖政策,最重要的原因在于这一时期(尤其是20世纪30年代后期),法国外交全无自身判断,几乎依赖于英国。而这一政策的形成,受到了复杂的时代背景、国际环境和决策者等各层次因素的影响。

一战所带来的巨大经济和人员损失使得整个欧洲到处弥漫着和平主义倾向,战争爆发的原因被主要归为传统均势的问题,自由国际主义思潮被许多人接受,西方民主国家的民众在心理上根本无法接受另一次大战,这样一种广泛的反战情绪正是英法绥靖政策形成的温床。

针对一战后签订的《凡尔赛条约》中的对德条约,西方政治舆论逐渐认为其过于苛刻,而英国作为战胜国却无意于维护凡尔赛体系,甚至出于某种对德内疚,怀疑甚至否定凡尔赛体系。这一切刺激了英国绥靖政策的形成。而法国方面,出于其自德国诞生以来就存在的对德恐惧,力主严惩德国,但经过了战后初期在对德问题上与英国的严重对立之后,法国的计划以失败告终,并且,由于其国内各种因素的作用,其外交政策逐渐完全依赖于英国。

20世纪30年代,适逢经济大危机,无论是英国还是法国的经济都濒临瘫痪,以邻为壑的基本政策进一步使得英法两国经济雪上加霜。由于英国国内公众关注点集中于社会福利等问题,英国政府无视国际环境,削减军备开支,直至1938年才开始大举重整军备。法国更是历经国内政局动荡,内阁走马灯般更换,无暇外顾。经济危机导致英法两国政府不得不将更多精力放在各自的国内事务上,这是导致绥靖政策的重要动因。

对英国这个传统的殖民帝国而言,一战后来自自治领和殖民地的民族反抗进一步消耗了它的资源和精力,因此英国决策者愈加关注已经日益捉襟见肘的帝国事务,从而更不乐意去承担其在欧洲大陆的义务。

此外,英国绥靖政策还受到该政策在处理其国内冲突时大获成功的鼓励。通过扩展选举权,顺从工人和矿场劳工增加工资、改善劳动条件的要求,前后相继的多届英国政府消除了政治煽动分子推动国内革命的隐患,说服了大众通过现存的政治经济制度表达诉求。国内政治的榜样促使张伯伦相信,类似的战略可以被用来与希特勒打交道。

不容忽视的是,英法绥靖政策的背后还存在着"俄国因素"。作为传统上与英国一同反对欧陆霸主的另一个"侧翼强国",俄国在一战后成为一个共产主义国家,此时尚处于外交孤立之中,并对所有西方民主国家深怀猜忌和敌意。在英国看来,与苏联和平共处甚至结盟几乎都不可期待,相反,苏联对自己的敌意非常明显。因此,防止德国与苏联联盟,并依靠德国作为抵抗布尔什维主义的堡垒也成为英国对德绥靖的一大考虑。而法国在"联苏制德"的"巴图外交"失败后,就出现了赖伐尔的外交转向,法国同样开始走上对德绥靖的道路。

最后,绥靖政策的实施与这一时期英法外交决策者的个人因素也密切相关。这一时期英国外交政策的主政者分别是鲍德温、麦克唐纳及"臭名昭著"的张伯伦,尤其在张伯伦时期,绥靖政策形成了一套完整的战略思想,而张伯伦却被希特勒戏称为"小毛虫"。在同一时期,法国的赖伐尔政府于1934年改变"巴图外交"战略,肇始了"绥靖"政策。等到了达拉第主事时期,法国外交开始完全依赖于英国,从而造成了英法绥靖政策基本定型的既成事实。

三、绥靖政策的实施过程

1."麦克唐纳方案"

1933年3月16日,英国首相麦克唐纳在日内瓦裁军会议上提出一个旨在"全面解决裁军问题"的方案和"有限裁军"构想,要求大量削减法国、波兰、意大利等国的军队,同时允许德国军队在五年内扩充至20万人。这实际上是"扶德抑法"之举,这一方案一旦实施将使德国拥有扩军甚至与其他国家军备平等的权利。因此该方案遭到法国的坚决反对,而德国则借此于10月14日退出裁军会议,并于10月19日退出国联。这一时期英法虽尚有不合,但英国的绥靖苗头已经相当明显。

2."巴图外交"的失败

出于数个世纪以来对德国的恐惧,法国在一战之后力主严惩德国,并着力防止德国再度崛起,反对"麦克唐纳方案"。随后,时任法国外长的巴图提出了"东方条约",他认为对希特勒的让步会是致命的,该条约意在联合欧洲各国,尤其是苏联,并囊括德国,通过集体安全机制来约束并遏制德国。然而该条约并未得到英国的积极支持,德国、波兰则明确反对。1934年10月9日,巴图被刺,该条约也最终破产。"巴图外交"的失败是英国绥靖政策的早期影响之一,也进一步导致了法国外交在赖伐尔上台后的绥靖转向。

3.希特勒公然毁约及英法的反应

1935年,希特勒一再公开毁约,他宣称德国不再受《凡尔赛条约》的限制,德国军队人数逐渐达到48万,而英国政府对此未采取任何措施。相反,英国鲍德温政府上台伊始,即与德国签订了《英德海军协定》,为德国冲破《凡尔赛条约》放手扩军提供了合法的依据。

1936年3月德国进兵莱茵非军事区,事实证明这是希特勒的试探性进兵,而此时英国国内虽有主张强硬的丘吉尔派与主张绥靖的张伯伦派之争,但最终张伯伦派占了上风,因此并未采取任何军事行动。而法国更是在这个事关自己生死的关键性问题上一味对德姑息,未采取任何实质性行动,仅仅在国联会议上以一纸"谴责"不了了之。进兵莱茵非军事区事件,是法国绥靖政策最终定型的重要标志,而英国在这一试探性事件上的绥靖政策,大大鼓励了希特勒采取进一步的措施。

4.张伯伦与绥靖政策的形成

1937年5月张伯伦就任英国首相,正式开始鼓吹并实施自成一体的绥靖政策,希望能够促进欧洲问题的总解决:政治上,承认希特勒统一德意志民族的正当性,满足其要求,但要求德国允诺使用和平途径实现其目标;经济上,在德国对欧洲安全作出严格保证后,英国考虑提供经济上的援助;殖民地问题上,英法可以做出一些让步。张伯伦实施并推进其绥靖政策主要在以下几方面着力:派遣外交大臣哈利法克斯访问德国,同希特勒会谈,并向希特勒介绍张伯伦政府的绥靖政策,表示只要希特勒同意用和平的方法,英国不会用武力来阻止希特勒所要求的变化。张伯伦认为此次出访是一个巨大成功,而希特勒则借机摸清了英国政府的意图,之后行动更肆无忌惮。同时,张伯伦为了促成其旨在达到欧洲问题总解决的绥靖政策的成功,对法国施加外交压力,法国外交政策进一步与英国趋同,走上对德绥靖道路。

5. 德奥合并、捷克斯洛伐克事件及英法反应

1938年3月,希特勒进兵奥地利,德奥合并。这一事态的发展完全背离了凡尔赛体系,防止德奥合并一向是凡尔赛体系最重要的目标之一。然而,张伯伦在英国内阁紧急会议上认为,希特勒对奥地利的吞并是不可避免的,英国不应该为了这一定会发生的事情而放弃绥靖、放弃和平。同时,法国也没有做出任何强硬反应。丧失了一切国际支持的奥地利最终屈从于德国要求,而这正符合张伯伦的条件——德国通过和平手段取得对奥地利的控制。3月13日,奥地利正式并入德意志帝国。

吞并奥地利后,希特勒又转向捷克斯洛伐克的苏台德区,他最重要的理由在于,一战后捷克斯洛伐克建国之时,约300万德裔被纳入其版图内的苏台德区,因而违背了民族自决原则。1938年9月他向捷克斯洛伐克政府发出最后通牒,要求撤出驻在居民多数为德裔地区的一切警察并将管辖权交给当地居民。随后,张伯伦在波希特斯加登会见希特勒,表示承认苏台德地区必须分离出来这一原则,并返回伦敦说服他的同僚和法国人,使他们确信有必要强迫捷克斯洛伐克政府同意苏台德区德裔自决,以确保张伯伦的最终目标——和平。9月29日,张伯伦与达拉第、墨索里尼和希特勒签署了《慕尼黑协定》,满足了希特勒的几乎所有要求,

回国后向国人宣告："我给你们带来了和平。"

1939年3月，希特勒入侵捷克省份波西米亚和摩拉维亚，破坏《慕尼黑协定》。英法被迫向波兰提供安全保证，此次含有威胁意味的许诺表明英法对德绥靖政策发生了一些变化。

6.二战爆发与丘吉尔上台

1939年9月1日，德国进攻波兰，9月3日，英法对德宣战，并开始所谓"奇怪的战争"（因为英法直到1940年没有对德国动用一兵一卒，没发一枪一弹）。1940年5月，德国发动西线进攻，张伯伦辞去首相职务，由丘吉尔接替。一个月后，法国败亡。至此，绥靖政策被完全抛弃。

四、简评

英法对德绥靖政策评估一直是学界争论不已的重大课题，采取这一战略是否必要？是否有更好的选择？二战是否可以避免？在进行绥靖政策的过程中是哪些因素导致了该政策的最终失败？是否有成功的可能？这些都可以通过研习材料得出自己的判断。唯一有结论的是，无论出于何种因素，英法对德绥靖最终并未成功阻止二战的爆发，由此造成了人类历史上又一次生灵涂炭。

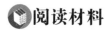 阅读材料

一、必读材料

（一）著作

1. Neville Chamberlain, M. P., *The Struggle for Peace*, London: Hutchinson, 1939, pp.33-42, 65-69, 168-177, 237-243.

这是英国版的张伯伦演讲及辩论集，美国版题为 *In Search of Peace*。对于理解对德绥靖，理解张伯伦如何阐述及认识绥靖政策，了解张伯伦绥靖政策形成和推行中的各种战略影响因素，该书提供了一个鲜活的历

史情境和可靠的文本依据。在本部分(必读材料),共选取如下演讲及辩论:"The Difference Between Policy and Principles" "To Make Friends of Foes" "The Vital Interests of Britain" "The Meaning of War" "The Post-Munich Debate"。

2. Richard Davis, *Anglo-French Relations Before the Second World War: Appeasement and Crisis*, London: Palgrave, 2001, pp.3-23, 187-199.

英法两国关系是理解英法绥靖政策的重要部分,尤其是法国外交是如何走向完全依赖英国的。该著是近几年来比较出色地重新解读英法关系的作品之一。共选取了两个章节:"The Anglo-French Community of Interest" "The Failure of the Anglo-French Alliance"。

3. Gerhard L.Weinberg, *The Foreign Policy of Hitler's Germany: Diplomatic Revolution in Europe, 1933-36*, Chicago and London: The University of Chicago Press, 1970, pp.357-364.

关于英法对德绥靖政策的战略分析,无论如何,都仍然需要了解希特勒的大体战略,选取《我的奋斗》似乎篇幅过长,因此选择该著中的一个虽简短但足够纵观的论述,该著获得 the George Louis Beer Prize of the American Historical Association。

4. David Dutton, *Neville Chamberlain*, London: Arnold, 2001, pp.27-69.

这是一本较新的张伯伦传记,对英国对德绥靖政策中最关键的政治家的诸多问题有新的阐述,观点极富挑战性,对于我们重构对张伯伦的认识并对绥靖政策进行战略分析大有裨益。本处选取该传记中的第二章:"In His Own Day"。

5. Daniel Hucker, "The Unending Debate: Appeasement, Chamberlain and the Origins of the Second World War," *Intelligence and National Security* 23 (4), 2008.

张伯伦去世前留下遗嘱,他的私人日记在他去世60年后才能公开。

这篇文章是基于公开的张伯伦日记写成的。张伯伦的日记表明，他最早在1934年，最晚在1936年，就已经对希特勒的意图（即希特勒将诉诸战争）有清楚的判断。于是乎，摆在我们面前的问题变成了：既然张伯伦早就意识到希特勒的危险性，那他为什么没有采取更加有效有力的措施来阻止希特勒呢？

（二）论文

1. Christopher Layne, "Security Studies and the Use of History: Neville Chamberlain's Grand Strategy Revisited," in *Security Studies*, 2008, 17: 397-437.

该文为著名战略学者 Christopher Layne 对张伯伦大战略的重新解读，主要是针对丘吉尔在其回忆录中的观点提出异议，试图纠正国际关系及战略学界的通行观点。

2. Norrrin M.Ripsman and Jack S.Levy, "The Preventive War that Never Happened: Britain, France, and the Rise of Germany in the 1930s," *Security Studies*, 16, no.1 (January–March 2007): 32-67.

该文从"预防性战争"理论视角，借助翔实的历史文献，解释为何德国的迅速崛起未招致英法的"预防性战争"，做出了独到的解读。该文对英法对德绥靖政策的诸多解读颇具新意。

3. Roy Douglas, "Chamberlain and Appeasement," in Wolfgang J.Mommsen and Lothar Kettenacker eds., *The Fascist Chanllenge and the Policy of Appeasement*, London: George Allen and Unwin, 1983.

该文集大概是战后迄今为止研究绥靖政策最全面、最优秀的文集，有着广泛的征引率，是该领域迄今最重要的参考书之一。必读材料中下面几篇均出自该文集。本文从战略决策者角度解读英法对德绥靖。

4. Gustav Schmidt, "The Domestic Background to British Appeasement Policy," in Wolfgang J.Mommsen and Lothar Kettenacker eds., *The Fascist Chanllenge and the Policy of Appeasement*, London: George Allen and Un-

win, 1983.

本文为该文集中从内政视角切入英法对德绥靖政策的一组文章中的一篇，讲英国绥靖政策的内政背景。

5. Robert Frankenstein, "The Decline of France and French Appeasement Policies, 1936-9," in Wolfgang J. Mommsen and Lothar Kettenacker eds., *The Fascist Chanllenge and the Policy of Appeasement*, London: George Allen and Unwin, 1983.

本文属于该文集中"法国困境"中的一组文章中的一篇，讲法国国力衰落与法国绥靖政策的形成。作者指出，除经济衰落外，对自身衰落的认知和认可恰恰造就了法国越来越依赖英国并进而导致法国绥靖政策的形成。

6. Gottfried Niedhart, "British Attitudes and Policies towards the Soviet Union and International Communism, 1933-9," in Wolfgang J. Mommsen and Lothar Kettenacker eds., *The Fascist Chanllenge and the Policy of Appeasement*, London: George Allen and Unwin, 1983.

英俄关系是决定英法对德绥靖政策的最重要因素之一，本文集中有一组文章题为"绥靖政策中的俄国因素"，"1933—1939年英国对苏联即国际共产主义的态度与政策"即为其中一篇。

二、选读材料

（一）著作

1. Neville Chamberlain, M. P., *The Struggle for Peace*, London: Hutchinson, 1939.（除去前面必读的部分，另加 pp.7-12, 28-29, 105-117, 121-129, 157-166, 247-259, 263-276, 351-356, 359-367, 371-378, 405-410）。

该著为必读材料中第一本，这里继续增加一部分作为选读材料，主要包括如下演讲：On Accepting a Trust; The Fall of the Avalanches espe-

cially；"out of strength⋯"；The Anschluss；The Danger of Armed Camps；
An Investigator and Mediator；The September Crisis；A Contribution to General Appeasement；A "Go-getter" for Peace；No Easy Road；The Break-up of Czechoslovakia。

2. Winston S.Churchill, *The Second World War*, vol.1, *The Gathering Storm*, London：Cassell, 1955.（有多个中译本，原文必读部分如下：pp.35-80，169-185，202-214，268-288，中译本页数更少一些）

这是丘吉尔声名卓著并因其文笔而以非文学作品获得诺贝尔文学奖的《二战回忆录》的第一卷，该回忆录不仅提供了20世纪第一流的战略家的心路历程及思考，还为我们展示了公认最为真实可靠的第一手历史场景，在本部分需要阅读的共有如下章节："The Locust Years, 1931-1935"；"Hitler Strikes, 1936"；"Germany Armed, 1936-1938"；"The Tragedy of Munich"。

3. A.J.P.泰勒：《二战的起源》，商务印书馆1992年版，第115—147页。

泰勒是著名历史学家，对于二战起源，尤其绥靖政策有自己独到并颇具争议的观点，本书即其代表作之一，本处节选第六章《半武装的和平（1936—1938）》。当然近年亦有著名战略学者、历史学家保罗·肯尼迪较权威地对泰勒的观点给予了评述。见下面有关材料。

4. Wolfgang J. Mommsen and Lothar Kettenacker, eds., *The Fascist Chanllenge and the Policy of Appeasement*, London：George Allen and Unwin, 1983, pp.31-47, 157-173, 197-208, 297-322, 339-351.

该文集已选择部分作为必读材料，这里再选一部分重要文献作为选读材料，如下："Nazi Dynamics, German Foreign Policy and Appeasement" "'Economic Appeasement'—a Crisis Strategy" "The Continental Commitment in British Strategy in the 1930s" "British Perception of Soviet Military Capability, 1935-9" "British Imperial Interests and the Policy of Appeasement"。

5. Robert Boyce, eds., *French Foreign and Defence Policy*, *1918-1940*: *The Decline and Fall of a Great Power*, London and New York: Routledge, 1998, pp.131-147.

该著为研究法国两战之间防务政策的重要作品,选读部分切入一位两战之间在法国外交政策形成和执行中扮演重要角色的人物——勒内·马西格里（René Massigli）,介绍这位外交家如何处理对法国来说永远都至关重要的"德国问题"。

6. Keith Neilson, Britain, *Soviet Russia and the Collapse of the Versailles Order*, *1919-1939*, Cambridge: Cambridge University Press, 2006.

该著是一本重新解读1919年至1939年期间国际关系史的杰作。该著着力避免使用诸如"绥靖"和"英国衰落"等简单化解读,表明二战的根本原因在于政治决策者未能找到有效方式维持于1919年缔造的新的世界秩序。该著聚焦于英苏关系,表明英国决策者使用的诸如"军备控制""国联"及"全球公共舆论"等维持和平的手段在应对布尔什维主义、法西斯、纳粹时是无用的。

（二）论文

1. Paul Kennedy and Talbot Imlay, "Appeasement," in Gordon Martel, ed., *The Origins of the Second World War Reconsidered*: *A.J.P.Taylor and the Historians*, *Second Edition*, London and New York: Routledge, 1999.

著名战略学家保罗·肯尼迪对"绥靖政策"——选读部分是英国绥靖政策——做了极为精要和出彩的解读,且行文中处处以泰勒对绥靖政策的观点为参照。

2. Peter J.Beck, "Britain and appeasement in the late 1930s: Was there a League of Nations' alternative?", in Dick Richardson and Glyn Stone, eds., *Decisions and Diplomacy*: *Essays in Twentieth-Century International History*, London and New York: Routledge, 1995.

本文集中选取的内容分析20世纪30年代后期英国绥靖政策形成的

国联因素，对国联的作用和运行及其对当时国际社会的影响，尤其与英国对德绥靖政策形成及后果的影响之间的关系做了较为细致的分析。

3.Randall Schweller 2004."Unanswered Threats：A Neoclassical Theories of Under-balancing." *International Security* 29（2）.

本文对绥靖政策给出的解释有些简单化，但是文章对国内因素的关注代表了国际安全研究的新古典现实主义的一个重要视角，因此值得参考。

4.Andrew Barros，et al.，"Debating British Decision-making toward Nazi Germany in the 1930s." *International Security* 34（1），2009.

本文是对关于绥靖政策辩论的一些争鸣。

问　题

1. 从现在看到的材料来看，张伯伦并不是一个傻蛋/撒旦。至少在1934—1936年，他就已经清楚地知道希特勒的侵略意图（intentions）。在这样的情况下，那他为什么没有能够采取更加强有力的政策来阻击希特勒的计划？请至少从国际体系和国内政治的两个层面上讨论这个问题。【除了他的个性之外，你认为是哪些因素造成张伯伦如此坚定地推行绥靖政策？】

2. 除了绥靖和"未卜先知的强硬应对"之外，张伯伦的政策是否还有别的选择？【提示：请根据不同的战略目标来设计不同的战略选择。】从1936年看，张伯伦的其他战略选择是否可以成功？【提示：你需要给出张伯伦的政策可以成功的条件。比如，你可能需要指出，如果英法的目标是延缓二战的爆发，那么英法对德绥靖政策究竟是加快了还是延缓了二战的爆发？】

3. 英法对德绥靖政策失败的主要原因有哪些？【参考"理解战略行为"一章中关于"理解战略行为的成功与失败"一节的内容。】

4.【反事实问题】假如十月革命没有爆发，或者革命后俄国没有变成一个仇视资本主义世界的共产主义国家,并因而英俄或者法俄得以结盟,英法对德绥靖是否依然会实行?

5.【反事实问题】假如主张建立"东方条约"、遏制德国的法国外长巴图能够躲过1934年10月法西斯分子的刺杀行动,那么,随后英法的对德战略可能会发生何种变化? 此后5—10年内欧洲的局势可能会如何发展?

第五章

希特勒进攻苏联（1940—1941）[①]

案例介绍

1941年6月22日，德国突然对苏联不宣而战。德军190个师又3个独立旅、共550多万人，47000门火炮，4500架飞机，4500辆坦克，分北方、中央和南方三个集群向苏联发起突然袭击。德军航空兵猛烈轰炸了苏联西部的机场、重要城市、交通枢纽、铁路、吊车厂、陆海空军基地及正在向国界线开进的部队。苏联方面毫无防备，苏军在半天内损失1200多架飞机，一个月内损失60多个师，160万人，并全线溃退。

一、德国对苏战争计划

法国被打败后，德国立即开始研究入侵苏联问题。1940年7月，最高统帅部作战部部长约德尔就透露，希特勒已决定进行对苏战争准备。陆军参谋长哈尔德将军也向下属声称，德国必须发动"一场针对苏联的军事打击，迫使它认识到德国在欧洲的统治地位"。他随后命令部队调往苏德边境地区，并不得暴露其敌对意图。7月21日，陆军总司令布劳希奇和哈尔德向希特勒递交一份研究报告，声称可以在1940年秋季入侵苏联。苏联只有50—70个师可以调用，德国只需80—100个师就可以在

---

① 徐进（中国社会科学院世界经济与政治研究所）著。

4—6个星期内结束战斗。不过,这份报告制定的行动目标是有限的,仅要求占领白俄罗斯、芬兰、乌克兰的一个省及波罗的海地区。几天后,德国的情报分析表明,苏联的军事力量比原先估计的要强大得多。希特勒遂指示武装力量最高统帅部再作一次独立评估。7月下旬,该部的评估报告认为,鉴于时机和天气方面的原因,秋季进攻苏联的计划是不可行的。7月29日,约德尔向下属透露,希特勒决定在1941年5月发动对苏战争。他还说,与布尔什维克的对决是必然的,所以要趁德国的军事力量处于巅峰状态时先下手为强。果不其然,7月31日,希特勒召集军事领导人会议,决定于1941年春季进攻苏联,并要求摧毁苏联的主要军事力量。

从7月末到11月,德国军方一直在草拟对苏作战方案。陆军总参谋部提出的"马克斯计划"设想德军以莫斯科为主攻方向,以基辅为辅攻方向。陆军方面还认为,敌我双方在兵力数量上基本相等。但是,苏联漫长的边境线一旦被突破,其指挥系统方面的劣势就会显现出来。到9月初,作战计划的目标扩大了,要求先歼灭苏联西部的驻军,再前进至北起阿尔汉格尔斯克南至伏尔加河一线,这样就可以使德国本土免遭苏联空军的威胁。此后,又经过几轮修订,进攻方案于1940年12月5日完成,定名为"巴巴罗萨计划",并写入12月18日下发的第21号训令中。该计划主要内容有:一、在对英作战结束之前,以一次快速的战役,在一个半月到两个月的时间内打垮苏联;二、以突袭歼灭苏联西部各军区的部队,使其无法退往内地,然后以坦克部队为先导,并辅之以空军支援,分三路向苏联腹地进攻,分别占领莫斯科、列宁格勒和顿巴斯,并最终推进至伏尔加河和阿尔汉格尔斯克一带,使苏联空军无法袭击德国领土。

在此期间,也有一些人劝希特勒不要玩火进攻苏联,因为这将使德国陷入两线作战的困境,要吸取一战时的殷鉴。希特勒却反驳说,在击败英国之前,休想指望苏联不动手。要打败英国,就得扩充海空军,同时削减陆军,但只要苏联依然是个威胁,就万万不能削减陆军。

为了进攻苏联,德国又开始在外交上、经济上和军事上进行一系列准备,同时采取一些伪装和欺骗手段。德国开始大造舆论,说要实施对英作战的"海狮计划"。他们先是制造假象,大量地印发英国地图,给部队配备大量英语翻译,并在英吉利海峡的法国沿岸集结大量的渡海及登陆工具,在海岸上配置了许多假火箭,派部队频繁地进行登陆作战演习,造成部队要大规模进攻英国的假象。然后,德军大规模东调,却放风说,这是为了在进攻英国之前,到东部地区去休整。

德国还在外交上迷惑苏联。他们在外交上停止了往常那种对苏联的攻击,而把矛头转向英国。德国驻苏联外交官主动会晤苏联高级官员,向他们解释说,德军调往东部,只是为进攻英国而稍作休整,至于德国向波兰大举增兵,实际上是派年轻的士兵去替换将要退役的老兵。德军向芬兰大量增兵后,德国驻苏大使便去拜会苏联外长莫洛托夫予以解释,并且通知说,德国将取道芬兰向挪威北部派遣增援部队,又解释说,德军进入罗马尼亚是派军事代表去帮助罗马尼亚训练部队。1940年11月10日,苏联外长莫洛托夫访德,双方还发表了一份公报,称双方在相互信任的气氛中交换了意见,在两国都感兴趣的所有重要问题上取得相互谅解。而实际上,希特勒在12日的训令中指出,此次政治谈判的目的是为了暂时摸清苏联的态度,无论谈判结果如何,东线作战准备照常进行。1941年1月10日,德苏又签订了一项新条约,重申了上年11月莫洛托夫访德的成果。由于假"海狮计划"的存在及外交欺骗的成功,希特勒的对苏作战意图被很好地掩盖起来。到1941年6月中旬止,德国东线主力已经集结完毕,蓄势待发。

二、战争爆发前苏联的战备状态

在苏联一方,关于斯大林到底知不知道德国即将进攻苏联一事,迄今仍是一个争论不休的问题。斯大林知道德国的下一个目标会是苏联,但似乎并不相信德国进攻苏联是迫在眉睫之事,因为他认为德国不可能在《苏德互不侵犯条约》签订不到两年时便发起攻击,而应等到拿下英国后才会开辟东线战场。尽管苏联情报部门已经多次发出战争逼近的警告,斯大林依然拒绝改变心意,认为这是英国故意设计要让苏联和德国开战的假情报。另一方面,为了避免刺激德国,斯大林要求苏德之间的贸易协定照常执行,而且没有提高苏军的战备级别。

因此,在德国发动进攻前,苏联西部边境各军区军以上司令部均驻在城市里,部队也照常进行野营训练,前沿各师的阵地上只有个别连队值班。各军区的通信部队还在参加国防施工,野战炮兵和高射炮兵照常在射击场打靶或在军区集训。苏联空军的飞机多集中于少数几个机场上。战争打响后,苏军各部队之间无法互相联系,而且也缺乏运输工具把各单位集合起来。虽然苏军有大量的先进火炮,但弹药配备很少。炮兵单位同样缺乏运输工具而无法迅速部署。苏军的坦克数量庞大且装备良好,但却极为缺乏经验和后勤支援,维修保养的水平也非常差劲。坦克单位往往被草率地送上战场,而没有任何燃油、弹药或人员补给的安排。通常在经过一次作战后坦克便毁坏或报销了。

另外,20世纪30年代中期,斯大林的大清洗政策使苏军失去了大批优秀的中高级军官,致使苏军一线部队的思想观念、训练水平和机械化程度亦远逊于德军。在1941年,75%的苏军军官任职不超过一年,军级指挥官的平均年龄比德军师级指挥官小12岁。这些军官在战场上往往缺乏积极行动的意愿,而且很大一部分不胜其职。

三、苏德战争爆发

战争初期,苏军一片混乱,全线溃退。不过,苏联拥有非常强大的预备役力量,可以在很短时间内将兵力扩充一倍以上;苏联适合服兵役的人口也是德国的三倍以上。从1941年7月下旬开始,苏军已经从前一个月的惊恐中恢复过来,抵抗越来越激烈。虽然苏军这一时期没有制空权、没有足够的装甲兵、没有战术经验,被迫使用人海战术,但他们通过数量惊人的伤亡延缓了德军的闪击势头。而这时，希特勒与手下将领们对战略重心的判断却产生了分歧。希特勒更关注南线的乌克兰，因为此地资源丰富；而总参谋部则认为尽快拿下莫斯科才是关键，因为莫斯科是苏联的枢纽，因而也是战役的重心所在。这一争执使德军主攻方向飘忽不定，严重影响了其作战进程。当希特勒在冬季来临前最终决定全力进攻莫斯科时，苏联已经为此做好了充分准备。负责进攻莫斯科的德中央集团军饱受秋季泥泞所造成的补给短缺之苦，到1941年12月，其前锋部队虽已推进至莫斯科市郊，甚至见到了克里姆林宫的螺旋状尖塔，但此时德军已是强弩之末，而斯大林手上仍保有数十万从西伯利亚前来支援的生力军。这些部队拥有良好的冬季装备和补给，很快便将逼近莫斯科的德军全数击退，并在接下来的反击战中将战线推回到了冬季前的位置。莫斯科战役的失败使希特勒想在年底前打垮苏联的希望破灭。

四、简评

苏德战争的爆发是二战最重大的事件之一，直接影响到大战的方向、进程与结果。学术界对希特勒入侵苏联的决策表现出浓厚的兴趣，由此产生出大量的研究文献。这些文献其实大致可分为三类：第一类文献着力探讨希特勒个人的心理和观念对这一战略决定的影响；第二类文献则强调这一战略决定背后国际权力分配的结构因素；第三类文献认为希特勒在对外侵略方面并无通盘考虑，而是走一步看一步，随机应变。

希望读者不要以单一理由来理解希特勒犯下的战略大错，比如他事先就误判形势因而全盘皆输。战略成败的因素多且复杂，有时候不能以后果来判定其决策之正确与否。也就是说，不能因为某人失败了，就说他的决策一无是处；或者因为某人成功了，就说他的决策处处英明。我们可以通过阅读来反思，从多角度分析战略决策的合理成分与不合理成分。

🔷 阅读材料

一、必读材料

1. 戴尔·科普兰：《大战的起源》，北京大学出版社2008年版，导论、第1章、第5章。

该书提出了权力的动态差异理论，试图从国际权力分配结构的动态变化角度来研究德国为什么决定进攻苏联。作者认为，苏联是一个崛起国，而德国是一个霸权国。问题在于，苏联的崛起势头极其猛烈，大有在短短几年内超越霸权国之势，也就是说，德国有相对衰落之势。一旦权力结构发生逆转，则德国将处于极其不利的境地。为了维持自己的霸权地位，德国只得先下手为强，趁自己的国力和军力处于巅峰状态之时击败对手，消除安全威胁。动态差异理论不强调国家的意识形态或历史文化特质以及决策者的信仰和性格因素，只关注国家间权力分配的动态变化。换言之，该理论认为，不管当时德国的领导人是不是希特勒，德国都会发动对苏战争。另外，根据这一理论，近现代以来所有的重大战争，包括两次世界大战和冷战，都是正处于相对衰落之势的霸权国为了压制崛起国而发动的预防性战争。

2. 彼得·帕雷特主编：《现代战略的缔造者：从马基雅维利到核时代》，世界知识出版社2006年版，第556—581页。

本书这一节叙述了德国1920—1945年间军事战略的演变过程。作者迈克尔·盖耶对二战期间德国的大战略和军事战略进行了猛烈批评。盖耶认为，二战期间的德国大战略和军事战略是一种没有限度的战略，致使武力的使用变成了不可调和的敌对意识形态之间一场天翻地覆的战争。它既无法由欧洲陆战的工具性和专业性实现理性制约，也无法受限制武力和控制损失的传统谋略的制约。就希特勒和纳粹而言，这是一场宗教启示录式的战争，就德国军方而言，军方领导抛弃了自己曾擅长的专业理性评估，而屈从于希特勒对国际事务的混有意识形态和直觉灵感式的解释。这两方面的恶性结合使对苏战争的军事部署不再具有面面俱到的性质，转而变成就事论事式的、机会主义的武力使用方式。总之，盖耶认为，德国大战略和军事战略的失败应由希特勒和军方共同负责。

3. 克劳斯·费舍尔：《纳粹德国：一部新的历史（下册）》，江苏人民出版社2005年版，第383—388,513—573,617—625页。

本书主要从希特勒个人的身心健康和政治信仰来探讨纳粹统治（包括发动对苏战争）的原因。一些心理学家认为，希特勒有自恋、妄想和神经质的心理特性，患有一种或几种人格变态，甚至可能是个瘾君子。这些心理疾病可以追溯到他在青少年时代家庭和社会生活的经历。具有这样性格的人也容易与一批同样性格的人聚在一起。比如，戈林是一个聪明的反社会分子和吸毒者，戈培尔是一个心理变态的说谎者和骗子，赫斯可能患有精神分裂症等。他们精神错乱、缺乏理性，具有严重的反社会、反现实倾向，意欲利用战争来消灭他们的"心魔"。政治学家则认为，纳粹主义、种族主义和扩张主义思想是希特勒对外政策的哲学基础，也是他不能容忍苏联存在的根本原因。纳粹主义与共产主义是意识形态上的死敌，"高贵的日耳曼人"与"低贱的斯拉夫人"是种族图谱上的两端，土地狭小的德意志要向东夺取生存空间。这三种主义的混合使希特勒认为征服苏联不可避免。

4. Jürgen Förster and Evan Mawdsley, "Hitler and Stalin in Perspective: Secret Speeches on the Event of Barbarossa," *War in History*, vol.11, no.1, 2004, pp.61–103.

本文分析并评论了希特勒和斯大林在苏德战争爆发前数个月对本方高级将领发表的秘密讲话（文章内有这两次谈话的文本）。1941年3月30日，希特勒对东线高级将领表明了自己对军事形势及"巴巴罗萨计划"的看法。同年5月5日，斯大林也向苏军高级将领们分析了苏联面临的安全形势。阅读本文可使读者较全面地了解当时双方领导人对形势的判断。

5.Hugh Trevor-Roper, ed., *Hitler's Table Talk 1941-1944*（New York，Enigma Books，2000），Introduction，pp.3-8，15，17-18，31-35.

本书记载了希特勒自1941年7月5日至1944年11月30日之间数百次私下的"席间漫谈"。这些谈话的内容广泛，其中1941年间的谈话有多处涉及对苏战争问题，我们可以从中窥见希特勒的想法。另外，本书编者还撰写了一篇导论，名为《希特勒的心智》，比较全面地展示了其各方面思想的演化与形成。

二、选读材料

1. 利德尔-哈特：《二战史》，上海译文出版社1978年版，第12、13章。

本书可使读者较全面地了解战争双方的一些基本情况和战争初期"巴巴罗萨计划"的执行过程，包括作战设想、兵力兵器对比、作战过程等等。作者利德尔-哈特是英国著名的军事理论家和军事史学家。本书历时20年才完成，作者收集了大量珍贵的一手和二手史料，并多次实地考察欧洲战场情况，因此对战争的叙述比较翔实与客观，而且本书有较多关于苏德战争爆发前双方的外交和政治斗争情况的叙述。

2. K.蒂佩尔斯基希：《二战》，国防大学出版社2001年版，第237—284页。

本书可使读者站在德国的角度去体验和分析对苏战争目标、准备和实施的过程。作者蒂佩尔斯基希是纳粹德国的高级将领，曾长期从事情报工作，大战爆发前升任陆军总参谋部情报部长，苏德战争爆发后在东线历任师长、军长、集团军司令。本书试图从德国的角度描述战争进程，在写法上侧重于军事行动，而对政治、外交、经济等方面的情况着墨不多。

3. 亨利·米歇尔：《二战》上册，商务印书馆1980年版，第231—255页。

本书可使读者较全面地了解战争双方的基本情况和战争初期的战

斗情况。作者对希特勒征服苏联的动机、目标及其军事才干有一些分析和评论，这有助于我们研究希特勒入侵苏联这一重大决策的思维过程。

4. 杰克·斯奈德：《帝国的迷思：国内政治与对外扩张》，北京大学出版社2007年版，第1—3章。

本书主要从大国为什么会犯过度扩张的战略错误来解释近现代的主要战争现象。斯奈德认为，过度扩张是工业化时代的大国普遍曾犯的战略错误。相比而言，德国和日本这样的极权国家特别容易走向极端的过度扩张。斯奈德称这种支持对外扩张的一整套战略观念为"帝国的迷思"。那么这些战略迷思源于何处，又如何使国家走上过度扩张之路呢？斯奈德认为，这些迷思是大国内部一些在对外扩张、扩大军备和建立自给自足的经济圈方面拥有狭隘自身利益的强力集团（军方、官僚机构、经济部门等）为了给自己的扩张计划辩护而制造出来的。"帝国的迷思"可以使这些利益集团以维护国家安全之名来掩盖或兜售其狭隘的利己主义政策。虽然斯奈德书中并无专节研究希特勒为何要发动对苏战争问题，但"帝国的迷思"理论仍然可以应用到这一问题之上。

5. Richard Breitman, "Hitler and Genghis Khan," *Journal of Contemporary History*, vol.25, no.2-3, 1990, pp.337-351.

本文将希特勒和成吉思汗相提并论，认为这两人对扩张和血腥杀戮有特别的偏爱。作者试图研究希特勒如何从历史书中借鉴成吉思汗的思想与观点。阅读本文可使读者了解希特勒扩张政策的一个历史来源。

6. A.J.P. 泰勒：《二战的起源》，商务印书馆1991年版，第1—2章。

7. Robert Cecil, *Hitler's Decision to Invade Russia*, 1941 (London: Davis-Poynter, 1975).

8. André Mineau, *Operation Barbarossa: Ideology and Ethics Against Human Dignity* (Amsterdam: Rodopi, 2004).

📖 问 题

1. 在苏德战争爆发前,德国总体的战争和战略形势并不算差。希特勒就一定要用战争的方式去消灭苏联吗?可以用其他的方式吗?比如安抚、遏制、划分势力范围或静观其变,是不是更有利呢?(我们也可以用反事实式的提问方式来表达:如果希特勒不进攻苏联,苏联和德国能否和平共处?)

2. 希特勒认为德国能够获胜的基本战略要素有哪些?对这些相对优势和成功要素的评估中,希特勒哪些是正确的,哪些是不正确的?哪些是事先不可能(大致)确立的?哪些是大致可以确立的?

3. 德苏之间的相对权力地位正在发生逆转吗?这是事实还是认知错误?如果是错误,有何证据?假如是事实,那么这是否足以让德国发动对苏战争?

4. 德国在苏德战争中的失败是注定的吗?导致失败的原因有哪些?这些因素都是不可克服的吗?【请使用"理解战略行为"一章中的分析框架。】

5. 希特勒的决策是理性的、非理性的,还是二者兼而有之?希特勒的心理状态和政治信仰对这次决策的影响是决定性的,还是参考性的?拿破仑征俄的失败为什么没有成为希特勒的前事之师?

6.【反事实问题】如果德国能与苏联和平共处,那么二战中各大战场(欧洲、北非及亚太地区)的形势将会发生哪些变化?进一步来说,如今的欧亚大陆的格局又会是什么样的?

7.【反事实问题】如果德国在战争初期集中全力攻打莫斯科(而不是分兵高加索地区),并在冬季来临之前拿下这座城市,你认为其后的战争进程会向何方发展?德国有多大的可能获得最终的胜利?或者苏联是否会像1917年那样割地求和,以待时机?

第六章

凯南和"围堵"战略的形成及演变 (1945—1950)[①]

案例介绍

一、"围堵"战略的形成

"围堵"(containment,又译"遏制")战略是影响 20 世纪下半叶最为深远的战略行为。该战略初步形成的标志是乔治·凯南(George Kennan)在 1946 年 2 月 22 日从莫斯科美国驻苏联大使馆发出的"长电报"(the Long Telegram)。而"围堵"战略被美国高层的基本接受则可以以英国前首相丘吉尔于 1946 年 3 月 5 日在杜鲁门总统的家乡密苏里州发表著名的"铁幕"演说为最早的标志。1947 年 3 月 12 日,杜鲁门总统于国会发表的讲话则是美国政府第一次正式对外宣布"杜鲁门纲领"(the Truman Doctrine)。显然,"杜鲁门纲领"已经体现了"围堵"战略的许多要点。[②]而凯南在 1947 年 7 月以"Mr.X"为名发表的《苏联行为的根源》则第一次出现了"围堵"这个词(该文的内部版本在 1947 年 1 月成稿,并且被美国的决

---

① 唐世平(复旦大学国际关系与公共事务学院)著。
② 因此,冷战史学界一般认为,1944 年 2 月初的雅尔塔会议至 1947 年 3 月的"杜鲁门纲领"讲话为冷战的形成期。

策层人士广泛阅读)。

二、"围堵"战略的演变

但是,"围堵"战略的起源应该至少可以追溯到二战结束前(1944—1945),甚至更早(比如1919年的威尔逊14条,以及二战的爆发)。至少在1944年底甚至更早,美国的核心领导层已经在思考战后的安排。在全球层面,这些安排包括联合国、四个"警察"(美苏英中)、国际货币基金组织(IMF)、世界银行(World Bank)等等。在地区(东欧、亚洲,特别是东北亚和中东)层面,这些安排包括如何和苏联划分势力范围。但是,直到二战于1945年8月15日正式结束,美国高层对这些问题的看法依旧存在不同的意见,以至于直到凯南的"长电报"之前,一个对苏战略的基本共识并不存在,而且似乎遥遥无期。①而凯南的"长电报"正是在这个特定的时间节点上出现,并迅速在华盛顿"洛阳纸贵",一举奠定了凯南的地位。②

凯南在发回了他著名的"长电报"两个月之后,就被时任美国海军部长的詹姆斯·福莱斯特(James V.Forrestal)召回到了国内,并且被安排到刚成立的美国国家战争学院任战略学教员。③在接下来的半年多里(从1946年9月到1947年5月,尽管他的学期教学任务要到1947年7月才结束),凯南得以恢复身体,并且对他的思想进行系统化、精细化、可操作化。④此外,在这段时间里,凯南已经为美国国务院提供了多次政策咨询。

---

① Melvyn Leffler, 1992. *A Preponderance of Power*. Stanford University Press, chaps.1-3.

② Wilson D.Miscamble, 1992. *George F.Kennan and the Making of American Foreign Policy, 1947-1950*.Princeton: Princeton University Press, pp.25-28.更加详细的讨论,见 Deborah Larson, 1985. *The Origins of Containment: A Psychological Explanation*. Princeton: Princeton University Press,特别是第六章和第七章。

③ 美国国家战争学院(National War College)是美国国防大学的一部分,培养高级将领、高级外交官和其他政府高官。

④ Wilson D.Miscamble, *George F.Kennan and the Making of American Foreign Policy, 1947-1950*, Princeton: Princeton University Press, 1992, pp.28-34.

1947年1月，马歇尔将军（General Marshall）出任国务卿。马歇尔意识到，国务院必须有一个负责综合政策规划的机构，因此，决定成立"政策规划局"（Policy Planning Staff, PPS），并且让他的副手（即国务院副国务卿迪恩·艾奇逊）负责物色人选。在福莱斯特和艾奇逊的鼎力推荐下，马歇尔任命凯南为美国历史上国务院"政策规划局"的第一任局长。而面对"复杂和严峻"的局势，马歇尔在1947年4月28日要求凯南立即回到国务院并尽快组建"政策规划局"。1947年5月5日，一开始只有四位成员［包括凯南，但其中的一位成员，中国问题专家小约翰·戴维斯（John Paton Davies, Jr.）因为还在莫斯科而未能出席］的"政策规划局"举行了第一次会议，"政策规划局"算是正式组建了。

凯南在其"政策规划局"的局长任上，对美国的多项重要外交政策都产生了重要影响：事实上，很多时候，他和他的"政策规划局"都是这些重要战略报告的起草人。这些政策包括："马歇尔计划"（欧洲复苏计划）、美国对中国内战的政策、美国的东亚政策、美国对南斯拉夫的政策，等等。但是，他的意见也确实不是每次都受到重视（比如他在"北约"形成上的意见基本被拒绝，他对是否要发展氢弹的态度也被尼采和艾奇逊否定了）。

凯南在其"政策规划局"的局长任上，负责起草了国家安全委员会（NSC）的一个纲领性文件（NSC-20-1），成稿于1948年8月。这份文件是凯南任内的最重要官方文件。1948年后，艾奇逊出任国务卿，凯南和艾奇逊的副手及杜鲁门的亲信詹姆斯·韦伯（James E.Webb）合不来，并且逐渐和艾奇逊本人也在很多重要问题上意见不同，因而渐渐失去了对美国外交政策的影响，凯南也因此变得有些心气不顺。加上凯南确实也有些身心疲惫，他于1949年12月31日正式辞去职务，尽管是以"停薪留职"的方式。[①]

---

① Wilson D.Miscamble, *George F.Kennan and the Making of American Foreign Policy, 1947-1950*, Princeton: Princeton University Press, 1992, pp.1-37, 291-297.

凯南留下的"政策规划局"的局长职位由保罗·尼采(Paul Nitze)接替。尼采倾向于采取更加强硬的策略对付苏联。1950年4月7日,尼采负责的"政策规划局"起草了冷战史上另一份著名战略文件NSC-68。NSC-68的许多提法和措施都替代了NSC-20-1,并且在大的政策导向上指导了美国此后的对苏联及其盟国的政策。[1]因此,许多人认为,尽管凯南开启了"围堵"战略,但是尼采对"围堵"战略的影响超过了凯南。换句话说,凯南发展了"围堵"战略的雏形,而尼采则给"围堵"战略定了型。

三、简评

在这里,我们只关心"围堵"战略的出台和定型,而不涉及1950年后的事件和发展。更为重要的是,通过这个案例,我们着重探讨凯南作为一个重要战略分析人士(而不是决策人士,至少不是核心决策人士),他具备了哪些重要的素质,而又欠缺哪些素质? 一定意义上说,我们希望破除大家对凯南的膜拜(这不代表他不够优秀:他应该是20世纪最有影响、最富才华的战略分析人士之一)。比如,事实上,早在1945年,布鲁金斯研究所(Brookings Institute)的一个由当时美国的几位顶尖的国际政治学者(包括William J.Fox、Henry Sprout、Arnold Wolfers等人)就已经在一份得到了美国参谋长联席会议高度重视的报告中提出了"战略制高点"(strategic strong points)的基本理念。这份名为"战后美国安全政策"的报告强调,美国必须保证所有的工业化国家(英法德日)都是美国的盟友,而不能让它们落入苏联的手里。[2]

---

[1] Wilson D.Miscamble, *George F.Kennan and the Making of American Foreign Policy, 1947-1950*, Princeton: Princeton University Press, 1992, pp.1-37, pp.298-313.

[2] Melvyn Leffler, *A Preponderance of Power*, Stanford University Press, 1992, p.11.

⬛阅读材料

关于"围堵"战略的研究非常多。我们这里选取的是最原始的一些材料及一些最为著名的研究（主要是 John Lewis Gaddis 和 Michael Leffler）。相比来说，绝大部分当事人的回忆录都要谨慎对待，因为他们通常都会自我粉饰。因此，回忆录只作为推荐阅读。

一、必读材料

1. George Kennan, "The Long Telegram," Feb.23, 1946.

这是凯南著名的"长电报"，它标志着"围堵"战略雏形的出现。

2. Mr.X/George Kennan, "The Source of Soviet Conduct," *Foreign Affairs* 15 (July 1947), pp.566-582.

这是凯南在公开场合第一次相对系统地阐述"围堵"战略背后的逻辑。同样，尽管这个文章更多的是为了动员美国的民众和盟友，但作为一份历史文件，仍旧值得一读。

3. NSC-20-1, August 1948.

这份文件是凯南任内最重要的官方文件。至少在 NSC-68 (April 7, 1950)之前，凯南这份 NSC-20-1 是指导美国冷战行为的纲领性文件。

4. Paul Nitze, et al., NSC-68 (April 7, 1950).

NSC-68 的许多提法和措施替代了 NSC-20-1，并且在大的政策导向上指导了美国此后在冷战期间对苏联及其盟国的政策。大家最需要注意的是 NSC-68 和 NSC-20-1 之间的联系和分歧。

5. Melvyn Leffler, "National Security and U.S. Foreign Policy," in Melvyn P.Leffler and David S.Painter, eds., *The Origins of the Cold War: An International History*, London: Routledge, 2005, pp.15-41.

这篇短文基于 Leffler 的鸿篇巨制 *The Preponderance of Power* (Stanford University Press, 1992)。Leffler 的基本观点是，冷战起源的一个重要

因素是美国确实在二战结束前就已经对二战后的世界有一定的基本态度,那就是防止任何一个有可能重新威胁欧洲(特别是西欧)和美国的大国崛起。而这样的一个战略事实上暗含了"遏制"的几乎所有重要因素。不仅如此,正是因为美国存在这样的一个基本战略考量,使得美国和苏联的对抗变得几乎不可避免,因为双方都在争夺(或者说界定对方和自己的)势力范围。

6. John Lewis Gaddis, *The Strategy of Containment: A Critical Appraisal of American National Security Policy during the Cold War*, rev. and enl. ed., Oxford: 2005, chaps 2, 3, 4[加迪斯:《遏制战略》,时殷弘等译,世界知识出版社2005年版,序曲(引子)、第二、三、四章]。

这本书恐怕是最为著名的研究"围堵(遏制)"战略的历史学著作。我们这里只读取其中的四章,因为这四章都只关注"围堵"战略的起源和定性。

二、选读材料

1. John Lewis Gaddis, *George Kennan: An American Life*, Penguin, 2011.

这是著名的冷战史学者加迪斯写出的凯南最为权威的传记。对于理解凯南,绝对有帮助。

2. Michael Leffer, *The Preponderance of Power*, Stanford University Press, 1992.

这本书也许没有加迪斯的《遏制战略》在中文世界里那么有名,但是在冷战史学界,对这本书的评价恐怕要远超过加迪斯的著作。作为美国冷战史的大家之一,这本书是"(新)修正学派"的代表作。推荐全书阅读。

3. Miscamble, Wilson D., *George F. Kennan and the Making of American Foreign Policy, 1947-1950*, Princeton: Princeton University Press,

1992.

这本书是对凯南在"政策规划局"这一段时间的最权威研究之一。绝对值得一读。

4. David Allan Mayers，*George Kennan and the Dilemmas of U.S. Foreign Policy*，Oxford University Press，1988.

这本书出版较早，但是也值得一读。

5. Deborah Larson，*The Origins of Containment*：*A Psychological Explanation*，Princeton：Princeton University Press，1985.

这是第一本系统地基于第一手的档案资料，运用社会心理学的认知理论，对"围堵"战略的起源进行探讨的国际政治学著作。书中的许多解释对于我们理解战略行为仍旧有参考价值。该书的"导论"一章很精辟地总结了研究冷战起源的诸多流派，并且提出了非常有见地的批评，非常值得一读。另外，该书对于为什么每一个战略分析人士都应该了解一些社会心理学这一问题提供了非常有启发性的回答。而我本人也一直呼吁战略分析人士必须了解一些社会心理学。

6. Robert H.Ferrell，eds.，*Off the Record*：*The Private Papers of Harry S. Truman*，New York：Harper and Row，1980.

这本书收录了杜鲁门的私人日记和信件，其中不少和冷战的起源有关。因为在这些日记里（信件又是另外一回事），杜鲁门相对直率，所以可以为我们理解杜鲁门提供一些有用的视角。

7. George F.Kennan，*Memoirs，1925–1950*，Boston：Little and Brown，1967.

相比许多别的回忆录，凯南的回忆录因为有自我批评和自我剖析精神，所以更加值得一读。

8.《杜鲁门回忆录》，上下卷，东方出版社2007年版（英文版是 *Memoirs of Harry S.Truman*，2 vols，New York：Double Day，1955）。

正如前面提醒大家的，我们对这些回忆录性质的书都要谨慎对待。

9.《艾奇逊回忆录》(*Dean Acheson: Present at the Creation*)。

正如前面提醒大家的,我们对这些回忆录性质的书都要谨慎对待。

10. Walter Issascon and Evan Thomas, *The Wise Men: Six Friends and the World They Made*, New York: Simon and Schuster, 1986.

这本书是对二战期间和战后,对美国的外交政策有重要影响的六位人士(Acheson, Charles Bohen, Harriman, Kennan, Robert Lovett, John Mc-Cloy)的描述。而这六位人士,尤其是前四位,对美国二战后的对苏政策都有重要影响。因此,尽管这本书确实对这六位"大佬"有吹捧之嫌,但作为背景材料仍是值得一读的。

11. 1947年3月12日杜鲁门总统的"杜鲁门纲领"讲话。

这是美国政府首脑第一次全面阐述"围堵"战略。作为一个公开讲话,这个文件主要是动员美国的民众和盟友。但作为一份历史文件,仍旧值得一读。这个讲话的背景:面对苏联在希腊和土耳其的压力,杜鲁门决定采取更加强硬的措施。值得注意的是,马歇尔和凯南都对杜鲁门讲话中的一些过于强烈的词语持批评或至少保留态度。

12. Chris Layne, *Illusive Victory*, Cornell, 2006.

这本书是对美国大战略的一个系统研究。莱恩对冷战的起源,特别是"围堵"战略起源的看法和莱弗勒大致类似。莱恩认为在二战后(或者说二战快结束时),美国事实上已经有了一个大体成型的大战略,那就是防止任何一个有可能重新威胁欧洲(特别是西欧)和美国的大国崛起,而这个大国只有两个来源,即欧洲(重新崛起的德国,以及已经崛起的苏联)和亚洲(可能重新崛起的日本)。而这一出发点也是凯南的"围堵"战略的一个基本支柱。

13. Melvyn P.Leffler and Odd Arne Westad, eds., *Cambridge History of the Cold War*, vol.1, *the Origins*, Cambridge: Cambridge University Press, 2010.

尽管这里我们并不讨论冷战的起源,不过这个由全球顶尖的冷战史学者,基于对最新档案材料的研究的集子可以作为大家理解这个问题和寻找文献的开始。

问题

1. 凯南的"长电报"和"X文章"大概是过去半个多世纪最具影响力的政策报告(我们几乎所有人都希望自己有凯南的才华和运气!)。请问:(1)凯南是基于哪几个因素来判定苏联行为的走向?(2)凯南的预测最后被证明是正确的,为什么他会预测正确?【请至少考虑美国和苏联这两个国家在凯南预测中的角色】

2. 凯南的NSC-20-1政策报告显然可以更好一些。如果当时是你来写这个报告,你会增加/减少哪些内容(假定你站在1947年末而不知道后来发生的任何事情)? 为什么?【提示:做一个纲领性的政策报告,应该具备哪些基本要素?】通过比较NSC-20-1(1948)和NSC-68(1950),你可以看出美国的冷战战略在短短的几年中发生了哪些重要变化? 是什么因素和机制导致了这些变化?

3. 凯南的"围堵"战略的核心之一是"战略制高点"(strategic strong points)【类似于我们的抓主要矛盾】。确切地说,凯南认为,美国最需要的是控制几个拥有工业能力的核心地区和国家(比如西欧和日本),就可以最终赢得和苏联的对抗。这种思维既可以说是基于现实主义思想,也可以说是一个不太系统性的思维。请问,从战略行为来看,凯南的这一"战略制高点"思想有怎样的好处,又有怎样的坏处? 从其结果来看,这样的思维有怎样的好处,又有怎样的坏处? 为什么?

4. 凯南并没有参与杜鲁门在1947年3月12日发表的"杜鲁门纲领"讲话的起草,也没有对杜鲁门的思想有太多的影响【凯南的第一个重要战略规划是"马歇尔计划"】。作为一个重要的战略幕僚,这应该是凯南的重大失败之一。如何解释这一失败?【提示:这肯定不全是凯南的错。通过这道题,作为战略分析人士,我们也需要知道如何"战略地"去影响

战略的形成。】

5.【反事实问题】如果没有凯南,美国的对苏政策会有类似于"围堵"的政策出现吗? 为什么?

6.【反事实问题】亨利·基辛格在《反思围堵》("Reflections on Containment", *Foreign Affairs*, vol.73, no.3, 1994)一文中提到20世纪40年代末的英美国家中存在三种反对"围堵"战略的声音:(1)以沃尔特·李普曼(Walter Lippmann)为代表的"现实主义者"批评该政策"四面出击",因此会耗尽美国的资源,要求将美国的战略资源集中使用在欧洲;(2)倾向于自由主义的亨利·华莱士(Henry Wallace)等人则从根本上否定美国的道德优越感,他们认为苏联与美国的行为逻辑毫无差别,主张美国应积极寻求与苏联的和解;(3)丘吉尔则批评该政策过于消极,主张趁美国的实力占优之时尽早谋求与苏联签订有利于西方国家的协议,并在此基础上与苏联共处。假如上述三种意见中的任一种最终成为战后美国外交政策的指导原则,那么它将会对美苏关系及世界格局产生哪些影响?

第七章

吉田纲领（1946—1951）①

📦 案例介绍

一、"吉田纲领"的历史背景

1945年8月15日，日本宣布无条件投降。9月7日，"盟军最高统帅总司令部"成立，开始实行实质上的美国对日单独占领和管制。9月22日，美国政府发表了《（日本）投降后美国初期对日方针》，提出了对日政策的两大原则：一是使日本不再成为威胁美国和世界和平与安全的国家；二是建立支持美国目标的、和平的、负责任的日本政府。在上述原则的指导下，盟军占领当局对日本实施了一系列非军事化和民主化的改革，涉及削弱天皇的绝对权威、土地改革、整肃财阀、改革皇民主义和军国主义教育、提高妇女权益等诸多领域。

1946年1月26日，日本外务省政务局起草了《对盟国方面提出的和约内容之估计与我方希望的和约内容比较研究》，这是战后日本政府就安全保障和国际地位等问题提出的第一个规划蓝图。该文件认为，鉴于盟国的最终目的是建立一个非军国主义化的日本，日本应拥有"防御性、

---

① 贺平（复旦大学日本研究中心）著。

和平性的军备"。①

在盟军占领当局的主导下,1946年11月日本公布了新的宪法并于1947年5月生效。新宪法第九条规定,日本"永远放弃以国权发动的战争、武力威胁或武力行使作为解决国际争端的手段","不保持陆海空军及其他战争力量,不承认国家的交战权"。这成为日本和平宪法的最大特征。

二、何谓"吉田纲领"?

"吉田纲领"(Yoshida Doctrine)又称为"吉田路线"(Yoshida Line),它是以时任日本首相吉田茂的名字命名的战后初期日本内政和外交的指导性纲领,其核心在于:将经济复苏作为战后初期的首要任务,将经济建设置于国家发展的优先战略上,同时在外交事务中保持低调,全面依靠美国的军事庇护,最大限度地减少军费开支,在政治、经济、军事等各个领域依赖对美合作。作为日本国内较早使用"吉田纲领"一词的学者,永井阳之助把"经济中心主义、轻武装和日美安保"三大支柱归纳为"吉田纲领"的本质内容。②

战后日本的外交战略面临着三种理论上的选择。第一,放弃战争,永久中立,在这一安全保障的基础之上实现媾和。第二,正视国内关于重整军备的争论,实现与多数国家的媾和。第三,正是所谓的"吉田路线"。③但是,在冷战拉开大幕、美苏全面对立、朝鲜战争突然爆发的情况下,与苏联和美国两大阵营实现全面媾和仅仅成为一种理想化的选择。

"吉田纲领"对于冷战时期的日本国家战略和外交政策具有重要而深远的影响。"吉田纲领"延续和发展了自明治维新以来日本国家发展战

---

① 崔丕:《日本的媾和对策研究》,《东北师大学报(哲学社会科学版)》1995年第4期,第49页。

② 永井陽之助「現代と戦略」、文藝春秋、1985年。

③ 高坂正堯「宰相吉田茂」、中央公論社、1968年、66頁。

略中的现实主义和实用主义,即利用国际局势和有利条件,增强自身实力,提高日本的国际地位。实现国家的复兴与安定、重回国际社会,既是吉田茂本人的最大愿望,也是日本国民对吉田茂的最大嘱托。[1]吉田茂对战后的日本外交进行了重新定义,即直面日本作为战败国的力量局限,谨慎分析国际环境与日本尚存实力,明确可能实现的目标及其手段。[2]

三、吉田茂其人其事

吉田茂是二战后日本国内"主流保守"势力的代表人物,也是占领期和复兴期日本外交的主要代理人。他于1946年5月22日至1947年5月24日第一次组阁。1948年3月出任日本民主自由党总裁。在经历了片山哲和芦田均的三党短暂执政后,吉田茂于1948年10月15日至1949年2月16日、1949年2月16日至1952年10月30日、1952年10月30日至1953年5月21日、1953年5月21日至1954年12月10日连续四次组阁,前后担任首相长达7年零2个月。吉田茂是日本宪政史上仅次于桂太郎、佐藤荣作、伊藤博文的第四位长期执政者(2616天),也是战后日本执政时间第三长的首相。

作为职业外交官,吉田在战前即具有丰富的外交经验。他曾常驻英国、意大利、瑞典、美国,并曾出任日本驻天津、奉天(今沈阳)的总领事。太平洋战争后期,由于被视为亲英美派人物,他还一度被东京宪兵队监禁。

吉田茂继承了从大久保利通到牧野神显、原敬、币原喜重郎等人的外交信念,把对美亲善作为日本外交的柱石。同时,吉田茂又继承了战

---

① 高坂正尧「宰相吉田茂」、中央公論社、1968年、47頁。
② 中西寛「敗戦国の外交戦略—吉田茂の外交とその継承者」、石津朋之、ウィリアムソン マーレー編集「日米戦略思想史—日米関係の新しい視点」、彩流社、2005年、155—174頁。

前伊藤博文、西园寺公望等所谓"宫中自由主义"的"保守本流"。吉田茂的政治思想被称为"商人式的国际政治观"①，即信奉利益高于形象的行为准则，追求本国利益的最大化。在吉田茂的努力下，日本实现了所谓的"战场失败、外交成功"，其本人也被誉为"创造了战后历史的政治家"。

四、"吉田纲领"的实施过程

1948年10月，吉田茂出任日本首相。与此同时，美国对日政策发生了战略性转变。以国家安全委员会第13/2号文件为标志，美国对日政策的重心，由非军事化和民主化转为经济复兴；对日媾和的形式由通过远东委员会全面媾和转为单独媾和；对日媾和的性质由作为结束战争的手段变为反对亚洲革命的手段，允许日本有限重整军备、参与美国的亚太安全保障体系。②

从美国方面来看，这一转变背后存在着三大支配因素。第一，"遏制主义"开始成为美国外交政策思想的核心原则。第二，美国东亚政策的决策权发生了重大变动，由战后初期的盟军总司令部和国务院转为更具冷战思维的华盛顿五角大楼。第三，美国在东亚的主要战略遏制目标由苏联转向中国，日本成为这一战略的基石。③

1949年，华盛顿颁布了实施经济安定九原则，在盟军总部财政金融顾问的领导下，日本实施了平衡预算、停发新增复兴金融金库贷款、削减和废止各种补助金、实行单一汇率的"道奇路线"。如果把民主化改革视为日美"媾和的预备交涉"的话，那以经济安定九原则为代表的"道奇路

<hr />

① 高坂正尭「宰相吉田茂」、中央公論社、1968年、19頁。
② 于群：《论战后初期美国对日政策的战略转变》，《东北师大学报(哲学社会科学版)》1990年第1期，第66—70页；崔丕：《日本的媾和对策研究》，第51页。
③ 崔丕：《美国对日单独媾和政策形成史论》，《美国研究》1992年第2期，第78—92页。

线"则是"事实上的媾和"。①

在"吉田纲领"的指引下，战后日本制定了"和平宪法"，实施了对美媾和，根据"道奇路线"调整经济，建立了警察预备队，签署了《旧金山对日和约》和《日美安全保障条约》，迅速走上了国家复兴和社会安定之路。

对美媾和是"吉田纲领"的核心问题。1951年9月，48个国家在美国旧金山签订《旧金山对日和约》，正式结束了与日本的战争状态。这被视为吉田茂外交成就的最高代表。②《旧金山对日和约》签署两个小时之后，美国与日本又签署了《美日安全保障条约》，该条约使美国有权在日本维持军事基地并驻兵。通过"吉田书简"的形式，日本政府实现与台湾国民党当局的媾和。

"吉田纲领"的另一个核心问题在于是否重整军备。朝鲜战争爆发后，美国曾秘密敦促日本筹建一支30万到35万人的军队。1951年初，美国国务卿杜勒斯访日期间也对吉田茂提出了扩张军备的要求，吉田茂断然予以拒绝，认为这种骤然再军备的做法将会颠覆日本社会的经济基础和经济结构。在吉田茂执政的整个美军占领时期，日本警察预备队的规模被始终控制在75000人左右。

五、吉田茂的对手与同盟

在保守阵营内部，对于"吉田纲领"有着不同的声音。鸠山一郎、岸信介、重光葵、三木武吉、河野一郎、大野伴睦等为代表的民族主义者和国家主义者强调反共主义及日本在国际社会的独立与尊严。他们信奉依靠本国力量保卫国家的"自主防卫论"，认为日本应废除《日美安全保障条约》，主张重新武装日本，并建立独立自主的对美关系。

在保守阵营外部，社会党和共产党人、部分进步知识分子、学生运动

---

① 村井哲也『戦後政治体制の起源—吉田茂の「官邸主導」』、藤原書店、2008年、328頁。

② 浅野一弘「日米首脳会談と戦後政治」、同文舘出版、2009年、2頁。

分子、左翼反政府人士等主张非武装的中立政策,全面清算军国主义残余,反对将日本捆绑于美国强权之下。为此,社会党联合其他在野党开展了争取"全面媾和、永久中立、和平"的运动,反对排除苏联的对美单独媾和,反对对美提供军事基地并缔结军事同盟,强调联合国的作用。

道格拉斯·麦克阿瑟(Douglas MacArthur)既是吉田茂的对手,更是吉田茂的伙伴和盟友。麦克阿瑟于1945年8月30日到达日本,直至1951年4月11日被撤职前,担任盟军最高司令部(GHQ/SCAP)总司令,因而被视为占领时期日本社会的真正主宰。麦克阿瑟将日本形容为一个"12岁的孩子"[1]。从美国的国家利益出发,他主张保留天皇制,对日本社会进行全面改造,向其灌输民主社会的基本理念。

尽管位高权重、个性倔强,但麦克阿瑟并不是天皇背后的太上皇,也不是战后日本的独裁者。盟军最高司令部的政策主要是由华盛顿的官员设计的,如国务卿艾奇逊和杜勒斯、国务院政策规划室主任乔治·凯南、曾任驻日大使的约瑟夫·格鲁(Joseph Grew)等,也得到了哈里·杜鲁门、艾森豪威尔等美国最高领导人的首肯。与麦克阿瑟关系密切的副官、盟军最高司令部民政局局长科特尼·惠特尼(Courtney Whitney)准将,情报部部长查尔斯·威洛比(Charles Willoughby),民政局副局长查尔斯·卡迪斯(Charles L.Kades)等盟军占领当局官员也对麦克阿瑟的对日政策产生了重大影响。这些官员主张"把政权交给战前精英中的'稳健分子',包括商界领袖、外务省比较亲西方的官僚等","利用天皇作为稳定力量,让日本社会倾向保守及团结一致"。[2]在他们眼里,吉田茂正是不二人选。

吉田茂和麦克阿瑟相互信任、各取所需。麦克阿瑟将吉田内阁的当

---

① 约翰·W.道尔:《拥抱战败:二战后的日本》,胡博译,生活·读书·新知三联书店2008年版,第540页。
② 安德鲁·戈登:《日本的起起落落:从德川幕府到现代》,李朝津译,广西师范大学出版社2008年版,第294页。

选视为"亚洲历史上的一个危机时期对在政治上持有保守想法的人给予明确的而且是决定性的委任"，而吉田茂则把麦克阿瑟视为"一位通情达理的人"。①如果说麦克阿瑟成功地借助和平宪法使裕仁天皇免于战争审判，吉田茂则利用这一宪法和麦克阿瑟对杜勒斯的个人影响，抵制了后者对日本重整军备的要求，顺利实现了对日媾和。②

六、"吉田纲领"的继承者及其影响

吉田茂知人善任，"吉田学校"（Yoshida School）培养了岸信介、池田勇人等大批日本政界后起之秀。吉田茂下台之后，石桥湛山、池田勇人等人基本继承了"吉田纲领"的施政路线。

在经济方面，日本"殖产兴业""富国裕民"的政策取得了成功。1955年，日本经济企划厅宣布日本已经走过了"战后时期"。1960年，曾任吉田内阁大藏大臣的池田勇人首相采纳了下村治等学者的意见，制订和实施了"国民所得倍增计划"。③1967年日本总理府实施的《关于国民生活意识调查》显示，已经有将近九成的日本人具有了"中流意识"，日本社会形成了"一亿总中流"的和谐格局。④1955年至1973年成为举世瞩目的战后日本经济高速增长期。1979年，在傅高义风靡一时的专著中，日本已超越美国成为"世界第一"。⑤

在国际地位与对美关系方面，1955年在美国的斡旋和支持下，日本

---

① 升味准之辅：《日本政治史》（第四册），董果良译，商务印书馆1997年版，第972—973页。

② Tetsuya Kataoka, *The Price of a Constitution: The Origin of Japan's Postwar Politics*, Taylor and Francis, 1991.

③ 其实早在1952年，池田勇人在他出任吉田内阁大藏大臣时撰写出版的《均衡财政》一书中就提出了他的未来执政目标，参见池田勇人：《均衡财政》，周宪文译，正中书局1968年版。

④ 桥本寿郎、长谷川信、宫岛英昭：《现代日本经济》，戴晓芙译，上海财经大学出版社2001年版，第123—124页。

⑤ Ezra F.Vogel, *Japan As Number One: Lessons for America*, Harvard University Press, 1979.

加入关税和贸易总协定（GATT）。在池田勇人执政时期，日本成为关贸总协定第 11 条国和国际货币基金组织第 8 条国，并成功加入经济合作与发展组织（OECD）。佐藤荣作尽管是岸信介的胞弟，也曾是吉田茂的政治对手，但其政治路线基本沿用了"吉田纲领"，他也成为战后执政时间第二长的日本首相。在其任内，美国将冲绳移交给日本，完成了吉田茂的个人夙愿，吉田外交战略也得以真正实现。

在军事力量方面，通过正式的机制和规则（如宪法条款、法律判决）、作为谈判和争论焦点的非正式界限（如佐藤荣作的无核三原则、武器出口三原则；三木武夫的 GNP1% 上限等）、影响公众意识形态的宣传三种方式，直至 20 世纪 90 年代末期，日本的军事开支与其经济实力的对比与其他发达国家乃至亚洲新兴工业化国家相比仍保持在极低的水平。[①]

当然，"吉田纲领"也具有一定的历史局限性。

首先，出于现实主义的考虑，吉田茂对于和平宪法的非武装条款和日美安保同盟产生的驻日美军等问题态度暧昧。尽管在佐藤执政时期美国将冲绳移交给日本，但遍布日本的美军基地等问题时至今日仍困扰着日本社会，成为日本政局和外交的不稳定因素。"非军事化""非武装化"的制约也在日本日益寻求"普通大国"和"正常大国"地位的进程中饱受诟病。[②]

其次，出于冷战需求和实施"吉田纲领"的考虑，美国在日本国内推行行政合理化，日本的官僚政治权威进一步集中。对于是否重整军备等决策，吉田茂政权并未充分倾听日本国民的意见，其政策制定和实施过程具有较强的精英政治特点，吉田茂本人也被视为带有鲜明的"独裁"（ワンマン）色彩。尽管在"55 年体制"之上，自民党政权维持了长达半个

---

① Sun-Ki Chai, "Entrenching the Yoshida Defense Doctrine: Three Techniques for Institutionalization," *International Organization*, vol.51, no.3（Summer, 1997）, pp.389-412.

② 豊下楢彦「安保条約の成立」、岩波新書、1996 年；三浦陽一「吉田茂とサンフランシスコ講和」大月書店、1996 年。

世纪的"一党优位制"，但其黑幕政治、金权政治、派系平衡的弊病积重难返。

最后，对经济发展的过度关注使战后日本沦为一个"商人国家"（merchant state）和"日本株式会社"（Japan Co.Ltd.）。在国际体系中，日本通常被视为搭便车者。[1]直至20世纪90年代，日本才完成了由"根深蒂固的重商主义者"（embedded mercantilist）向"国际投资者"（international investor）的"机制变革"（regime shift）。[2]

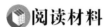 ## 阅读材料

一、必读材料

（一）中文

1. 吉田茂：《十年回忆》（第三卷），韩润棠、阎静先等译，世界知识出版社1965年版，第1—10页；《十年回忆》（第四卷），韩润棠译，世界知识出版社1965年版，第1—29页。

《十年回忆》是吉田茂对其政治生涯的回忆录。所选章节回顾了美苏在对日媾和方式上的对立、日本对媾和的准备工作、日本与美国的媾和磋商、旧金山和会等内容，在此基础上对旧金山和会形成的和平体制进行了评价，并阐述了外交与国际信义、日本同美国合作的必然性两大问题，可视为吉田茂对国际形势和日本外交的战略性思考。

---

① Inoguchi Takashi, "Japan's Images and Options: Not a Challenger, but a Supporter," *Journal of Japanese Studies*, vol.12, no.1 (Winter, 1986), pp.95–119; David A.Lake, "Beneath the Commerce of Nations: A Theory of International Economic Structures," *International Studies Quarterly*, vol.28, no.2 (1984), pp.143–170; H.Richard Friman, "Rocks, Hard Places, and the New Protectionism: Textile Trade Policy Choices in the United States and Japan," *International Organization*, vol.42, no.4 (Autumn, 1988), p.711.

② T.J.Pempel, *Regime Shift: Comparative Dynamics of the Japanese Political Economy*, Cornell University Press, 1998, Ch.6.

2.猪木正道:《吉田茂的执政生涯》,江培柱、郑国仕译,中国对外翻译出版公司1986年版,第333—349页。

吉田茂政府时期的日本外务省条约局局长西村熊雄在退休之前整理并公开了一份珍贵的备忘录。这份备忘录详细记录了朝鲜战争爆发之后以吉田茂为首的日本领导层和外务省官员对于日本外交战略,特别是安保战略的政策评估和争论。所选的章节是日本著名政治学家猪木正道第一次基于这一备忘录,再现了当时吉田茂政府的政策酝酿和制定过程,并记录了1951年1月杜勒斯访日期间,日美两国领导人对于安保问题的交锋与妥协。

3.约翰·W.道尔:《拥抱战败:二战后的日本》,胡博译,生活·读书·新知三联书店2008年版,第537—554页。

该书曾获美国国家图书奖非虚构类图书奖、美国历史学会费正清奖、普利策非虚构类作品奖、班克罗夫特奖(美外交领域最重要的学术奖)、美国图书馆学会著名图书奖等多个重要学术奖项。运用日记、书信、漫画、海报、电影、档案等大量第一手材料,该书更多地从社会和个体的视角,而非国家的全能视角还原了战败初期的日本历史。

"拥抱战败"的书名,既意味着战后日本政府和普通日本人对胜利者和占领者采取欢迎和拥抱的态度,也意味着日美双方作为胜利者和战败者共同拥抱战败,重建和改造战后日本社会。所选章节既是全书的总结,其标题"遗产·幻影·希望"亦可用来形容"吉田纲领"。"吉田纲领"的实质是"占领军模式"。通过这一模式,"锻造于战争年代,加强于战败和被占领时期"对国家虚弱的恐惧、对外来保护的渴望、对实现最大经济增长的信仰"在接下来的年代中继续延续"。

4.升味准之辅:《日本政治史》(第四册),董果良译,商务印书馆1997年版,第971—988页。

所选章节概要描述了1948年10月第二次吉田内阁到1954年反吉田联盟致吉田下野期间日本国内政局的风云变幻,特别是吉田茂所在的自民党与民主党、社会党等政治势力之间以及各个党派内部的权力角逐，勾勒出日本国内政治动荡与美苏冷战、朝鲜战争爆发、麦克阿瑟被撤职等国际政治因素之间的互动和博弈。

5. 徐思伟:《吉田茂外交思想研究》,世界知识出版社2001年版,第121—181页。

所选章节以占领后期(1948年10月7日—1952年4月28日)吉田茂外交思想的发展、变化为线索,以美国占领政策的转变为背景,围绕吉田外交、吉田茂政府与美国及其占领当局的交涉过程,分析了第二次和第三次吉田内阁时期吉田外交思想发展和定性的两阶段特征。

(二)英文

1. John W.Dower, *Empire and Aftermath*: *Yoshida Shigeru and the Japanese Experience*, *1878-1954*, Harvard University Press, 1979, pp.368-400.

该书脱胎于约翰·W.道尔的哈佛大学博士学位论文,这本618页的成名巨著已成为英语学界研究吉田茂和战后初期日本历史的必读书目。所选章节运用大量第一手资料,对日本重整军备、驻日美军基地、安全保障战略等问题进行了深入的分析。

2. Richard B.Finn, *Winners in Peace*: *MacArthur*, *Yoshida*, *and Postwar Japan*, University of California Press, 1992, pp.270-285.

作为海军官员和外交官,查理德·费恩在美国占领时期(1945—1952)的日本度过了五年时光,并为此书采访了近一百位日本政治家、外交官和学者。书中引用了大量日文资料,弥补了英语学界前期研究的不足。费恩将美国对日占领称为"美国历史上最大的外交行动"。与前人研究通常将占领时期的美日关系以1948年为界分为两部分不同,费恩根据日本国内政局变革,将其分为5个阶段。所选章节重点分析了日本对美媾和的政策制定过程。作者强调,在"吉田纲领"成功的背后,吉田茂与麦克阿瑟的个人关系与这一纲领的理念本身具有同样重要的意义。

3. Bert Edström, *Japan's Evolving Foreign Policy Doctrine*: *From Yoshi-*

da to Miyazawa，St.Martin's Press，1999，pp.159-179.

依据1952年到1993年日本的外交文件特别是历届首相的讲话，瑞典学者伯特·埃德斯特罗姆（Bert Edström）对战后日本的外交政策进行了深入的、编年体式的文本分析。在本书最后一章的总结和比较性研究中，埃德斯特罗姆总结，战后日本外交路线的基本理念根植于"吉田纲领"，即将日本视为一个贸易国家（trading nation），走全方位外交和经济外交之路，并注重政经分离的原则。

（三）日文

1. 高坂正尧：《宰相吉田茂》，中央公论社1968年版，第4—24页。

（高坂正尧「宰相吉田茂」、中央公論社、1968年。）

对于吉田茂从现实主义哲学出发、经济优先的"商人的国际政治观"，高坂正尧给予了高度评价。高坂正尧认为，三张面孔构成了吉田茂复杂的个人形象：经验丰富、尽忠职守、利用游戏规则争取国家利益的"职业外交官"；正视实力差距、追求实际利益的"顽固亲英美派"；努力保留天皇制、维护国际声誉的一介"忠臣"。

2. 细谷千博等编：《日美关系资料集：1945—1997》，东京大学出版社1999年版，第49—54、67—70、73—75、95—99、233—254、415—426页。

（細谷千博等編「日米関係資料集1945—97」、東京大学出版会、1999年。）

除了公开发表的官方报告、宣言、政策、条约、法规之外，所选部分更关注美日双方在"吉田纲领"制定、实施和评估过程中的会谈记录、记者见面会记录、演讲等档案文献，从而能够更全面地反映政策酝酿和争论的过程而非仅仅是决策的结果。具体包括麦克阿瑟与乔治·凯南的会谈记录，国务卿艾奇逊的演讲，池田勇人与道奇的会谈记录，杜勒斯与吉田茂的会谈记录，池田访美记录，尼克松副总统在美日协会的演讲，麦克阿瑟致杜勒斯国务卿、罗伯逊副国务卿等人的报告等。

3. 中西宽：《战败国的外交战略——吉田茂及其继承者》，石津朋之、Williamson Murray主编：《日美战略思想史——日美关系的新视点》，彩流社2005年版，第155—174页。

（中西寛「敗戦国の外交戦略—吉田茂の外交とその継承者」、石津朋之、ウィリアムソン マーレー編集「日米戦略思想史—日米関係の新しい視点」、彩流社、2005年。）

吉田茂对战后的日本外交进行了重新定义。对于吉田茂而言，战后日本外交的基本目标在于以下三点。其一，摆脱战败国的地位，作为普通一员重新回归国际社会；其二，实现经济的繁荣，通过非军事手段构筑对外关系；其三，以相应的手段对抗和遏制共产主义意识形态的威胁。在吉田茂及其继承者的努力之下，这一目标在20世纪70年代佐藤荣作执政时期基本实现。

4. 楠绫子：《吉田茂与安全保障政策的形成——日美的构想及其相互作用：1943—1952年》，Minerva书房2009年版，终章《吉田茂选择的国内政治与国际政治意义》。

（楠綾子「吉田茂と安全保障政策の形成—日米の構想とその相互作用1943—1952年（国際政治・日本外交叢書）」、ミネルヴァ書房、2009年，终章「吉田茂の選択の国内政治的・国際政治的意味—安全保障構想の共鳴関係のなかで」。）

"吉田纲领"是战后日本安全保障政策的根本。"吉田纲领"的出台与美苏进入冷战阶段以及以朝鲜战争为标志的战后国际形势突变有着密切的关系，又是美国和日本作为战胜国和战败国相互作用、反复博弈的结果。该书运用日美两国大量第一手资料，分析了"吉田纲领"最终成型的原因及其过程。

二、选读材料

（一）中文

1. 吉田茂：《激荡的百年史：我们的果断措施和奇迹般的转变》，李杜译，陕西师范大学出版社2005年版，第68—94页。

该书由吉田茂本人于1967年根据《大英百科全书》关于日本的卷首文润色而成，一度成为风靡世界的畅销书。所选章节从当事人和决策者的视角出发，描述了战后初期日本粮食紧缺、物价飞涨、通货膨胀的窘困状况，并以此为背景，简要介绍了盟军推行的战后日本改革及日本国内对此的争论与应对。

2. 五百旗头真：《战后日本外交史》，吴万虹译，世界知识出版社2007年版，第16—62页。

本书是战后日本外交通史类专著。它不仅是日本各大学的经典教材，还曾荣获吉田茂奖。所选章节围绕"被占领期的日本外交"展开，包括美国对日占领政策的形成、为了国家生存的日本自卫外交、围绕占领改革的谈判、冷战下的日本安保、走向旧金山媾和之路等内容，对于"吉田纲领"与美国的关系也有概要性的阐述。

（二）英文

1. Kenneth B. Pyle, *The Japanese Question*: *Power and Purpose in A New Era*, The AEI Press, 1992, pp.20-41.

"吉田纲领"及其机制化的过程充分表明，战后日本的外交政策和国际地位并不完全是胜利者和占领者强加的产物，也是日本领导层审时度势，以机会主义的方式适应国际环境和制约条件，精心制定并谨慎追求国家目标的结果。

2. Ray A.Moore and Donald L.Robinson, *Partners for Democracy*: *Crafting the New Japanese State Under MacArthur*, Oxford University Press, 2002, pp.317-338.

该书以战后日本宪法的主要起草者查尔斯·卡迪斯（Charles L. Kades）的访谈和个人文件为基础，对于日本宪法起草过程中的政策争论进行了第一手的分析。卡迪斯认为，麦克阿瑟与以吉田茂为代表的日本保守势力结成了一个真正的伙伴关系，极富技巧地在天皇制的忠实捍卫者、日本共产党人、美国的其他盟友等不同势力之间运筹帷幄、纵横捭阖。

3. Seigen Miyasato, "John Foster Dulles and the Peace Settlement with Japan," in Richard H.Immerman, ed., *John Foster Dulles and the Diplomacy of the Cold War*, Princeton University Press, 1992, pp.189-212.

战后初期，美国政府内部特别是国务院和国防部之间关于对日条约的原则和内容展开了激烈的争论。所选章节分析了杜勒斯在这一争论中起到的作用，以及他在与吉田茂谈判中扮演的角色。在此基础上，概括了杜勒斯在艾森豪威尔政府的对日谈判和对日外交中的地位与影响。

4. Jussi M.Hanhimäki and Odd Arne Westad eds., *The Cold War*: *A History in Documents and Eyewitness Accounts*, Oxford University Press, 2004, pp.137-175.

受约翰·加迪斯（John Lewis Gaddis）赞誉的该书精心收集和整理了大量官方和非官方的第一手资料，全景展示了冷战史的各个侧面。从冷战史的角度，作者将战后初期的美日关系置于一个更长的时间段（1945—1965）内。所选部分，包括1951年12月吉田茂对日本外交的阐述、1951年的《日美安保条约》，以及1955年的美国国家安全委员会对日政策文件等重要内容。

5. Justin Williams, *Japan's Political Revolution under MacArthur*: *A Participant's Account*, University of Georgia Press, 1979, pp.245-282.

作者贾斯汀·威廉姆斯（Justin Williams）曾任驻日盟军最高司令部民政局法务处（Government Section's Legislative Division）处长，是美国占领当局的重要成员。与传统的对麦克阿瑟的负面描述不同，威廉姆斯将其形容为一个"多面的政治家、真正的自由主义者、真诚的人道主义者"。所选章节刻画了驻日期间的麦克阿瑟、吉田茂等政治家，以及松平恒雄、佐藤尚武、福岛慎太郎等日本外交家。

6. D.C.S.Sissons, "The Pacifist Clause of the Japanese Constitution: Legal and Political Problems of Rearmament," *International Affairs*, vol.37,

no.1(Jan., 1961), pp.45-59.

本文描述了麦克阿瑟和盟军主导下的日本和平宪法特别是宪法第九条的出台过程及其对后续政府重新武装日本的法律和政治制约。对考察鸠山一郎、石桥湛山、岸信介等吉田茂之后几届政府时期日本国内关于和平宪法的争论具有一定的参考意义。

(三)日文

1.高坂正尧:《宰相吉田茂》,中央公论社1968年版,第25—71页。

(高坂正尧「宰相吉田茂」、中央公論社、1968年。)

本书基于吉田茂"商人的国际政治观"及其人格养成经历,对战后日本的民主改革和复兴过程进行了分析。在此基础上,深入剖析了日本媾和的战略考量、交涉过程和历史代价。

2.小仓和夫:《吉田茂的自问》,藤原书店2003年版,序章《日本的求生之道》。

(小倉和夫『吉田茂の自問—敗戦、そして報告書「日本外交の過誤」』、藤原書店、2003年、序章「日本の生きる道を求めて」。)

作者曾出任日本驻韩国和法国大使,曾任日本国际交流基金理事长,被认为是外务省中理性的学者派。战后在决断单独媾和还是全面媾和之际,依据吉田茂的指示,日本政府制定了名为《日本外交的过失》的绝密文件。2003年4月,这份封存近50年的文件由日本外务省解密。基于这一解密文件及对堀田正昭大使、有田八郎大臣、重光葵大臣、佐藤尚武大使、林久治郎大使、芳泽谦吉大使等当时日本外务高官的访谈,围绕"吉田纲领",该书对日本战败的历史和战后日本的和平外交进行了深入的分析。

3.村井哲也:《吉田茂与战后政治体制》,村井哲也:《战后政治体制的起源——吉田茂的"官邸主导"》,藤原书店2008年版,第324—340页。

(村井哲也『戦後政治体制の起源—吉田茂の「官邸主導」』、藤原書店、2008年。)

吉田茂吸取了片山哲和芦田均中道联立内阁时期政治混乱的教训，充分利用早餐会、外相官邸联络会等非正式机制，汇集政策建议、形成国策共识，通过与会的官房长官、官房副长官、自民党干事长、政调会长向内阁会议、次官会议和自民党内部传达并贯彻政策意图，从而确立了战后相当长时期内官邸主导的权力分布格局，也使"吉田纲领"等决策得以较为顺利地付诸实施。

🔷 问 题

1. 吉田茂提出"吉田纲领"是基于怎样的战略考量和历史背景？"吉田纲领"得以付诸实践并取得成功与哪些历史条件有关？【请使用"理解战略行为"一章中的分析框架。】

2. 我们大致可以说，如果没有得到美国的支持，"吉田纲领"是不大可能成功的。那么，"吉田纲领"为何能够获得美国的支持，吉田茂又是如何获得这一支持的？【提示：这属于"联盟内政治"的一部分，也可以理解为战略实施的问题。】

3. "吉田纲领"的成功对东北亚地区局势产生了什么样的影响？【请参考"理解国际安全战略中的'系统效应'"一章的分析框架，即使用四组效应来分析战略的影响：发生了的/未发生的，意图性的/非意图性的（对战略发出方来说），直接的/间接的，立即的/延迟的。可以画图。】

4.【反事实问题】许多人认为，朝鲜战争的爆发至少加速了"吉田纲领"开花结果的过程。如果没有爆发朝鲜战争，"吉田纲领"是否能够顺利通过并付诸实施？或者说，朝鲜战争是否是"吉田纲领"得以顺利实施并很快就结出硕果的必要（外部）条件？为什么？

5.【反事实问题】如果朝鲜战争最终以朝鲜武力统一朝鲜半岛而宣告结束（可能因为美军的介入），那么"吉田纲领"的实施过程和效果会发生何种变化？即朝鲜战争的结果是否可以及如何影响日本的发展战略？

第八章

欧洲一体化的启动(1945—1957)①

案例介绍

　　欧洲一体化的启动是现代国际政治中最重大的战略选择行为之一。它不像发动一场争霸战争、推动一次联盟革命或谋划一次领土变更等战略行为那样具有戏剧性。但是,它消除了一个地区长期战争的根源(通过战略决策消弭战争在历史上非常少见,其难度远远大于通过战略行为赢得战争),克服了困扰欧洲大国四百年的安全困境和观念冲突,实现了史无前例的深度国家合作,避免了旧的霸权大陆的迅速衰落。可以毫不夸张地说,无论欧洲的未来如何发展,欧洲一体化业已开创了全新的国际政治规则。

一、欧洲一体化的独特之处

　　欧洲一体化的案例与其他战略案例相比具有自己的独特之处。

　　第一,它的战略目标是一个地区,而不是一两个国家。

　　第二,它的整体战略目标是多方位的。既要解决冰释法德仇恨、铲除纳粹和军国主义根源、消除再次爆发欧战的可能性等具体性问题,又

---

① 范勇鹏(复旦大学中国研究院)著。

有对抗苏联威胁、挽回欧洲国际地位衰落等结构性目标,还有突破现代政治和外交传统、实现新的国家合作模式、建构新的政治共同体组织模式等范式性战略尝试。

第三,它具有社会性和开放性。多数战略行为案例都是由少数战略行为参与者(通常是决策高层),基于多数情况下不公开的信息,通过密集的博弈和精密的策划加以实施。而欧洲一体化的战略选择是基于长达二百多年的精英观念辩论和社会舆论参与,通过官方、精英和大众的广泛参与,对不同方案进行长期试错后进行的一次相当成熟和稳健(当然也不乏风险和困难)的战略选择。它可以说是超越传统意义上"国家战略选择"的一种"超国家战略选择"。这里说的超国家性并非通常所指的欧洲一体化对国家主权的超越,而是它的实施方法上的社会性和开放性。政治精英和政府高官当然仍是决策的主要行为体,但是社会精英(包括贵族、名流、文人、科学家、运动领袖、媒体、各类协会、工会等)与其展开了频繁密切的互动。

第四,它的战略行为主体不单一。多数战略行为案例都是以某一个国家或集团为主体,而欧洲一体化则有多元的主体。具有关键作用的战略行为主体是法德两国政府,但其地位并非先定的。多种由不同国家/国家集团或非政府组织来启动一体化的方案都曾经被讨论或尝试过:除了由某君主国国王以联姻和王位继承方式或由拿破仑的法国、希特勒的德国以征服方式统一欧洲之外,还有过以不同国家集团进行区域整合(如神圣同盟,国际联盟,协约国/同盟国集团,同盟国/轴心国集团,二战期间的法英同盟计划,荷比卢共同体,比荷法联合,希腊—南斯拉夫协定和形形色色的中欧,多瑙河,北欧联盟倡议等一体化启动方案)。然而,最终战略主体落在法德两国身上,这本身就是这个战略行为的一个重要阶段(战略主体的历史选择最终决定于主要的战略目标——法德和解)。除法德之外,英国秉持离岸制衡的传统原则,没有充当急先锋和发动机,美国、苏联在一体化启动之后也大多置身事外,但是它们在战略选择的初期也是极其重要的影响因素。

第五，欧洲一体化的战略行为不是即时性的选择，而是开启了一个迄今仍在进行的政治进程。不同于多数战略行为都具有明确、具体、即时性的成败标准，它的成功取决于它能否持续下去，能否不断为自己提供源源不断的合法性和动力。尽管从迅速消除法德仇恨、暂时搁置和容纳"德国问题"、快速实现西欧经济复兴等方面来看，可以做出该战略成功的判断，但是由于开启了不同于其他地区的政治逻辑和合作模式，它需要不断地以自己的成功发展来论证最初战略选择的成功。一体化启动之后六十余年中，每当遇到困难和危机，都会有人质疑一体化之初的战略选择，不断探讨一体化的倒退与退出问题，直到近几年的欧洲主权债务危机。（相反，对中国抗美援朝、日本"吉田纲领"、韩国"阳光政策"、古巴导弹危机等历史上重大的战略选择，较少发生类似的广泛而公开的反思和批评）因而，欧洲一体化开启了一个长达六十余年的系列战略选择，同时通过不断的选择来深化和扩大一体化的事业。

考虑到本书的分析框架与实证分析单元的可行性，本章聚焦于欧洲一体化进程的开始（onset）这一战略行为，以法国与德国，特别是德国，在二战结束到1957年《罗马条约》签订之间所进行的战略选择为分析对象。

二、欧洲一体化的背景

二战之后的欧洲，特别是法德两国，面临着生死攸关的抉择。

首先，战争危险。从哈布斯堡王朝时代和路易十四时代起，两王朝战争不断；拿破仑战争期间，法国几乎摧毁和统治了普鲁士之外的全部德意志公国；德国统一战争又以法国战败为代价；之后两国成为两次世界大战的主要角色。大战使德国陷入崩溃深渊，使法国蒙受沦陷之辱。两国之间的仇恨及两国自然边界之间的争议地带——莱茵兰、阿尔萨斯和洛林——使欧洲面临着似乎是永恒的战争威胁。

其次，均势困境。欧洲，特别是法德，陷入了均势战略的两难困境。

一方面，17世纪以来欧洲各国大都信仰均势。均势并不能带来和平，但至少能使战争保持在对主要大国有利的限度内，并且基本保障各国的独立性。另一方面，均势本身经常成为安全问题的根源。欧洲历史上，为实现均势而埋下冲突的种子并导致战争的例子不胜枚举，其中最典型的就是维也纳体系对德国的压制和分割导致了二战。均势思维对英国也许有利，对法德却是梦魇：法国面对一个统一而强大的德国的永恒潜在威胁，不可避免地要介入德国事务；德国则注定成为周边所有国家眼中的一个"问题"，失去独立发展自己历史的机会。①

再次，复兴需求。在面临内部冲突根源的同时，欧洲整体上感受到昔日霸权大陆地位的衰落。美苏这两个"半欧洲"超级大国的兴起不仅使欧洲地位迅速下降（柏林危机和古巴导弹危机使西欧痛苦地感觉到自己在美国的战略决策中何等无足轻重。20世纪90年代轰炸南联盟只不过是再次提醒欧洲顶多只有打扫战场的资格而已；东欧则比西欧更早地体会到自己在冷战阵营内的卑微地位），而且导致欧洲发生了自公元476年东西罗马帝国分裂以来最危险的分裂。在苏联未拥有核武器之前，美国的战略威慑和苏联的常规军事力量存在之间形成了短暂的平衡。而苏联获得核武器迫使美国不得不考虑恢复西欧的常规武装力量。一方面是客观上的衰落，另一方面是危急的安全境况和美国的强大压力要求其恢复力量，欧洲急需复兴的方案。

---

① "德国问题"是欧洲战略史上的一个重要概念，没有任何其他欧洲国家，包括俄罗斯，能够长期地成为一个如此重要的"问题"。早在1817年，历史学家赫伦（A.H.L.Heeren）就指出，"保持1648年威斯特伐利亚条约所确立的松散邦联式的德国，是'德国和欧洲的最高利益'"。直到冷战期间德国被分裂，西方才感觉到安全，认为"德国人生活在两个小国里比在一个大国里更安全"。美国著名外交官乔治·凯南在1989年说："德国统一不是一个选项"。德国再次统一后，西方认为威胁将再次出现（参见 Peter Alter, *The German Question and Europe, A History*, London: Arnold, 2000, pp.1-34）。德国前总理施密特曾说："所有我们的邻国都更倾向于接受德国的分裂。"（参见施密特：《均势战略：德国的和平政策和超级大国》，上海人民出版社1975年版，第27页）可以说，从威斯特伐利亚会议到东西德统一，德国问题在欧洲所有安全战略问题中都扮演着重要角色。

最后,整合人心。欧洲需要停止"观念战争"。欧洲是现代意识形态之源。其一,法国大革命的自由主义理念和拿破仑帝国的征服活动共同在德国激发了反理性主义思潮,狂飙突进、浪漫主义、唯心主义、历史主义等非理性主义思潮都主要发生在德国,而且这些主义都或多或少地促成了纳粹的崛起。二战后历史清算的底色基本是"犹太—美国"式的西方文明:市场经济、自由民主体制、理性主义观念。其二,民族主义在法德都得到了战争和仇恨的滋养,同时人们也都感觉到了它的恶魔力量,两国迫切地需要对它进行扼制。其三,资本主义在欧洲的自西向东扩张,社会主义的由东向西渐强,两种潮流在法德之际交汇,激荡出19世纪以来欧洲历史的深远回响。如何在资本主义和社会主义之间寻找妥协的可能,避免阶级斗争摧毁欧洲社会也是摆在欧洲面前的急迫挑战。

作为对所有这些问题的解决方案,欧洲开启了一体化的过程,这个战略选择的目标是消除战争根源、克服均势战略困境、恢复欧洲地位、整合欧洲社会。

三、欧洲联合的早期尝试

19世纪后期至20世纪初,随着垄断资本主义的兴盛,欧洲各国相互交往、相互依赖的程度加深,为"欧洲观念"变为实践提供了一定的客观条件。一批有识之士看到了这一契机,推动了一系列以"欧洲统一""欧洲联邦""欧洲合众国"为目标的社会运动。

1900年,法国政治科学领域的自由学派在巴黎举行会议,第一项议程便是探讨建立"欧洲联邦"的可能性。会议讨论了"欧洲联邦"的地理范围、组织机构、经济合作形式,甚至英国的"归属"问题。"联邦"的性质在会议上获得了一定的共识。作为此次会议精神的延续,1914年,由实业家推动建立的"欧洲统一联盟",旨在谋求基于经济合作的"欧洲联邦"。

与此同时,"欧洲合众国"的思路另辟蹊径。考虑到欧洲国家的情况各有差异、结成"欧洲联邦"存在着较大的协调困境，亦有欧洲学者提出将欧洲建立在四大"地区联邦"之上，即日耳曼联邦、盎格鲁—拉丁联邦、东欧联邦及俄罗斯联邦，形成所谓的"欧洲合众国"。[①]

一战爆发后，欧洲人构想的"联邦"毁灭于现实政治。但震惊之余，结束国家间征战、实现地区和平的愿望进一步激发了人们对"国家联合"的向往。一批高举"欧洲"名义的反战组织和团体竞相成立，例如荷兰作家尼科·范·苏赫太兰创建了"欧洲联邦同盟"；一批德国和奥地利知识分子组成了"新祖国同盟"，许多知名人士如阿尔弗莱·弗里德、路德维格·斯泰因、阿尔伯特·爱因斯坦、路周·布伦坦诺等都是它的创始人，这些人与法国作家罗曼·罗兰交往甚密，后者则在战时大声疾呼抨击"民族主义"。在这些反对战争、呼吁和平的努力中，一些国家间同盟、地区间合作的主张得到了有效的宣传和尝试，并形成了两个方面的共识：强调区域合作首先以经济为基础的观点，以及以"蒲鲁东协会"为代表的欧洲联邦主义思想。

1915年前后，法国学者C.E.库尔尼埃曾著文《文明世界的经济组织》，指出欧洲问题的解决要回归到经济合作上，并提出关税同盟的经济合作形式可以从欧洲开始普及。荷兰政治学家克里斯蒂安·柯内利森的观点则集中于《欧洲合众国》与《战争的经济因素》之中，主张在英国和欧洲大陆国家之间建立一个经济组织。他甚至列举了这一组织的成员国，包括英、法、意、比、西、葡、荷、瑞士诸国，德国在稍晚些时候亦可考虑纳入其中。柯内利森强调经济因素在欧洲走向联合之路上的重要作用，既反映了欧洲人在战争中反思其世界中心的地位式微，也体现了地区间合作的理性步骤，为欧洲一体化的最终启动提供了思路。而伴随着法国地理学者阿尔伯·德曼荣《欧洲的衰落》和德国哲学家奥斯瓦尔德·斯宾格

---

① 有关这一时期民间的欧洲统一运动或思潮，可参看陈乐民：《"欧洲观念"的历史哲学》，东方出版社1988年版。

勒《西方的没落》出版所引发的欧洲社会危机思潮，率先在法国出现的联邦主义组织"区域主义者行动联盟"，即"蒲鲁东协会"日渐活跃。正如协会的代表人物让·汉那希、查理·布朗、吕西安·勒·弗阿耶、查理·利歇等和法国革命史学家阿尔方斯·欧拉尔所强调的，世界性的国际联盟（代表着世界性的和平）只有通过区域性的联盟（代表着区域性的和平）的组合才能实现；而欧洲则应该以"联邦"的形式应对危机。联邦主义的观念从欧洲1848年革命以来始终流行并传播甚广，加之民族主义的世界大战使欧洲深受其害，因而"蒲鲁东协会"从"欧洲联邦"角度观察和平问题的观点，在这一时期应者甚众，为欧洲一体化的实现奠定了基础。在以经济为基础、联邦主义为导向的共识推动下，欧洲联合的早期尝试出现了两次小高潮。

其一，是理查德·库当霍夫—卡莱吉伯爵倡导的"泛欧运动"。"泛欧运动"致力于将所有欧陆国家组织成"联邦"，形成"欧洲人的欧洲"。而到了二战接近尾声时，第五次泛欧大会中确定了泛欧主义的基本原则，概括起来包括：遵循《大西洋宪章》，秉持区域性集团的性质，维持与美、英、俄的双边对等关系，反对欧洲大陆上的侵略与霸权，民主是欧洲联邦的基础。

其二，是以温斯顿·丘吉尔在瑞士苏黎世大学发表题为《欧洲的悲剧》的演说为依据的"欧洲合众国"的构想。二战结束后，丘吉尔提出构建"欧洲合众国"，认为法德应该成为合众国的轴心，而英联邦则与美国和苏联一道作为合众国的"朋友和保证人"。

四、欧洲一体化的选择

仅凭理念的感召和社会运动的高涨，并不会对这项具有深远意义的历史进程产生实质性的推动。真正启动了欧洲一体化发动机的，乃是二战后欧洲现实政治的需要。

二战结束后，作为主要战场的欧洲尽管收获了胜利，但大多数国家满目疮痍，经济陷于停滞，物资极度匮乏。重振经济、挽救遭受战争重创的社会是欧洲各国政府所面临的严峻挑战。尽管联合发展、建立"欧洲合众国"的观点存在着共识，呼唤永久和平的欧洲主义运动也进行了动员；但此时的西欧各国就建立一个怎样的联合体，并没有明确的方案，或者说尚没有足够的能力与精力，直到"马歇尔计划"出台。作为冷战战略的一个具体步骤，也作为对"欧洲经济合作委员会"向美国发出经济援助申请的回应，1948年4月，美国国会通过了"对外援助法案"，为总额达到170亿美元的"欧洲复兴计划"（即"马歇尔计划"）铺平了道路。"马歇尔计划"的推行，尽管在初衷上是服务于美国的冷战战略，使西欧在经济上更加依赖美国，在对苏战略上与美国更加协调，但客观上促进了欧洲一体化，特别是经济领域的一体化进程。

与此同时，二战后欧洲地缘政治局势产生了新变化：德国的分裂和东西方对峙。1949年8月24日《北大西洋公约》生效，宣告了北约的诞生。1955年5月14日，《华沙条约》签订。自此，欧洲走上了相互对立的"集团化"道路。抵御苏联的扩张威胁此时成为西方阵营的安全战略。而欧洲联合自强、结成从经济到政治到意识形态都极为紧密的阵营，此时也成为应对外来威胁的必然选择。

德国问题是两次世界大战的遗留问题。法国前总统弗朗索瓦·密特朗谈到德国在欧洲的地位时，曾这样形容道："欧洲的形成和解体都是围绕着德国进行的。"[1]一战后，时任法国外长的阿里斯蒂德·白里安便曾构想了以法德和解为基础的"欧洲联盟"计划，并以《洛迦诺公约》、德国加入国际联盟及《非战公约》为契机，推进与德国外长古斯塔夫·斯特莱斯曼的磋商，希望建立一个类似于国际联盟的欧洲安全体系。但逐日迫近的二战使整个进程停滞、中断。二战甫一结束，如何防止法西斯死灰复燃和削弱德国便列入了欧洲主要国家的政治日程。这其中，作为欧洲历

---

[1] 弗朗索瓦·密特朗：《稻草和谷粒》，法国普隆出版社1992年版，第182页。

史上深刻的地缘政治的体现,法德关系何去何从是欧洲维持和平、走向一体化发展的关键。英国战时首相丘吉尔曾在其题为《欧洲统一》的著名演讲中指出:"重建欧洲大家庭的第一步必定是法德之间的伙伴关系。只有这样,法国才能在欧洲恢复道义上的领导地位。没有一个精神上伟大的法国和一个精神上伟大的德国,欧洲就不可能复兴。"[1]从19世纪末的法国总理卡伊欧到一战后的白里安,以及二战后的法国政治家让·莫内和罗贝尔·舒曼,都因循着一条法国传统的欧洲构想:牵制德国,建立一个由法国发挥主导作用的欧洲大陆。因此,利用一体化达到牵制德国的目的,便成为战后欧洲大国走向一体化之路的直接动力;而重启法德和解便成为欧洲启动一体化之路的"敲门砖"。

五、欧洲一体化的启动

从1872年到1945年,法国与德国曾先后三次在战场上兵戎相见。与强敌为邻,使法国余悸难消。在二战硝烟未尽时,法国政治家让·莫内和时任法国外长舒曼便开始考虑德法两国组织一个煤钢联营的有限联合来限制德国鲁尔钢铁基地不复为德国为所欲为地使用。作为煤钢共同体,自然需要一个能够实施管理、各成员国都要受其制约的高级机构。在让·莫内看来,这一机构及煤钢共同体将会是未来欧洲联邦或欧洲邦联的第一块基石。这一设想虽然具有实用主义的特点,却也蕴含了"欧洲一体化之父"让·莫内思想中欧洲联邦主义的远景图像。根据这一构想,法国政府于1950年5月9日宣布了一项关于重新安排欧洲的计划,并正式提出组建煤钢联营的目标,这便是欧洲一体化史上具有重要意义的"舒曼计划"。随后,舒曼亲笔致信时任德国总理的阿登纳,坦诚地表达了欧洲对德国的疑虑,并附寄了煤钢共同体计划,希望得到德国的呼应。

---

[1] "Blood Toil Tears and Sweat," *Winston Churchill's Famous Speeches*, Cassell, 1989, p.310.

阿登纳同他的法国同人一样，进一步意识到了"舒曼计划"的意义：联合的欧洲将构成世界第三种力量，尽管这一力量不及美苏强大，但是它"在经济上和政治上足可在天平上投入自己的砝码"。[①]1951年4月18日，西欧六国（法国、德国、意大利、荷兰、比利时、卢森堡）根据"舒曼计划"在巴黎签订了《欧洲煤钢共同体条约》，并开设超国家的权力机构——高级管理局，集中了成员国在煤钢领域的管理权，包括制定最低价格和投资政策，规定生产限额及征税权等。除上述六国外，英国、丹麦、爱尔兰、希腊、葡萄牙和西班牙先后加入，成为其正式成员。欧洲煤钢共同体成立以后，在推进成员国之间煤钢经营一体化方面取得了重大的进展。在欧洲煤钢共同体建立的最初几年里，内部贸易增长很快，1952年到1955年初，钢产量增长了151%，废铁增长了357%，煤增长了40%，铁矿砂增长了37%。1956年同1952年相比，粗钢生产增长了31%，铁矿砂生产增长了22%，焦炭生产增长了15%。[②]欧洲煤钢共同体无疑促进了各成员国经济的发展、就业人口的增长和生活水平的提高。

　　煤钢共同体的成功，推动了欧洲进一步的联合：1956—1957年的威尼斯会议、墨西拿会议分别酝酿了欧洲原子能共同体和经济共同体，随后欧洲共同体创始条约《罗马条约》签订，欧洲一体化的发展进入了快车道。

　　时至今日，欧洲一体化历经七次扩大，拥有了27个成员国，人口超过4.4亿，总面积超过400万平方公里，与地理意义上的"欧洲"几乎实现了重合。经济上，欧洲一体化终于通过建立单一市场和经济与货币联盟，最终实现了统一货币——欧元；作为一个地区一体化组织，从2005年起，欧盟的国内生产总值总量已然超过美国，跃居世界第一，成功实现了规模经济效应。在制度建设上，通过《单一欧洲法令》《马斯特里赫特条约》

---

①［法］皮埃尔·热尔贝：《欧洲统一的历史与现实》，中国社会科学出版社1989年版，第101—102页。
②《欧洲的煤钢联营》，《光明日报》1998年4月13日。

《阿姆斯特丹条约》《尼斯条约》及《里斯本条约》的法律框架,欧洲一体化已经形成了较为明确的机构设置和制度分工,并开始通过共同外交与安全政策,甚至迈向《欧盟宪法》等更深一步的一体化进程,在国际舞台上展示自身的独特影响力。

应该说,始于和平的期望、迫于环境的压力、深植于统一观念的欧洲一体化的选择,是战略的选择,也是历史的选择。

阅读材料

一、必读材料

1.[法]皮埃尔·热尔贝:《欧洲一体化的历史与现实》,丁一凡、程小林、沈雁南译,中国社会科学出版社1989年版,第25—118页。

二战后启动的欧洲煤钢联营是欧洲一体化从千百年以来欧洲贤哲们的梦想,进入现实中欧洲联合的大厦建设具有决定性意义的第一步,作为德国宿敌的法国是在怎样的国际国内形势下提出对欧洲联合具有历史意义的"舒曼计划"? 这到底是法国的无奈之举还是有意为之? 朝鲜战争的爆发使欧洲的政治氛围和美国的欧洲战略发生了怎样的变化? 这些变化对欧洲走上联合的道路有何影响? 本节材料对这些问题作了回答。

2.《阿登纳回忆录》(一)(1945—1953),上海人民出版社1976年版,第十四、十七章。

法国抛出建立欧洲煤钢联营的"舒曼计划"后,德国国内各个政治派别是如何看待这一建议的? 德国当时的政治领导人是如何不失时机地抓住这一"历史的机遇"的? 时任德国总理的阿登纳在回忆录中对此进行了介绍。

3.《欧洲之父:莫内回忆录》,国际文化出版公司1989年版,第三、五、七章。

莫内是公认的"欧洲一体化之父",其回忆录提供了大量关于一体化启动的历史信息。

4. Martin Dedman, *The Origins and Development of the European Union 1945-1995*, Routledge, 2002.

一本不错的通史,在不少战略细节上有理论性的分析。

5. "Treaty Establishing the European Coal and Steel Community" (1951), Preamble; "Treaty Establishing the European Economic Community" (1957), Preamble; "Treaty on European Union" (1992), Preamble.

这三个条约是欧洲一体化的重要奠基性法律文件。比较上述官方文件,可以了解到各国在不同时期成立(加入)共同体,到支持共同体领域扩大,再到最终实现一体化的不同战略考虑。

二、选读材料

1. 陈乐民:《二十世纪的欧洲》,生活·读书·新知三联书店2007年版,第46—100页。

欧洲联合和统一的思想源远流长,欧洲贤哲们的思想不仅为欧洲走向联合绘制了宏伟蓝图,为欧洲一体化注入了思想上的永恒动力,也是千百年来欧洲人追求和平与统一的艰难历程的经验总结和文明的结晶。欧洲何以为欧洲? 欧洲各个拥有自己不同历史文化和民族认同国家的人们何以能够共同地认同自己"欧洲人"的身份? 从这个意义上讲,欧洲一体化进程也是一个欧洲人思想和观念不断地碰撞、冲突和融合的过程。本节材料讲述的就是这样一个痛苦与幸福并存的过程。

2. 温斯顿·丘吉尔:《欧洲的悲剧》(苏黎世,1946年9月19日)。

1946年9月,时任英国首相丘吉尔在瑞士苏黎世大学发表了这篇演讲。在演讲中,作为时代的见证者和富有远见的政治家,丘吉尔直陈战后欧洲所面临的困境,指出联合自强的道路是欧洲的历史选择,甚至道出了欧洲联合的起点在于法德两国的和解。

3.舒曼:《舒曼宣言》(1950年5月9日)。

阅读《舒曼宣言》可以直接了解法国重启法德和解、推动煤钢共同体建立的直接动因。

4.夏尔·戴高乐:《希望回忆录》,中国人民大学出版社2005年版,第六章。

作为法国总统的戴高乐对欧洲一体化抱有矛盾的态度,但他在一体化启动的战略行为中发挥了重要作用。其个人传记第六章交代了在欧洲事务上的观点和历史信息。

5. Ernst B.Haas, *The Uniting of Europe*: *Political*, *Social*, *and Economic Forces*, *1950–1957*, University of Notre Dame Press, 1958.

这是第一本系统地研究欧洲一体化的政治学著作,是这个领域的奠基之作。本书还第一次明确提出,欧洲的一体化可能代表了一种新型国际关系的出现。

6.莫劳夫奇克:《欧洲的抉择》,赵晨、陈志瑞译,社会科学文献出版社2008年版。

《欧洲的抉择》是近年来解释欧洲一体化起源的力作。它打破了传统的对欧洲一体化的历史解释。它认为是国家利益,而不是理想主义或者地缘政治,才是促使一体化发生的动力。因此,欧盟并非一个理论上的特例。它也不是一个专门设计用来实现一些更大的意识观念或者地缘政治目标的工具。同现代几乎所有其他成功的国际组织一样,欧盟是设计用来协调互利的国家间政策,从而驾驭全球化的工具。所以,同样的理论概念和理论,比如国家利益、理性行为、政策相互依赖、国家间博弈、国际机制理论,等等,凡是能成功地用来解释世界贸易组织、国际货币基金组织、北大西洋公约组织的产生及其组织架构的,都能用来解释欧盟的发展演变。在每个例子中,各国政府都是在单边和双边政策失败后,才开始寻求以多边方式应对挑战。

7. Peter Stirk, *A History of European Integration Since 1914*, London:

Pinter, 1996; Derek W. Urwin, *Western Europe Since 1945: A Short Political History*, (4th edition), London: Longman, 1989; Desmond Dinan, ed., *Origins and Evolution of the European Union*, Oxford: Oxford University Press, 2006; 法布里斯·拉哈：《欧洲一体化史》，彭姝祎、陈志瑞译，中国社会科学出版社2005年版。

这是四本关于欧洲一体化的通史。只要读其中的一本就可以。

8. Peter Stirk, *The Origins and Development of European Integration: A Reader and Companion*, Pinter, 1999; Michael O' Neill, ed., *The Politics of European Integration: A Reader*, Routledge, 2002.

这两本书包含一些供选读的重要资料。

9. 贝娅特·科勒-科赫等：《欧洲一体化与欧盟治理》，顾俊礼等译，中国社会科学出版社2004年版，第2.3—2.7节。

历史由谁来创造？是伟人创造历史还是形势比人强？抑或历史本身蕴含着自己的逻辑？这恐怕是一个见仁见智的问题。在分析欧洲联合这一战略行为的起源时，这三种历史观都分别给出了自己的解释。本节材料介绍了在欧洲一体化起源问题上的三种主要历史观。

10. 陈乐民：《战后西欧国际关系（1945—1984）》，中国社会科学出版社1987年版，第118—128页。

本书介绍了西欧战后四十年来在国际政治中地位的变化，提供了西欧这一时期在重大国际问题上决定政策的客观依据，特别是以翔实的历史资料介绍了欧洲走上一体化之路的背景原因。

11. 周荣耀：《戴高乐与欧洲联合》，《世界历史》1984年第1期；伍贻康：《法国、戴高乐与欧洲共同体》，《法国研究》1986年第2期；连玉如：《论阿登纳西欧一体化政策的实施》，《国际政治研究》2000年第3期。

几篇国内早期论文，有助于快速简单了解法德对一体化的态度和政策。

⬡ 问 题

1. 战略选择并不总是创新,通常需要历史经验的工具箱为基础。17世纪以来为解决德国问题和欧洲问题曾尝试过多种路径:(1)均势和联盟战略(据记载,亨利四世曾有将欧洲重组成15个均衡国家的计划);(2)大国协调(从威斯特伐利亚和会、欧洲协调到雅尔塔会议都体现了这种精神);(3)国际法和仲裁(威斯特伐利亚和会形成的会议传统,英国公谊会教徒,特别是美国宾夕法尼亚州创始人威廉·佩恩提议的"欧洲议会",以及国际联盟和联合国);(4)人民做主(启蒙思想家们的世界主义,康德的"自由国家联邦",蒲鲁东的"联邦原则",马克思的"工人无祖国",托洛茨基的"不断革命");(5)强力征服(拿破仑、希特勒);(6)自由贸易(19世纪以来各种贸易协定和市场一体化努力);(7)功能整合(地区性生产和资源的联合、万国邮政联盟等)。这些路径的利弊如何? 欧洲一体化启动之初,法德等主要行为体在这些工具箱中为何选择了"一体化"?

2. 正如案例介绍的那样,欧洲一体化的战略目标是多方位的。既要解决冰释法德仇恨、铲除纳粹和军国主义根源、消除再次爆发欧战的可能性等具体性问题,又有对抗苏联威胁、挽回欧洲国际地位衰落等结构性目标。而我们都知道,很多时候不同的战略目标之间会有不匹配或者矛盾的地方。请问,在欧洲一体化的不同战略目标之间,是否存在不匹配的地方。如果有,请问,欧洲一体化早期的推动者是如何在这些不同的目标之间"走钢丝"的?

3. 【反事实问题】二战后,西欧的主要国家都是基督教保守主义党派在执政。这一要素对一体化有何影响? 如果当时左翼联邦主义力量没有退出,今天的一体化制度会有何不同? 如果当时工党或社会主义政党执政,一体化会呈现什么面貌?【这两个问题有助于我们理解行为体内部因素(国内政治)对行为体的国际战略选择的影响。】

4. 【反事实问题】如果二战后美苏都回归孤立主义姿态,冷战没有发生,欧洲一体化能否启动？苏联自1945年起就开始将东欧组织起来,如果苏联没有这样做,西欧的一体化运动会有何不同?【这两个反事实问题有助于我们理解外部环境对行为体的国际战略选择的影响。】

第九章

美国升级越南战争的决定(1961—1965)[1]

案例介绍

一、美国介入越南战争的背景

直到1961年上半年约翰·肯尼迪发动"特种战争"前,美国旨在抵抗共产主义在东南亚的扩张所做的战略预设和相对审慎的战略安排虽然成效一般,但总体符合战略预期。在此期间,美国扶植吴庭艳作为其在越南的代理人;1954年《日内瓦协定》中有关越南政权延迟确定的条款,使得越南的分裂与对立既成事实;同时,美国为南越提供经济和军事援助,并对北越实施经济制裁[2]。同一时期,东南亚条约组织(Southeast Asia Treaty Organization)的建立及其在美国参议院的通过,也使美国实质上在东南亚范围内获得了进行单边干涉的权利。

然而到了1960年下半年,吴庭艳政权的无能与专制导致南越社会矛盾日益激化。与此同时,越共转变了方针,在新的进攻性战略指导下组织越南南方民族解放阵线(National Liberation Front,NLF)开展游击战

---

① 王子蘷(上海社会科学院国际问题研究所)著。
② 美国对北越的经济制裁一直持续到越南战争结束的1975年。加利·克莱德·霍夫鲍尔等:《反思经济制裁》(第三版),杜涛译,上海人民出版社2011年版,第25页。

争[1]，越南冲突开始升级。这一新局面使得美国很难继续在既定的战略方针和介入程度下确保这一反共堡垒与前哨不成为第一块"倒下的多米诺骨牌"[2]。

二、堡垒与前哨："特种战争"的战略及其逻辑

越南局势的变动并不是1961年肯尼迪上任之初冷战时局中唯一的热点。然而在决策层看来，相比其他棘手而且受挫的危机事件，美国在越南的境况似乎还有解决之道。南越在东南亚的地理区位作为反共前哨兼具敏感性和边缘性的堡垒地位；同时也是美国经营多年，而且肯尼迪和他的顾问们在竞选期间就已先期布局，自信经熟知的战略资源。加之先前"反叛乱"（counter-insurgency）战略在菲律宾的成功，以及"新边疆"（New Frontier）政策在第三世界的全面铺开和推广，越南问题在肯尼迪以"灵活反应"战略取代艾森豪威尔时期的"大规模报复"战略的调试中，成为美国尝试以"现代化"同共产主义意识形态争夺以民族独立为诉求的新兴国家和地区的示范点和突破口。

因此，在肯尼迪上任之初，美国在越南问题上的政策旨在通过加强对南越政府的"指导"和军队的训练，推动南越政治和社会领域的现代化进程，从而提高军事实力，对抗北越的进攻和民族解放阵线的游击战。

---

① 陈庆（King C.Chen）论及，1959—1963年间北越针对南越政权更为主动的战略决定及其在行动上的落实也推进了越战的升级。具体参见 King C.Chen, "Hanoi's Three Decisions and the Escalation of the Vietnam War," *Political Science Quarterly*, vol.90, no.2 (Summer, 1975), p.239。

② 时任美国总统的艾森豪威尔在1954年4月提出的"多米诺理论"在日后美国的对越南局势的评估和决策中一再成为一项颇为关键的预设。这一理论首次提出的语境是论述越南问题是"攸关美国利益的事情"。记者招待会记录原文参见 "73. The President's News Conference on April 7th, 1954", *Public Papers of the Presidents of the United States, Eisenhower*, 1954, at URL <http://quod.lib.umich.edu/p/ppotpus/4728402.1954.001/431? page=root; rgn=full+text; size=100; view=image>, pp.382—383。简要的述评，以及这一理论对日后美国对越南战略的影响分析可以参见沃尔特·拉费伯尔：《美国、俄国和冷战（1945—2006）》（第十版），牛可、翟韬、张静译，世界图书出版公司2011年版，第132、188页。

也就是说,这一时期美国的政策仍以政治目标为主,但在军事培训和物资援助方面加强了干涉的力度。1961年5月,肯尼迪做出了审慎却关键的决策——在越南南方发动"特种战争",先期派出100名军事顾问前往南越指导游击战争;同时,派出400名陆军特种兵"绿色贝雷帽"加入南越军队与越共游击队的战争[①]。1960年12月,在南越的美军总人数仅约900人,至1961年底,达到9000人。[②]虽然美国"特种战争"的决策及其行动规划已经相当审慎,然而决策既出,对内实现竞选时的主张、对外树立美国声望的期待就成为此后战略评估、决策与行动中贯穿始终的因素。就战略目标而言,南越作为对抗共产主义扩张的"堡垒",此时已然被进一步地赋予了"前哨"的期待。

三、越南战争升级的背景

"特种战争"的战略目标主要有两个。一是继续将南越作为反共堡垒,协助南越军队提高战斗力以对抗越共和民族解放阵线的游击战争;二是在更为主动的战略布局下将南越作为反共前哨,以"现代化"的国家建构(state building)逻辑"赢得"整个越南,乃至更广大的地区。决策层在评估、制定决策及动员中以上述两项战略目标相互论证,并进一步细化落实更深入和密集的战略行动、对南越政权提出更高的配合要求,以及嗣后"科学的"考察与评估等,都表现出美国决策层一厢情愿地对南越政权的行动,也是对己方的战略和行动"多、快、好、省"诉求和先入为主

① 对肯尼迪将"反叛乱"作为替代"大规模报复"的战略的梳理与评价,参见时殷弘:《美国在越南的干涉和战争》,世界知识出版社1994年版,第83—88页。

② "Total U.S.Military Personnel in South Vietnam," cited from U.S.Department of Defense, OASD (Comptroller), Directorate for Information Operations, March 19, 1974, qtd.in George C.Herring, *America's Longest War*, p.182.

的乐观预期[①]。

然而，直至1965年3月美国决定发动"局部战争"升级越南战争，上述战略目标中引导南越自身的"造血机制"的运转和在南北两个越南之间赢得人心的"现代化"建设都远未能实现。事实上，随着1962年"战略村计划"的失败[②]和南越社会矛盾所导致的种种暴力冲突，到了1963年，美军顾问在南越战场上"不交火""不是'战斗部队'"的原则已经无以为继。"特种战争"的失败已成定局。1963年的南越政变在一定程度上成为美国重新评估和调整对越战略、重申和落实最初战略目标的机遇窗口。然而肯尼迪在南越政变不久后的11月22日遇刺身亡，副总统林登·约翰逊（L.B.Johnson）被推上前台。约翰逊接任总统后在"第一份重要外交声明"中即宣布"将继续施行前任总统对越南的政策"。这在相当程度上给之后美国对越南战略的评估、决策和执行的方向定下了基调。

倒吴政变后，南越的内部局势并无稳定的迹象，而是乱象丛生。南越内部政治力量的争夺和美国对代理人的挑挑拣拣，使得南越政府频繁更迭，导致了内无定策、外无定略的乱局。政变也进一步削弱了南越军队的凝聚力、行动力和坚定性。与之相对，1964年初越共三届九中全会之后，北越全面展开军事斗争并进一步壮大南越革命力量。来自中国的援助也进一步加强了北越的实力和取得胜利的坚定性。

约翰逊和他全部来自肯尼迪班底的顾问们在对越南政策上面临着比肯尼迪上任之初糟糕得多的情境。以"现代化"对抗共产主义的国家

---

① 关于美国军队分阶段撤出越南的战略评估自1962年即已开始着手，参见"Phased Withdrawal of U. S. Forces，1962—1964，" in *The Pentagon Papers*，Vol. 2，pp.160—200，at URL：〈https://www.mtholyoke.edu/acad/intrel/pentagon2/pent5.htm〉，其中相关的部分。在此期间，肯尼迪本人亦曾表示将在1964年选举获得连任后即行撤军。

② "战略村计划"的失败，实则典型且集中地反映了美国想象的越南战争和实际的越南战争之间的区别。一项史论结合的讨论参见雷迅马：《作为意识形态的现代化：社会科学与美国对第三世界政策》，牛可译，中央编译出版社2003年版，第235—331页。

建构试验的失败,使得美国在地理和战略的双重含义上不再有稳固的堡垒与前哨。现状与先前战略目标之间的落差,以及这种境况导致的被剥夺感和焦虑感,使得将南越作为反共堡垒的最低目标和即时战略评估得出的"局势堪忧"论调,在偏好明确的约翰逊①和他的顾问中进一步得到了强化。美国在"用武力控制民族主义革命"的普遍战略目标既定,而在越南的军事局势更为恶化的情况下,做出了"攻击北越,拯救南越"的决定,并就此构成了1964—1965年美国越南战略的基调。

四、必然的战争? ——升级越南战争的决策

主旨既定,升级战争的决策成为"只是一个时间(时机)问题"的必然选项。然而,就"在何时、以何种形式升级越南战争",麦克纳马拉在1963年底和1964年初两次考察越南时都对战局做出了悲观评价和预期。而从1964年2月开始"34A行动计划"(OPLAN 34A),到8月以"东京湾(北部湾)事件"为口实,使美国国会通过《东京湾决议》,授予约翰逊发动战争的权力,再到最终在1965年二三月间发动"火箭行动"(Operation Flaming Dart)、"滚雷行动"(Rolling Thunder)和岘港登陆,把越南战争全面升级为以美军为主的"局部战争"。美国对越南战争的升级决策从酝酿到做出经历了一年有余,美国决策层在其中的犹豫也是显而易见的。

首先,同前任肯尼迪曾经对升级战争还是撤退的考量相似,约翰逊和他的顾问们对国内声誉的考量在一定程度上超过了对战场局势的考量,成为影响决策和行动的关键因素。对约翰逊而言,无论是在总统选举前促使国会通过《东京湾决议》,还是此后为了1964年11月的总统选举和赢得大选之后"伟大社会"(Great Society)计划的展开暂不升级越南

---

① 关于约翰逊性格、偏好、禀赋对战略决策的影响,详细的解说与分析参见时殷弘:《美国在越南的干涉和战争》,第151—156页;戴维·罗特科普夫:《美国国家安全委员会内幕:操纵世界的手》,孙成昊、赵亦周译,商务印书馆2013年版,第118—120页。

战争,都是既能在当时避免为"遥远的越南"背上"狂热的战争鼓动分子"的名声,又或能在倒吴政变后旁观南越政局,在对南越政权新代理人的考察、说服和扶植中以最小的付出获得最大的收益。这固然使得升级越南战争的决策因为约翰逊对获得"美国国内民意支持"的坚持而表现出决策的审慎[①],但也提高了决策层在最终做出升级战争决策时的自信和战略期待。

其次,对国际声誉的考量亦使得约翰逊和他的顾问们在《东京湾决议》通过之后,在零星的"报复性轰炸"和大规模的"战略轰炸"之间摇摆和试探,最终做出升级战争的决策。然而与此同时,北越方面也在这段时期内不断升级,并赢得对南越的挑战。有关国际声誉的考虑在实际战况和意识形态层面的激发,共同影响了约翰逊和他的顾问们的决策。

再次,美国在越南战争越来越深的卷入程度使得升级战争成为必然。越南两方不断升级的冲突,以及北越从游击战向常规战争的转型,都令此前美国在越南的军事存在更为深切地卷入了战争。[②]而在约翰逊再三坚持的两项升级战争的必要条件中,"在南越建立美军基地"是其中之一。

最后,美国对越南战略的延续性亦是其做出升级战争决策的动因之一。如前所述,约翰逊和他的顾问班底一起全部继承自肯尼迪1961年初的组阁,乃至更早在竞选时形成的团队。加之猪湾事件和古巴导弹危机后肯尼迪对与外交和国家安全相关架构及机制的改动,决策层在战略各

[①] 约翰逊也确实赢得了民意的支持,"'滚雷行动'实施后,有60%的民众表示支持约翰逊",戴维·罗特科普夫:《美国国家安全委员会内幕》,第123页。

[②] 约翰逊的顾问们基于对北越实力、敏感性和坚定性的判断,在《东京湾决议》通过后曾再三敦促尽快开战。罗斯托作为从越南战争一开始就力主对北越进行战略轰炸的决策成员,曾在1964年向国务卿腊斯克分析说"胡(志明)有工业设施要保卫;他不再是一个没有可损失之物的游击战士了"。此处引文,以及更多的关于罗斯托在越南战争期间对事态的评估与战略建议,参见 David Milne: "'Our Equivalent of Guerrilla Warfare': Walt Rostow and the Booming of North Vietnam, 1961—1968," in *The Journal of Military History*, vol.71, no.1, pp.169—203。

阶段的作用已经远超艾森豪威尔时期。同时,约翰逊上任后将"周二午餐会"的习惯带入有关外交事务的决策,进一步缩小了影响决策的战略人士的范围。决策层成员对基于早年评估的既往战略思路的延续,以及基于"美国要什么(南越方面)就给什么数据"的对战略行动的考察与评价,都在相当程度上促成了最终升级战争的决策。此外,行政程序上应被视为美国越南战争战略分水岭和风向标的《东京湾决议》在升级战争的决策中"提前取下的保险扣"的作用,升级越南战争或成为必然。决策层中并非没有对发动和升级越南战争提出批评的人士,然而在更多支持战争的成员面前影响不了最终的决策。①

五、越南战争升级的影响

升级越南战争的决定使得美国在之后的十年里付出了沉重的代价。在越南战争升级为"局部战争"后的数年间不断增兵,给美国带来了巨额的人员和军费开支,以及重大的人员伤亡②。但这并未使得美国在东南亚和全球冷战的棋局中获得先机。一方面,在越南,苏联和中国对北越审慎克制却关键的支援增强了越共实力和耐力。东南亚乃至全球冷战的格局则随着左翼运动在第三世界的发展和新左派运动在美国和西欧的兴盛,一度展现出艾森豪威尔以来历届美国政府旨在极力避免的"多米诺效应"。这使得美国在派出地面部队进入南越战场并轰炸北越升级

---

① 1961年11月,时任副国务卿的乔治·鲍尔(George Ball)针对泰勒和罗斯托提出的报告提出异议,"警告说越南的局势可能比朝鲜战争还糟糕",此后一直强烈反对升级战争。参见戴维·罗特科普夫:《美国国家安全委员会内幕》,第117、124—126页。对鲍尔反对意见更详细的介绍和分析,参见 Yuen Foong Khong, *Analogies at War: Korea, Munich, Dien Bien Phu, and the Vietnam Decisions of 1965*, Princeton University Press, 1992, pp.148—157。

② 1969年4月底,在越南的美军人数达到最高峰的543400人,此后逐渐下降;至1973年6月底,在越南的美军各军种人员总人数降至不到250人,参见George C.Herring, *America's Longest War*, p.182。美军在越战中死亡及失踪人数接近6万人,耗资数千亿美元。

越南战争但却成效堪忧的状况面前，在国内面对左翼、右翼都没了退路。加之美国对国际声誉的"迷恋"，在越南战争这样一场"意志的考验"中，继续升级战争几成唯一的选择。

另一方面，朝鲜战争的经历使得"避免与中国和苏联发生直接冲突"成为美国在一再升级的越南战争期间恪守的一项政策底线。虽然自艾森豪威尔以来，美国的越南及东南亚战略最基本的预设是抵制共产主义意识形态，突破中国向东南亚扩张的"多米诺理论"；但在实践上，基于朝鲜战争之后对中国实力和声誉的认知，以及越南战争期间中美双方对战争底线的把握和信息的沟通，美军在实践中恪守了有关"最北界线"的约定，中国和苏联也没有直接派遣战斗部队进入北越，避免了发生直接冲突继而无序升级的可能性[①]。

苏联成为这一时期主要国家中最大的得益者。越南战争消耗了美国，分化了西方阵营。苏联则一改之前的"脱身"方针，在1965年战争升级后开始积极援助越共，并利用中国因素牵制了美国对其援助北越的抗议，巩固了苏联在中南半岛的影响。而美国在这一时期对东欧事务无暇顾及，亦在客观上巩固了苏联在欧洲的势力范围[②]。

在这样的情况下，进一步调整对苏联和中国战略，寻求大国之间的缓和，成为对美国而言可行并可能取得突破几近唯一的选择。

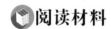 阅读材料

一、必读材料

1. George C. Herring, *America's Longest War: The United States and*

---

① 从信息沟通角度所做的比较分析参见李丹慧：《三八线与十七度线：朝战和越战期间中美信息沟通比较研究》，载《中共党史研究》2001年第3期，第32—39页。另外亦可参见 Chen Jian（陈兼）的论文。

② 拉费伯尔：《美国、俄国和冷战》，第203页。此外，亦有论者提到，美国对1968年"布拉格之春"并没有做出强烈的反应，实际上固化了美苏在欧洲的势力划分。

Vietnam, *1950-1975*, 4th edn.McGraw-Hill, 2001, pp.89-179.

作为一部简要的越南战争导引性质的通史,这里选摘的两章又一节,对1961—1965年间美国升级越南战争——从肯尼迪发动"特种战争"开始,到约翰逊向南越派出地面部队并持续轰炸北越从而升级越南战争的过程,做了细致的全景式历史考察与记叙。

2. Michael H.Hunt, "Going to War in Vietnam, 1950-1965," in Hunt, *Crisis in U.S.Foreign Policy*: *An International History Reader*, Yale University Press, 1996, pp.302-309, 330-362.

作为美国外交危机处理的重要一章,韩德在其编写的国际史读本中给越南战争安排了相当的篇幅。简要的综述和夹注对应文献编号,并将相应已经解密的美方战略评估与决策中的档案和越南方面的公开报道选读附在文后。这里选取的部分是自1960年越南民族解放阵线发布决议武装解放南越的宣言,到1965年11月麦克纳马拉视察越南战场后提出,应派驻更多地面部队并加强轰炸的备忘录,相对完整地呈现了升级越南战争的背景,美国决策层战略评估、决策和执行的关键一手资料。

3. *The Pentagon Papers* (*Gravel Edition*) Vol.2, Ch.1, "The Kennedy Commitments and Programs, 1961," pp.98-127, https://www.mtholyoke.edu/acad/intrel/pentagon2/pent3.htm.

作为美国在越南的"特种战争"开始后决策层的第一份评估报告,1961年11月的"泰勒-罗斯托报告"在美国对越南战略的众多报告中颇为典型——首先基于理念,其次基于事实的判断;资讯与情报来源不同导致的评估差异;决策层成员在判断事态、规划战略行动上的分歧及其化解与说服;评估战略实施的阶段性结果并据此规划和决策下一步行动等等——因而对它的阅读和分析有助于我们对越南战争期间美国战略行为的理解。

4. 时殷弘:《美国在越南的干涉和战争(1954—1968)》,世界知识出版社1994年版,第148—150、290—298页。

中文学界关于越南问题和越南战争的专著，*Journal of American History* 曾对该书做过评介。全书从1954年关于印度支那问题《日内瓦协议》的达成及南越反共政权的建立，写到1968年回到"越南化"的思路，越南战争开始降级。所选的两小节分别是对肯尼迪的越南政策的评析和对美国从1954年到1968年期间对越南干涉的评析。

5. 时殷弘：《从"34A 行动"到"东京湾决议"——论越南战争扩大的由来》，《美国研究》1991年第2期，第67—85页。

论文根据《五角大楼文件》等解密文件，详细梳理了1964—1965年间美国决策层做出升级越南战争决策的具体过程，讨论了相关决策的动机与形成。

6. Robert K.Brigham, "Three Alternative U.S.Strategies in Vietnam: A Reexamination Based on New Chinese and Vietnamese Sources, " in Robert McNamara, et al., eds., *Argument Without End*: *In Search of Answers to the Vietnam Tragedy*, Public Affairs, 1999.选自 Dennis Merrill and Thomas Paterson eds., *Major Problems in American Foreign Relations*: *Documents and Essays*, 6th edn., vol.2, Haugtton Mifflin Company, 2005, pp.409–419。

7. Fredrik Logevall, *Choosing War*: *The Lost Chance for Peace and the Escalation of War in Vietnam*, University of California Press, 2001, pp.223–332.

近年来评价较好的一部冷战史专著，讲到美国从1963年8月底有意抛弃南越政权。

8. Yuen Foong Khong, *Analogies at War*: *Korea*, *Munich*, *Dien Bien Phu*, *and the Vietnam Decisions of 1965*, Princeton University Press, 1992, pp.47–68, 148–173.

从社会心理学角度研究越战决策的一部重要著作。

9. 雷迅马：《作为意识形态的现代化：社会科学与美国对第三世界政策》，牛可译，中央编译出版社2003年版，第4—7，11—13，24—25，87—

96,235—237页。

10. David Milne, "'Our Equivalent of Guerrilla Warfare': Walt Rostow and the Bombing of North Vietnam, 1961–1968," in *The Journal of Military History*, vol.71, no.1(Jan.2007), pp.169–203.

讨论了沃尔特·罗斯托在升级越战决定中的认知、角色与作用。

二、选读材料

1. "73.The President's News Conference on April 7th, 1954," Public Papers of the Presidents of the United States, Eisenhower, 1954, esp. pp.382–383. http://quod.lib.umich.edu/p/ppotpus/4728402.1954.001/431? page=root;rgn=full+text;size=100;view=image.

1954年4月,艾森豪威尔首次提出了"多米诺理论",这一逻辑在日后美国的对越南局势的评估与推演中是一项颇为关键的预设,对之后美国的越南战略产生了深而持久的影响。

2. Dennis Merrill and Thomas Paterson eds., *Major Problems in American Foreign Relations*, pp.418–421.

该书是美国外交史常用教材之一,这里选择的是"越南战争"一章的档案部分中与论题和背景相关的三个公开文件——"Final Declaration of the Geneva Conference on Indochina, 1954", "North Vietnamese General Vo Nguyen Giap Outlines His People's War Strategy, 1961", "The Tonkin Gulf Resolution Authorizes the President to Use Force, 1964"。

3. *The Pentagon Papers* (*Gravel Edition*) Volume 2, "President Kennedy's Special Message to Congress on the Defense Budget, Excerpt on Limited Wars, March 28, 1961," pp.800–801, https://www.mtholyoke.edu/acad/intrel/pentagon2/ps6.htm.

这是肯尼迪上任之初给国会关于军备预算的留言。作为总统对越南战争最初的认识和预设,留言对战争烈度、难度和持续时间的评估,远低于此后的实际情况。

4. 马克斯韦尔·泰勒：《剑与犁：泰勒将军回忆录》，伍文雄、朱曼罗、奚博铨译，商务印书馆1981年版。

回忆录作为当事人给出的一手信息，对我们理解他们的思考与行动有所帮助，但要注意不要被作者带有主观倾向性的叙述主导。在研究中使用回忆录资料，需要注意甄别和使用不同文献源互证。

5. Walt W. Rostow, *Essays on a Half Century: Ideas, Politics and Action*, West View, 1988, pp.79-119, 167-172.

这四篇选文中，第一篇有助于理解美国政府决策层在外交政策规划上的工作方式，第二、三篇集中表达了罗斯托式的发展观，第四篇的选段是罗斯托为 *Encyclopedia of the American Constitution* 写的 LBJ 条目中有关约翰逊的越南政策的评价。

6. Lyndon Bain Johnson, *The Vantage Point: Perspectives of the Presidency, 1963-1969*, Holt, Rinehart and Winston, 1971.

约翰逊关于自己任职总统期间的回忆录。

7. Robert S. McNamara, and Brian VanDeMark, *In Retrospect: The Tragedy and Lessons of Vietnam*, Vintage Books, 1996.

时隔数十年后，肯尼迪—约翰逊时期的国防部部长麦克纳马拉对越战相关决策与行动的反思与自我评价。麦克纳马拉，本书的合作者，是常年研究越战的学者，另著有 *Into the Quagmire: Lyndon Johnson and the Escalation of the Vietnam War*。

8. 戴维·罗特科普夫：《美国国家安全委员会内幕：操纵世界的手》，孙成昊、赵亦周译，商务印书馆2013年版，第99—103、108—111、115—127页。

9.【电视电影】*Paths to War*（战争路径），2002（片长165分钟）。

约翰逊总统任期内军事战略的选择、形成与行动，白描式地再现了美国逐步卷入、越南战争逐渐升级的过程。

10. Yuen Foong Khong, *Analogies at War*: *Korea*, *Munich*, *Dien Bien Phu*, *and the Vietnam Decisions of 1965*, pp.71-96,148-173.

更详尽的个案叙述与分析。

11. Brian VanDeMark, *Into the Quagmire*: *Lyndon Johnson and the Escalation of the Vietnam War*, Oxford University Press, 1991.

12. Robert David Johnson, "*The Kennedy Myth*, a review of *Death of a Generation*: *How the Assassinations of Diem and JFK Prolonged the Vietnam War* by Howard Jones," in *Diplomatic History*, vol.28, iss.3, pp.467-471.

◉ 问 题

1. 将越南战争由"特种战争"升级为"局部战争"的决策,从约翰逊紧急接任总统职务并随即表达出全盘延续肯尼迪时期的对越战略,到升级决策的最终做出,时间长达一年多。此间约翰逊对"美国民意的支持"和"在南越的军事基地"作为充分必要条件的坚持在很大程度上决定了其对升级越南战争时机的选择。请问:

（1）约翰逊的这一坚持是基于怎样的认知、评估和判断?

（2）将某项政策作为既定的选项,而只是等待具体的某个时机,这样的决策模式有什么缺陷?

2. 对历史经验的学习和类比是战略规划与决策中评估形势、预测其他相关行为体反应、预测战略成效的主要方式之一。在升级越南战争的决策中,美国在哪些方面做出了恰当的学习与类比,又在哪些方面出于什么理由做出了不恰当的学习与类比? 为什么? 我们在分析战略问题时,学习历史经验,或以之作类比的时候应当注意些什么?

3. 在升级越南战争的决策中,从肯尼迪到约翰逊,面对发生变化的战略环境,美国决策层人员构成保持了相当大的延续性。虽然决策层人员构成的延续保证了战略与决策的延续性（包括决策者的认知）,但是它也在很大程度上局限了对此前战略形势和行为的评估与判断。请问:

（1）这种延续性如何影响了之后决策的制定？【提示：请将1960—1961年间和1964—1965年间美国在越南甚至在亚洲面临的战略环境通过列表进行对比。】

（2）在战略评估和决策中，面对已经变化的战略环境，决策层应如何考量战略环境的变化才有可能避免继续推行或者延续甚至升级之前的既定战略？

4.【反事实问题】如果越战之前未曾发生朝鲜战争，越南战争的结局是否会不同？为什么？【提示，请考虑"反事实事件"的系统效应。】

5.【反事实问题】这个反事实问题在美国许多肯尼迪的支持者中非常有市场。如果约翰·肯尼迪1963年11月没有遇刺身亡，美国在越南的战略选择与行动是否会与之后的历史事实有所不同？为什么？【提示，从越南和美国两方面思考。】

6.【深度思考题】对于冷战，美国最初规划的战略重心在欧洲，但在实践中，从对日本的单独占领及改造，到漫长的越南战争，美国相当多的重要战略行为却主要在远东地区展开。回顾1961—1965年间美国关于越南问题的决策，美国在东亚的深度卷入如何影响了美国的冷战战略，以及整个冷战的局势（包括区域的、大国间的、全球的；短期的、长期的）？

第十章

萨达特对以色列和平政策(1970—1973)[①]

案例介绍

对以色列和平政策是萨达特发动第四次中东战争失利以后,埃及对外政策全面调整的重要组成部分。萨达特执政后,埃及内外交困,面临收复失地、发展经济的艰巨任务。萨达特逐渐意识到,埃及无法在军事上抗衡得到美国支持的以色列。为使埃及走出困境,萨达特采取了一系列大胆的外交政策,包括向以色列发出和平倡议、"弃苏联美""以战促和"、出访以色列、签署《戴维营协议》等。这些政策成效显著,埃及结束与以色列的敌对状态,收回了被以色列占领的西奈半岛,安全环境大为改观,赢得了长达三十余年的"和平红利"。在萨达特任内,埃及结束了与苏联的盟友关系,转而与美国结盟,不仅获得宽松的国际环境,还成为美国在中东最大的受援国之一,每年接受美国约二十亿美元的军事和经济援助。

萨达特与以色列的单独媾和遭到埃及国内和阿拉伯世界的强烈反对,阿拉伯国家联盟据此取消埃及的成员国资格,并将总部由开罗迁至突尼斯。萨达特本人也因此被伊斯兰激进势力暗杀。时至今日,埃及和阿拉伯世界就萨达特对以政策的批评者仍不乏其人。2011年,在民众抗

---

① 丁隆(上海外国语大学中东研究所)著。

议浪潮冲击下，萨达特的继任者穆巴拉克在执政三十年后被迫下台。导致埃及政治剧变的一个重要原因是，自萨达特开启对以和平进程以来，埃及不顾阿拉伯世界的共同利益，与阿拉伯民族的敌人以色列开展合作，从而损害了穆巴拉克政权的合法性。

一、萨达特时期埃及外交战略调整的背景

纳赛尔逝世后，1970 年 10 月 15 日，萨达特继任埃及总统。萨达特上台伊始，埃及面临内外交困的局面。1967 年第三次中东战争后，埃及经济濒临崩溃。纳赛尔时期的进口替代政策为埃及留下一个残缺不全、效率低下的国有计划经济体系。埃及在历次中东战争中担任主力，蒙受重大经济和人员损失，经济损失约达四百多亿美元，牺牲十多万人，西奈半岛被以色列占领。1967 年后，埃及与以色列陷入"消耗战"，扩军备战给埃及带来沉重的经济包袱。军费开支连年增长，1967 年至 1973 年，每年平均 20 亿美元，1975 年增长到 61 亿美元，军费开支从 1960 年占国民生产总值的 9% 上升到 1977 年的 25% 以上。[①]

从地区环境来看，以色列得到美国支持，在中东地区具有军事优势，在三次中东战争中，阿拉伯国家惨败，包括埃及西奈半岛在内的大片阿拉伯国家领土被以色列占领。军事实力的悬殊决定了阿拉伯国家无望通过战争消灭以色列，收复领土。

从国际环境来看，美国对以色列一边倒的政策，使萨达特意识到，若不能获得美国的支持，埃及无法赢得和平。这样，萨达特便面临战略选边问题，埃及只有终结与苏联的盟友关系，投向西方阵营，才能为赢得和平、收复失地创造条件。

---

① 王京烈：《安瓦尔·萨达特——埃及共和国总统》，《西亚非洲》1980 年第 9 期，第 65 页。

二、萨达特外交战略调整的主要内容

1. 脱苏联美

萨达特曾长期追随纳赛尔，深信只有战争才能解决埃以争端，因此他曾寄希望于在苏联帮助下，打败以色列，收复领土。他上任后，曾三次出访苏联，寻求援助，但并未如愿。第三次中东战争埃以陷入战略对峙的境况，使得萨达特认识到，打败以色列是不切实际的目标。美国对以色列的支持，是以色列生存的关键因素，解决阿以冲突的钥匙在美国人手里。萨达特认为，在美苏争霸中东的格局下，埃及可利用其在中东的特殊地位，在两个超级大国之间回旋。因此，萨达特开始着手调整外交政策，改变向苏联一边倒的外交政策，致力于改善埃美关系。1971年5月，萨达特下令逮捕了以副总统阿里·萨布里为首的亲苏集团的主要成员，为摆脱苏联影响做准备。1972年7月，萨达特下令驱逐苏联军事顾问和专家，宣布苏联在埃及领土上建立的一切设施和军事装备移交埃方。1976年，宣布废除埃苏《友好合作条约》，禁止苏联军舰使用亚历山大港。

2. 以战促和

萨达特上台后，多次通过公开和秘密渠道释放对以和解的意愿。1970年10月1日，他请参加纳赛尔葬礼的美国特使埃里奥特·理查森给美国总统尼克松带口信："我的全部希望是和平，让我们为和平而努力。……我将全力谋求和平。"[1]1971年2月4日，萨达特在埃及议会提出和平解决阿以冲突的方案。[2]然而，埃及的和平意愿并未得到美国和苏联的响应，在阿以冲突中处于有利地位的以色列，亦无兴趣与埃及进行和谈。当时美苏希望保持中东"不战不和的僵局"，不愿居中调停。萨达

---

[1] Anwar Al-Sadat, *In Search of Identity*: *An Autobiography*, London: Harpercollins, 1978, p.276.

[2] 杨灏诚、江淳:《纳赛尔和萨达特时代的埃及》，商务印书馆1997年版，第285页。

特认识到向以色列"求和"没有出路，便决心打一场有限战争，打破中东"不战不和"的僵局，通过"以战促和"显示实力，获取和谈筹码，使美苏认识到解决中东问题的紧迫性，并迫使以色列响应埃及的和平倡议。萨达特一方面与美国接触，一方面联合叙利亚积极备战。1973年10月6日，埃及军队渡过苏伊士运河，发动了第四次中东战争，摧毁了以色列构筑的巴列夫防线，对占领西奈半岛的以军发起进攻。埃及在战争初期取得了胜利，打破了以色列不可战胜的神话，提振了埃及和阿拉伯民族的士气。

3. 开启埃以和平进程

1977年11月，萨达特在埃及议会宣布，他决定亲赴以色列，谋求和平。当月，萨达特前往耶路撒冷，与以色列总理贝京会晤，开启了埃以直接对话。同年12月，以色列总理贝京访问埃及，与萨达特举行第二次会晤。1978年9月，在美国总统卡特的斡旋下，萨达特和贝京在美国签订《戴维营协议》。1979年3月，埃以签订和约。1980年，埃以正式建交，结束了两国之间长达三十年之久的战争状态，埃及收回西奈半岛三分之二的领土。

4. 告别泛阿拉伯民族主义

纳赛尔倡导的泛阿拉伯民族主义，与二战后民族国家体系逐渐形成的历史潮流背道而驰，也不符合阿拉伯世界已分裂为多个民族国家的现实，泛阿拉伯民族主义成为埃及无法承载的"负资产"。在宣布访问以色列前，萨达特曾访问叙利亚，寻求阿萨德总统的支持；但后者认为，萨达特此举以"是投降，不是和平"。这说明，在当时多个阿拉伯国家领土被以色列占领、阿拉伯世界反以情绪高涨的情况下，如果埃及不放弃纳赛尔主义，不再承担自身国家利益之外的责任，埃以对抗将延续，埃及将被与以色列的战略对峙拖垮。因此，萨达特决定冒着被阿拉伯世界疏远的风险，率先单独与以色列和解。此举使埃及摆脱了阿拉伯世界的"准民族国家体系"，将其国家利益置于阿拉伯民族的整体利益之上。埃及与其他阿拉伯国家关系"去意识形态化",使埃及回归"正常的民族国家"。

三、萨达特对以和平政策的影响

埃以和解是现代中东国际关系史上的重大事件,是当代中东历史的重要转折点。萨达特开启的埃以和平进程及其成果——《戴维营协议》,结束了阿拉伯国家与以色列的全面战争状态。以《戴维营协议》为起点,阿以双方开启了"奥斯陆和平进程"。2002年,"阿拉伯和平倡议"也在阿盟贝鲁特峰会上被所有阿拉伯国家接受。虽然除埃以和平进程外,中东和平进程至今尚未取得实质性进展,巴以冲突仍未得到解决,巴勒斯坦建国尚遥遥无期,但以和谈代替对抗,已成为阿以双方主流派的共识。因此,萨达特对以和平政策对促进中东局势走向缓和具有深远的影响。

1. 埃以和解的积极影响

第一,萨达特的对以政策打破了阿以之间长达三十年的全面交战和对峙状态,为解决埃以冲突打下基础,并最终实现了两国关系正常化。埃以和解为在"土地换和平"原则基础上解决阿以冲突,提供了一个成功范例。1978年,因对中东和平做出的贡献,萨达特和贝京共同获得诺贝尔和平奖。在埃以和平进程影响下,阿以关系逐渐由冲突转为缓和、对抗转为对话。1982年,阿拉伯国家非斯首脑会议,以含蓄的语言放弃了对以色列的"不接触、不谈判、不承认"的"三不政策"。约旦与以色列实现关系正常化,马德里中东和会召开,奥斯陆进程启动,"路线图计划"和"阿拉伯和平倡议"得到广泛接受,中东问题从此进入政治解决的新时期。

第二,埃以和解结束了埃及长达三十年的战争状态,埃及收复了被以色列占领的西奈半岛,与以色列关系实现正常化,这使埃及能够专注于国内经济社会发展。与以色列实现和解,实施经济改革,使埃及经济迅速恢复。1966—1974年,埃及国内民生产总值的年均增长率仅为

3.9%，然而在1974—1981年间，该项数据达到了9.8%。[1]

第三，埃及的国际环境得到改善。埃以和解不仅为埃及创造了和平的外部环境，还使其如愿改善了与美国为首的西方国家的关系，并得到西方经济和军事援助。在结束与苏联的盟友关系后，埃及与海湾阿拉伯国家、约旦等温和派阿拉伯国家一道，成为美国在阿拉伯世界的盟友。埃及作为最大的阿拉伯国家，其倒向西方阵营的举动加强了美国对中东的控制力，导致苏联在中东的影响力下降。作为回报，美国开始向埃及提供军事和经济援助。1979年3月《戴维营协议》签署后，美国便宣布将在未来三年内将向埃及和以色列提供经济和军事援助四十八亿美元，其中向埃及提供的援助为十五亿美元军事贷款，三亿美元经济援助。美国还同意从1980年起的五年内，向埃及提供三十五亿美元的军事援助，这使埃及成为仅次于以色列的美国对外军事援助第二大受援国。[2]此后的三十余年里，美国每年均向埃及提供约二十亿美元的军事和经济援助，这成为埃及因与以色列和解而获得的"和平红利"。

第四，埃以和解使以色列重新审视其安全政策。以色列建国后，一直与阿拉伯国家处于交战状态，成为被敌对国包围的"孤岛"。虽然以色列在历次战争中均获胜，但也蒙受了巨大损失，安全的缺失严重制约以色列经济和社会发展。"十月战争"和埃以和解使以色列认识到，战争并非获得安全的唯一手段，和谈也是解决阿以冲突的选项。在实现与埃及关系正常化之后，虽然以色列将西奈半岛归还埃及，但其最大的安全威胁——埃及成为其在政治、经济、安全、能源等方面的合作伙伴，阿以全面战争的威胁不复存在，以色列的安全环境大为改观。

2. 埃以和解的消极影响

第一，埃及被阿拉伯世界孤立。对以和解给埃及带来了巨大的政治

---

[1] 根据OECD提供的数据计算而来。参见Augus Maddison, *The World Economy: Historical Statistics*, OECD Development Center, 2003, p.211。

[2] 陈建民：《埃及与中东》，北京大学出版社2005年版，第125页。

损失,当时有十七个阿拉伯国家与埃及断交,其阿盟成员国资格被中止,阿盟总部也由开罗迁至突尼斯。

第二,与以色列单独媾和,导致阿拉伯世界分裂和阿拉伯民族主义的衰落。埃及将国家利益置于阿拉伯民族整体利益之上,分化了阿拉伯世界,阿拉伯国家自此不能作为一个整体与以色列抗衡,以色列得以对阿拉伯国家各个击破。以色列自恃与埃及实现和平,稳住了与阿拉伯国家关系的大局,便对巴以和叙以和平进程采取拖延政策,致使中东的核心问题——巴以冲突至今仍未解决。

第三,引发埃及国内政治分裂,削弱了政权合法性。萨达特在未取得国内广泛共识的情况下,擅自与以色列和解,导致埃及国内政治分裂。埃及民族主义者和伊斯兰主义者强烈反对与以色列媾和,埃以和解催生了一批反世俗政权的伊斯兰极端组织,它们试图用暴力手段颠覆政权。1981年10月6日,在"十月战争"八周年纪念阅兵式上,萨达特被激进分子刺杀,为埃以和平付出了自己的生命。

穆巴拉克继任总统后,延续了萨达特的对以和平路线。2011年初,在突尼斯剧变影响下,埃及爆发大规模游行示威,十八天后,穆巴拉克被迫下台。2012年6月2日,穆巴拉克被判终身监禁。对以和平政策是穆巴拉克政权垮台的主要原因之一,萨达特和穆巴拉克均为对以和解付出了代价。埃及剧变后,穆斯林兄弟会等组织通过民主机制崛起的原因之一,是它们一贯坚持反以政策,支持伊斯兰组织的反以斗争。

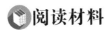 阅读材料

一、必读材料

(一)专著

1. 萨达特:《我的一生——对个性的探讨》,商务印书馆1980年版。(重点是第八章"第二次革命",第216—243页,和第十章"走向和平之

路"，第282—329页。)

本书是萨达特的自传，作为萨达特生活的实录，它回顾了萨达特在人生各个阶段的思想历程。在本书的第八章"第二次革命"和第十章"走向和平之路"中，萨达特为我们讲述了他做出与以色列媾和的战略抉择的原因：萨达特接替纳赛尔成为埃及总统后，在政治、经济等方面面临着诸多困境。政治上，由于他的前任纳赛尔简单武断地把世界各国划分为"进步"和"反动"两类，不仅断绝了与西方各国的交往，还与亲西方的阿拉伯国家交恶，使埃及在国际社会上陷入了孤立的境地。经济上，由于照搬苏联模式，埃及在各种物品的供应上都出现了严重短缺，国家濒临破产。所以执政伊始，他就试图摆脱苏联对埃及的控制，并力图改善埃美关系。为了打破不战不和的僵局，结束埃以之间的纷争，1971年2月4日，萨达特宣布了他的和平倡议，但以色列并未对和平表现出足够的诚意，美国也未对此给予足够的重视。为了实现最终的和平，他发动了"十月战争"，在战争后主动访问了以色列，并在美国的斡旋下签署了《戴维营协议》。用萨达特自己的话说，他"为和平而进行的斗争是一个漫长的过程"，可以一直回溯到他"当选埃及总统的时刻"。他为和平做出的这一切努力都是为了"实现变革"，"为埃及人民谋福利"。

2. 杨灏城、江淳：《纳赛尔和萨达特时代的埃及》，商务印书馆1997年版。[第二编：萨达特时代(1970—1981)，重点是第二章"萨达特在埃及危难之际继任总统"、第三章"战与和"和第四章"同苏联、美国关系的大转变"，第269—350页。]

本书第二编以历史唯物主义为指导，采用编年体为主、专题化为辅的编纂方法，对萨达特执政时期埃以媾和的前因后果进行了客观的记叙，并博采各家之言，对萨达特做出"与以色列媾和"这一战略抉择的动机进行了较为客观公允的分析。从国际局势来看，20世纪70年代初，美苏争霸在中东地区呈现"美守苏攻"的态势，苏联为维持社会主义版图，不断加紧对埃及的控制，从政治、军事等各领域对埃及进行牵制，引发其不满。从国内政治来看,一方面,萨达特执政之初,其掌权并非众望所归,以美国为代表的国际社会将其视为"过渡人物",而国内亲苏的萨布里集团则时常对其决策进行非难,故而,推动埃以和谈可被视为萨达特借以摆脱苏联控制、巩固其国内统治的两全之策;另一方面,纳赛尔遗留的江山赋予了萨达特三大历史任务,即放松政治、改革经济、收复失地争取和平,故而,实现埃以和平是埃及人民的共同心声,符合埃及国家利益。从决策者个人决断来看,历史原因造成的萨达特对苏联的反感与对美国的好感促使其做出亲美反苏的重大战略转变,推动和谈即这一转变的具体体现。"十月战争"之后,埃以双方对和平的渴望加之美国软硬兼施的斡旋策略,二者合力,促成了《戴维营协议》的签订,开辟了解决中东问题的新途径。

3. 陈天社:《埃及对外关系研究(1970—2000)》,中国社会科学出版社2008年版。(重点是第73—81页。)

本书在第二章论及埃以关系时谈到,纳赛尔在1970年接受了美国提出的"罗杰斯计划",实现了埃以停火,同意与以色列直接和谈,但由于他的突然辞世,且双方分歧太大,该计划最终成为历史文件。萨达特上台后,虽频频向以色列挥动"橄榄枝",但以色列在"六五战争"后处于强势,对埃及的举动置之不理。于是萨达特"为争取建立在公正基础上的和平"而发动了"十月战争",这使萨达特在阿拉伯世界获得了崇高的声望,也打破了以色列不可战胜的神话,从而为接下来的和谈铺平了道路。书中谈到,萨达特认为,埃以之间的障碍主要是心理障碍,"埃以冲突有70%是心理上的问题,30%是实质性问题",为了"克服这种心理障碍",为了"打破阿拉伯人、以色列人已陷入30年的恶性循环",为了"子孙后代的前途命运",萨达特访问了耶路撒冷,迈出了通往和平的勇敢的第一步。萨达特的这一举动看似意外,事实上却是埃及政策调整的重要组成部分,其苗头早已有之。因为一方面,埃苏交恶,埃及对外关系的重心转向了美国,另一方面,埃及国防开支过大,生活必需品的供给严重不足。

在这种内忧外患的形势下，萨达特想要的不仅仅是收复自己的领土，而是打破僵局，"为整个地区的国家和人民实现和平、安全、公正和稳定"。

（二）论文

1. Uri Bar-Joseph, "Last Chance to Avoid War: Sadat's Peace Initiative of February 1973 and its Failure," *Journal of Contemporary History*, vol.41 no.3, Jun.19, 2006, pp.545–556.

1973年2月，萨达特通过美国国务卿基辛格，向以色列提出了和平倡议，本文作者认为，这一倡议是1967—1973年间，为实现埃以和平而做出的最重要的一次外交提议。本文详细解析了萨达特提出和平倡议的背景及相关各方的态度，指出，美国的不甚热心和以色列拒绝归还1967年战争中所占埃及领土的姿态使萨达特认识到，埃以和平的实现已无法再寄希望于和谈，必须通过军事行动向美、以双方证明自身实力，方可打破不战不和的局面。

2. Mordechai Gazit, "Egypt and Israel: Was There a Peace Opportunity Missed in 1971?," *Journal of Contemporary History*, vol.32, no.1, 1997, pp.97–115.

依据美国、以色列两国主流出版物的观点，1971年，萨达特执政之初曾向以色列表达过打破僵局的意愿，但以色列傲慢的拒绝导致了埃及的外交失败，进而阻碍了埃以和平进程的推进。而本文作者则提出了与之截然相反的论点，即1971—1973年间，萨达特仍坚持其维护整个阿拉伯世界利益的立场，不愿在细节方面做出任何妥协，这一态度使得美国与以色列的外交努力全无成功可能。

3. Alan D.Owty, "The Application of International Guarantees to the Egypt–Israel Conflict," *Journal of Conflict Resolution*, 1972, pp.253–267.

本文详细分析了20世纪70年代初"十月战争"之前埃以双方从各个渠道获取的内、外各方保障，并指出，这些保障为埃以双方达成的共识提供了信誉度，而这种得到了保障的"信誉"则使得双方，特别是以色列方面,可以从现存"僵局"中获益,从而在一定程度上维护了"不战不和"的局面。

4. Paul Jabber, "Peace Proposals for the Arab-Israeli Conflict, 1967-1976," *Security Dialogue*, Jan., 1977, pp.153-166.

本文的作者是美国中东问题专家,在文中,他详细地探讨了1967—1976年阿以各次和谈的总体特点,并将它们分为"全面和谈"和"局部和谈"两类。论及"局部和谈"中的"有关西奈半岛被占领土的和谈"部分,作者指出,埃及是解决阿以冲突的关键,把西奈半岛归还给埃及,不仅从长远来看可以巩固埃及在泛阿拉伯世界的领导地位,促进阿以冲突的和平解决,对于以色列本身来讲,也可避免把漫长的边界暴露在敌对国家面前,赢得一个相对更安全的边界。

5. Stephen P.Cohen and Edward E.Azar, "From War to Peace : The Transition Between Egypt and Israel, " *Journal of Conflict Resolution*, vol.25, no.1(Mar., 1981), pp.87-114.

本文谈到了舆论对萨达特与以色列和谈的两种不同看法:支持者认为萨达特的做法为地区和平的实现打下了基础;而批评者则认为,这使以色列和其他阿拉伯国家达成全面和解变得更加困难。本文从1979年5月在开罗召开的历史性会议入手,全面剖析了萨达特所倡导的埃以和平进程的背景、始末及深远影响。

6. Moshe Shemesh, "The Origins of Sadat's Strategic Volte-face," *Israel Studies*, vol.13, no.2 (Summer 2008), pp.28-53.

本文从以色列的视角考察了萨达特对以政策转向,认为早在纳赛尔执政时期,萨达特便认识到埃及对外政策存在三大误区:一是与苏联的盟友关系,二是与以色列的对峙状态,三是埃及为阿拉伯民族承担超出其国家利益以外的责任。因此,萨达特上台后便着手调整埃及外交政策。作者强调萨达特于1971年便提出对以和平倡议,但遭到以色列拒绝,这使萨达特被迫采取以战求和策略。因此,以色列拒绝萨达特和平

倡议,是1973年中东战争的主因。他还认为,以色列是埃以和平的最大
受益者。

7. Jason Brownlee, "Peace Before Freedom: Diplomacy and Repression in Sadat's Egypt," *Political Science Quarterly*, vol.126, no.4, pp.641-668.

本文是2011年埃及政治剧变后,对萨达特对以和平政策国内影响的
反思。作者认为萨达特对以和平政策遭到埃及自由民主派、民族主义者
和伊斯兰主义者的一致反对。为维护政权稳定,萨达特及其继任者穆巴
拉克强化了威权统治,以压制对以和平政策的反对者,从而加剧了埃及
世俗政权的合法性危机。作者认为,萨达特将对以和平置于国内民主化
进程之上,造成政权合法性基础被侵蚀,最终导致穆巴拉克政权倒台。

8. 刘合波:《缓和与1973年中东战争的爆发》,《齐鲁学刊》2010年第
5期,第57—63页。

文章回顾了1973年中东战争爆发前后埃及对以政策的转变,并将萨
达特远苏亲美、促进埃以和谈的战略决策置于20世纪70年代初美苏争
霸的宏观语境之下,从美苏中东势力消长、中东政策演变对萨达特战略
抉择影响的角度分析了其政策动机。

9. 卢少志:《萨达特时期埃苏关系破裂的原因》,《东北师大学报(哲
学社会科学版)》2001年第2期,第54—58页。

本文从萨达特时期埃及国内政治斗争状况的角度提出,萨达特做出
与以色列媾和战略抉择的重要原因之一是为了摆脱苏联控制,打压国内
亲苏派势力,以维护自身统治。埃苏关系的急剧恶化始于萨达特上台之
后与权力中心的斗争,从而增加了双方的不信任。随后,双方在埃及实
行开放政策、调整中东政策、改善与美国和以色列的关系等方面分歧日
增。苏联的霸权主义政策加剧了埃苏矛盾,进一步导致两国关系终由盟
友走向敌对。

二、选读材料

（一）著作

1. 亨利·基辛格：《动乱年代——基辛格回忆录》第一册和第二册，世界知识出版社1983年版。（重点是第一册第六章"动乱中的中东"第245—285页，第二册第十一章"中东战争"第1—131页，第十二章"莫斯科、停火、戒备"第132—219页，第十三章"第一次中东突破"第220—298页。）

本书是美国前国务卿基辛格的回忆录，作者从美国国家利益出发，从中东一系列重大历史事件参与者与决策制定者的角度回顾了埃以和谈的始末，分解并分析了萨达特自1970年起，为推动埃以和谈而采取的一系列对美、对苏、对以政策，并从美国国家利益的立场上对其行为动机进行了解读与剖析，为理解"萨达特做出媾和抉择的原因"提供了一个新的认知角度。本书英文原版是：Henry Kissinger, *Years of Upheaval*, Boston: Little and Brown, 1982。

2. 布特罗斯·布特罗斯–加利：《埃及通向耶路撒冷之路》，上海人民出版社1999年版。

本书是布特罗斯–加利根据自己当时的日记写成的，它以一名参与者的眼光，记录了《戴维营协议》开启阿以和平进程、建立美国与以色列及其阿拉伯邻国新关系的历程。本书忠于历史，生动地描写了许多历史伟人间的对话，包括富有远见卓识的萨达特、充满活力与魅力的埃泽尔·魏茨曼、不留情面的吉米·卡特、深不可测的摩西·达扬，展现了阿拉伯和谈者面临的种种困难，对于分析萨达特对以政策动机具有重要的史料价值。

3. 威廉·匡特：《中东和平进程：1967年以来的美国外交和埃以冲突》，华东师范大学出版社2009年版。（重点是第二部分"尼克松和福特总统执政"第57—178页，第三部分："卡特总统执政"第179—238页。）

作者根据最新解密的美国政府档案，及其他已发表的有关尼克松、卡特等总统的材料，将美国国家利益置于20世纪70年代宏大的历史背景之中，全方位回顾了美国参与之下的中东和平进程，分析了美国的中东政策及其对埃以双方的影响。

4. 贾汉·萨达特：《总统与我——萨达特夫人自传》，周仲安、陈寅章译，上海译文出版社1995年版。（重点是第十二章"通往和平之路"。）

贾汉·萨达特是安瓦尔·萨达特的第二任夫人，《总统与我》是她以自传形式写的一本书，该书不仅在一定程度上解开了萨达特遇刺身亡之谜，而且比较系统、全面地介绍了埃及及整个阿拉伯世界的宗教、文化和价值观。该书的第十二章"通往和平之路"详尽地介绍了埃及社会在"十月战争"前后的艰难状况，以及萨达特应对这种窘境的做法，即用一切手段，不惜一切代价，以打破僵局，实施变革，实现和平。

（二）论文

1. Olfat Hassan Agha, "The Role of Mass Communication in Inter-State Conflict: the Arab-Israeli War of October 6, 1973," *International Communication Gazette* 1978, pp.181–195.

作者采用语料库语言学的方法，对1973年"十月战争"之前、之中、之后《金字塔报》与《耶路撒冷邮报》两大报刊中涉及对方的社论分别进行了统计与研究，数据显示：随着局势的恶化，社论用词的"信任−怀疑比"下降，反之则上升。作者进而得出结论：大众媒体对于消除敌对双方疑虑、促进和解的达成起重要作用。

问 题

1. 萨达特为什么做出与以色列和解的战略抉择？萨达特是否还有更好的选择？为何巴以、叙以和平进程至今未能按照埃以和解的模式得到解决？

2. 萨达特与美国建立盟友关系（1970—1973）与中美缓和（1969—1972）的背景有何异同？当时中国与埃及面临的国内和国际环境有何异

同？这些相似和不同的地方是否能够解释他们的行为及相应的社会结果之间的异同之处？

3.萨达特对以和平政策对阿拉伯世界的意识形态和政治格局带来了怎样的影响？其与阿拉伯民族主义的衰落和伊斯兰原教旨主义的兴起有何种关系？

4.【反事实问题】如果萨达特延续对以敌对政策(即将以武力彻底收复西奈半岛甚至占领更多以色列领土作为战略目标),埃及和中东政治格局将如何发展？

5.【反事实问题】如果率先与以色列实现和平的不是埃及,而是叙利亚或其他阿拉伯国家,埃及将可能采取何种政策？

6.【反事实问题】如果埃及军队能够延续其在1973年"十月战争"初期的胜利势头,并最终击败以色列(至少收复西奈半岛全境),那么萨达特是否仍然会积极寻求对以色列的和平政策？

第十一章

印度核试验（1998）[①]

案例介绍

1998 年 5 月 11 日和 13 日，印度在拉贾斯坦邦的博克兰沙漠进行了五次代号为"实力"的地下核试验。据印度原子能委员会主席奇丹巴拉姆和国防部部长科技顾问阿卜杜勒·卡拉姆透露，五次核试验中包括一个 45 千吨的氢弹，即热核装置；一个 15 千吨的裂变装置；三个分别为 0.2、0.3 和 0.5 千吨的低当量装置。它们所用的裂变和其他材料都是印度自己生产的，采用了聚变和裂变两种引爆方式。试验是在 7 千米外遥控进行的。此次核试验为印度设计不同用途、不同运载系统、不同当量的核武器提供了必不可少的数据。他们还强调，印度已经是拥有核武器的国家，印度的导弹可以装备任何种类的核弹头。[②]

---

① 张贵洪（复旦大学国际问题研究院、复旦大学联合国与国际组织研究中心）著。

② "Joint Statement by the Chairman of the Atomic Energy Commission and the Scientific Adviser to the Defense Minister，" *The Hindu*，May 18，1998.但是，根据西方一些地震学家的记录和分析，人们怀疑印度是否成功地试验了热核装置，并相信其裂变或热核装置没有像设计的那样有效，参阅 George Perkovich，*India's Nuclear Bomb：The Impact on Global Proliferation*，Los Angeles：University of California Press，1999，pp.426-427；P.R.Chari，"India's Nuclear Doctrine：Confused Ambitions，" *The Nonproliferation Review*，vol.7，no.3，Fall-Winter，2000，pp.128-129。

一、印度核政策的演变

印度的核政策大致经历了三个阶段：和平核政策、双重核政策（核门槛政策）和核武公开化政策。

第一阶段：和平核政策。从独立到20世纪50年代，尼赫鲁奉行不结盟政策，保证和平利用核能。在国内，印度政府公开表示反对从事核武器的研究和开发，并承诺和平利用核能。1948年4月，尼赫鲁提出印度发展原子能是为了和平使用，而不是用于战争。印度国会通过《原子能法案》，成立原子能委员会。在国际上，印度积极提出军控和裁军主张。1954年4月，尼赫鲁向联合国提出缔结一项停止核试验国际协定的提案。1954年8月，成立独立的原子能局，统一印度的原子能发展。1955年又成立了统一的原子能机构，并于当年建成亚洲第一座核试验反应堆。这一时期印度和平核战略是其不结盟政策的一部分。同时，印度的主要目标是发展经济。

第二阶段：双重核政策（核门槛政策）。20世纪60年代，印度的核政策发生变化。英迪拉·甘地在坚持和平利用核能政策的同时，提出印度有权保留核选择。这种政策的特点是表面上仍实行和平核战略，但事实上已模糊核能的和平利用和武器化之间的界限。1968年，英迪拉·甘地政府以条约的歧视性为由，拒绝接受《不扩散核武器条约》，反对国际核查，强调印度核计划的独立性。1974年印度进行第一次核试验。这一时期，基于印度成功地"肢解"了巴基斯坦，在政治和军事上取得支配地位，再加上印苏与美巴在南亚形成对抗格局，印度的核战略向安全需要转移。

第三阶段：核武公开化政策。冷战结束后，印度的核政策再次进行调整。其核政策目标更加明确，把拥有核武器作为争取世界大国地位的重要环节。20世纪90年代中期以后，印度从原有立场后退，拒绝签署《不扩散核武器条约》和《全面禁止核试验条约》。1998年印度大选时，人民党在竞选纲领中就承诺，一旦获胜，它将成立国家安全委员会，"进行印度首次安全防务评估，以研究和分析安全环境并提出合适的建议……重新评估国家的核政策并把发展核武器的选择付诸实施"。[①]人民党上台后两个月，还没有来得及成立国家安全委员会并对安全环境作出评估，印度就进行了核试验。

1998年11月，印度成立了三个国家安全机构：国家安全委员会（National Security Council，NSC）、国家安全顾问（National Security Advisor，NSA）和国家安全顾问团（National Security Advisory Board，NSAB）。1999年8月17日，由22名成员组成的印度国家安全顾问团公布了一份《核原则草案》（Draft Nuclear Doctrine，DND），主要内容包括：第一，印度发展核武器的基本目标是对使用或威胁使用核武器打击印度及其军队的任何国家或实体进行威慑；第二，印度将寻求一种"可信的最低威慑"，在这种"仅用于报复"的核政策中，核设施的生存能力是至关重要的，印度核力量的实际规模、组成、部署和使用将取决于印度的战略环境、技术和国家安全的需要等因素；第三，不对无核国家或没有与核国家结盟的国家使用或威胁使用核武器；第四，印度不首先发动核攻击，但一旦威慑失败，印度将进行惩罚性的报复；第五，核武器将严格控制在最高政治领导层；第六，印度的核武器将建立在"三位一体"（陆基、海基、空基）概念之上。2003年1月6日，印度正式确认这一原则草案，并成立了核指挥部（Nuclear Command Authority，NCA）和战略力量指挥部（Strategic Forces Command，SFC）来管理和指挥其核力量。同年10月5日，印度国防部部长费尔南德斯宣布，印度的核指挥中枢包括多个"核战指挥神经中枢"已经到位，使印度正式具备核报复能力。这意味着印度核指挥部开始运转。

印度核政策的特点是：（1）重视核武器的政治作用而非军事价值；

[①] "BJP Election Manifesto: Our National Security，" http://www.bjp.org/manifes/chap8.htm.

（2）防御性核政策，以拥有第二次打击能力为基础；（3）不首先使用（No First Use）核武器；（4）政策公开。

二、印度为什么要进行核试验？

印度公开核试验的借口是中国的威胁。1998年5月12日，在写给美国总统克林顿的一封信中，时任印度总理的瓦杰帕伊把来自中国的威胁作为印度核试验的理由，称"我们的邻国中有一个公开拥有核武器的国家……（它）帮助我们另外一个邻国成为不公开的核武器国家"，"印度处于核武器的包围之中"，"印度进行核试验是不得已的行为"。[①]一些支持核武化的印度战略家认为，核武器的战略意义在于对付中国。印度政府官员公开声称，面对中国的威胁需要建立有效的威慑。

印度进行核试验既有内部原因和政治考虑，也有外部原因和战略考虑。第一，巩固执政地位。1998年3月刚上台的以人民党为主的瓦杰帕伊政府试图通过发展核武器争取国内对其执政的支持。第二，追求大国地位。印度认为拥有核武器是获得国际尊重和重视、争取大国地位和地区霸权的不可缺少的手段，并把核能力视为世界大国的首要条件，是进入安理会的入场券。第三，形成威慑能力。印度认为核武器可以用来威慑巴基斯坦、平衡中国核能力、限制美国在印度洋的军事存在。第四，提高技术能力。印度独立后就开始发展核能力，1974年还爆炸了一颗核装置，但印度科学家认为只有"接上最后一根导线"，才能真正拥有威慑力。第五，应对国际压力。印度战略家认为，1995年《不扩散核武器条约》的无限期延长和1996年《全面禁止核试验条约》的签署巩固了现有核国家的地位，而把印度限制在核俱乐部之外。因此，印度把核不扩散体制视为一种潜在的束缚而必须加以冲破。

---

① Nuclear Anxiety, Indian's Letter to Clinton on Nuclear Testing, http://www.ny-times.com/1998/05/13/world/nuclear-anxiety-indian-s-letter-to-clinton-on-the-nuclear-testing.html.

三、国际社会对印度核试验的反应

1998年5月14日，联合国安理会轮值主席就印度核试验发表声明，要求印度停止进一步的核试验，对核试验给南亚和平与稳定造成的影响表示关注，重申南亚紧张局势只有通过和平对话而不是使用武力或其他军事手段来减少和消除。[①]

1998年5月15日，八国集团国家元首和政府首脑发表声明，谴责印巴核试验。1998年6月4日，联合国安理会五个常任理事国在日内瓦发表公报，谴责核试验，同意迅速采取行动避免地区紧张局势的升级，要求印度承诺不部署核武器和导弹，不出口相关设备、材料和技术，重申《不扩散核武器条约》是不扩散机制和核裁军的基石，积极鼓励印巴通过直接对话寻求双方可接受的解决方案，采取切实措施避免军备竞赛。[②]

1998年6月6日，联合国安理会通过第1172号决议，对印度和巴基斯坦的核试验发表了17条声明，主要包括：谴责印巴核试验；要求印巴避免进一步核试验；敦促印巴保持最大限度的克制和避免有威胁的军事行动以预防局势的进一步恶化；敦促印巴开展对话；要求印巴立即停止它们的核武器发展项目，不要部署核武器，停止弹道导弹项目，明确并承诺不向别国出口可以用于大规模杀伤性武器及其运载工具的装置、材料或技术；认为印巴核试已严重威胁全球防扩散和裁军努力；要求印巴立即无条件加入《不扩散核武器条约》和《全面禁止核试验条约》；要求印巴以积极的姿态加入关于停止生产用于核武器或其他核爆炸装置的裂变材料公约的日内瓦裁军会议。[③]

1998年6月12日，八国集团外长就印巴核试验发表公报。对印巴核

---

① "Statement by the President of the Security Council," S/PRST/1998/12, May 14, 1998, and S.PRST/1998/17, May 29, 1999.

② "Joint Communiqué on India and Pakistan Nuclear Tests by the Five Permanent Members of the UN Security Council," Geneva, June 4, 1998.

③ S/RES/1172 (1998), June 6, 1998.

试验进行了谴责,认为这些试验影响了两国与八国集团每个成员国的关系,损害而不是改善它们的安全环境,破坏了它们实现持续经济发展目标的前景,与全球防核扩散和核裁军的努力是背道而驰的,并将对两国的国际声誉产生严重和长期的影响。公报支持安理会第1172号决议对印巴提出的要求。

1998年6月27日,克林顿总统与江泽民主席发表《中美联合声明》,双方表示"同意在联合国安理会和其他场合紧密合作,以避免南亚核竞赛和导弹军备竞赛的升级,加强国际防扩散机制的努力,促进印巴之间分歧的和解与和平解决"。①

四、印度的核力量

关于印度核试验装置的当量存在相互矛盾的说法。1974年5月印度试验其第一个裂变装置时,印度科学家称其当量为12千吨,但一些分析人士认为大约只在2—6千吨之间。

1998年5月印度第一轮核试验后,印度宣布试验了三个核装置:一个12千吨的裂变装置、一个43千吨的热核装置和一个0.2千吨的装置。这些数据随后修改为15千吨的裂变装置和45千吨的热核装置。但一些独立分析人士通过地震测量数据认为印度核试验的当量在20—30千吨之间,这意味着热核试验是失败的。一些印度科学家也认为裂变装置只是部分燃烧。

关于1998年印度核试验是否成功的争议在2009年又一次被提起。1998年核试验基地的主管桑瑟兰姆(K.Santhanam,曾担任印度国防分析研究所所长)称热核试验实际上是失败的。印度一些科学家因此提出要再进行一次核试验,停止签署《全面禁止核试验条约》。印度政府对此表示否认,并重申印度自愿暂停核试验。

---

① "Sino-US Joint Statement on South Asia," Beijing, June 27, 1998.

据美国《原子科学家公报》2008年11月的估计，印度大约有70枚已组装的核弹头，其中约50枚已完全部署。斯德哥尔摩国际和平研究所2009年年鉴显示，印度有60—70枚已部署的核武器。这些估计都基于对印度已生产的武器级钚的贮存量的测算。

据公开的材料，印度每年可生产20—40千克的钚，大约已有280—600千克武器级钚的存贮，足够生产40—120件核武器。

印度公开核试验后，又进一步发展其运载工具，致力于建设陆基、海基和空基三位一体的核打击能力。1999年4月11日，印度试射射程可达2000多千米的"阿格尼Ⅱ"（Agni Ⅱ）中程导弹。1999年8月17日，印度国家安全顾问委员会拟订了"可信的最低核威慑"（Credible Minimum Nuclear Deterence）的核战略草案，明确提出在未来30年内，印度将投资100亿美元左右，建立一支由陆基弹道导弹、空军远程攻击机和空对地导弹、海军潜艇组成的三位一体的核力量，从而成为世界上第六个由导弹、飞机、潜艇组成的运载工具三位一体的核武器拥有国。

五、印度与国际防扩散体制和核裁军

1998年印度进行核试验，核扩散第一次从大国化转变为地区化，第一次在短时间内同时向两个国家扩散，第一次向中小国家扩散。

印度的核武器试验对国际防扩散体制提出了一个严峻的挑战，即国际社会如何处理一个已拥有核武器的非《不扩散核武器条约》成员的地位。印度拒绝加入国际核不扩散体制，但宣称支持真正核不扩散的目标。

长期以来，印度认为《不扩散核武器条约》对非核国家是不公正的，带有歧视性，并批评该条约允许五个核武器国家进行纵向核扩散和有选择的横向核扩散，因此拒绝签署该条约。

印度也反对建立南亚无核武器区。建立南亚无核武器区问题一直得到国际社会的关心，也曾是很长时期联合国大会讨论的重要议题之一。1974年12月9日，联大通过第一个关于建立南亚无核武器区的决议。此后直到1997年,联大每年都要通过一个关于此问题的决议。这些决议认为,建立南亚无核武器区同在其他区域一样,将有助于增强该区域各国的安全,使其免受威胁使用或使用核武器的危害。决议敦促南亚各国继续为建立南亚无核武器区做出一切可能的努力,并且在此期间不要采取违背这项目标的任何行动。

印度前外长辛格曾表示,印度将签署《全面禁止核试验条约》,不再进行核试验。但在美国参议院1999年10月拒绝批准《全面禁止核试验条约》后,印度对签署该条约采取不积极态度。

印度曾经是联合国全面和彻底裁军目标的积极支持者。1948年,印度就呼吁原子能应仅用于和平目的。1954年印度是最早提出结束所有核试验的国家之一。1978年印度建议就达成一项禁止使用或威胁使用核武器的国际公约进行谈判。1982年印度又倡议"核冻结"(nuclear freeze),即禁止生产武器级裂变材料、禁止生产与核武器相关的投放系统。1988年印度总理拉吉夫·甘地在联合国发表了著名的"无核武器世界"倡议。印度的核裁军主张具有强烈的理想主义色彩。事实上,印度出于国内政治、国家安全和大国地位等国家利益方面的考虑,于1998年进行了核试验,并拒绝以无核武器国家身份加入《不扩散核武器条约》或签署《全面禁止核试验条约》。在核武器和裁军问题上,印度口头上的"高调"和行动上的"违抗"形成了极大的反差。

📖 阅读材料

一、必读材料

(一)图书

1. 新闻背景:NUCLEAR ANXIETY,Indian's Letter to Clinton on the Nuclear Testing。

1998年5月12日,印度总理瓦杰帕伊致函美国总统克林顿,称"我们的邻国中有一个公开拥有核武器的国家……尽管我们与那个国家的关系在过去10年左右有了改善，但主要由于尚未解决的边界问题，不信任的气氛仍在继续。那个国家帮助我们另外一个邻国成为不公开的核武器国家而增加了这种不信任。"

（http://www.nytimes.com/1998/05/13/world/nuclear-anxiety-indian-s-letter-to-clinton-on-the-nuclear-testing.html）

2. George Perkovich, *India's Nuclear Bomb*: *The Impact on Global Proliferation*, Oxford University Press, 1999. 重点阅读："What Did India Test and Why?" pp.424–433。

该书全面回顾了印度核项目发展历史，回答了印度为什么寻求核武地位、为什么印度人民党政府要进行核试验、美国的防扩散政策如何影响了印度的核决策等问题。书中的材料主要基于作者与印度科学家、军队领导人、外交官、政治家的访谈和美国解密的政府文件。印度的核发展历史对国家为什么要获得和发展核武器的传统理论提出了挑战，对国际关系理论和安全研究提出了新的问题。印度的核试验极大地冲击了国际防扩散体系的基础。

3. Karsten Frey, *India's Nuclear Bomb and National Security*, Routledge, 2006. 重点阅读："Power, Interests, and India's Nuclear Policy," pp.9–27, "Explaining India's Decision to 'Go Nuclear'," pp.192–211。

该书解释了印度核发展的动态过程。不同于传统的解释，该书认为印度地区安全环境的结构条件有利于印度的核发展，但还没有迫切到要通过核武化来维护其国家安全。问题的关键是印度的安全考虑及其对印度安全政策发展的影响。作者解释了核武器的象征意义和价值，它们在印度国内政党竞争和压力集团之间扮演非常重要的角色，也影响了印度与其他国家在防扩散问题上的关系。该书指出了战略精英在决定印度核进程中的作用。作者还认为印度追求核武器背后的关键动力之一是争取国际承认和印度精英对被西方国家"歧视"和"忽视"的强烈感受。

4. Bharat Karnad, *Nuclear Weapons and Indian Security*: *The Realist Foundations of Strategy*, Macmillan India Ltd., 2005. 重点阅读："The BJP-Government and the Indian Nuclear Posture," pp.391–430。

该书对印度核武器战略、政策和态势进行了全面的分析。本书前半部分把印度的战略文化追溯到吠陀时代印度的强权政治,对圣雄甘地的非暴力思想进行了解构,揭示尼赫鲁的权力政治取向。后半部分探讨了印度核武化政治的演变,分析了印度政府、核和国防部门、军队、行政机构和战略界对核武器和核威慑的思考。作者利用美国和英国政府最新解密的文件,通过与印度决策者的大量访谈和参与起草印度的核原则的经历,使本书成为一部关于核武器和印度安全的权威性研究。

5. C.Raja Mohan, *Crossing the Rubicon*: *The Shaping of India's New Foreign Policy*, Penguin Books India, 2003. 重点阅读："The Nuclear Leap Forward," pp.1–28。

该书对印度的外交政策进行了反思,提出冷战后印度外交政策的五个方面转变:集体共识上从建设一个社会主义国家转变为建设一个资本主义国家、外交决策中从过去强调政治到现在强调经济、从第三世界主义转变为促进自身利益、改变反西方的思维方式、从理想主义变为实用主义。

6. Strobe Talbott, *Engaging India*: *Diplomacy*, *Democracy*, *and the Bomb*, The Brookings Institution Press, 2004.

该书记录了时任美国副国务卿的作者与印度外长贾斯旺特·辛格从1998年6月到2000年9月在三个大陆、七个国家、十个地点进行的十四轮对话,不仅减轻了印度核试验对美印关系的消极影响,增进了两国在安全问题上的谅解和理解,也促成了克林顿总统2000年对印度的历史性访问。

(二)论文

1. Scott D.Sagan and Kenneth Waltz, "Why Do States Build Nuclear Weapons?: Three Models in Search of a Bomb," *International Security*, 21 (3), 1996, pp.54–86.

2. Sumit Ganguly, "India's Pathway to Pokhran II: The Prospects and Sources of New Delhi's Nuclear Weapons Program," *International Security*, 23(4), 1999, pp.148-177.

3. Rodney W.Jones and Sumit Ganguly, "Debating New Delhi's Nuclear Decision," *International Security*, 24(4), 2000, pp.181-189.

4. Kampani et al vs.Andrew Kennedy, "Debating India's Pathways to Nuclearization," *International Security* 37 (2), 2012, pp.183-196.

二、选读材料

1. Jasjit Singh ed., *Nuclear India*, Knowledge World, 1998.

2. Ashley J.Tellis, *India's Emerging Nuclear Posture: Between Recessed Deterrent and Ready Arsenal*, RAND Publication, 2001.

3. Itty Abraham, *The Making of the Indian Atomic Bomb*, Zed Books, 1998.

4. 联合国安理会第 1172 号(1998)决议：http://www.un.org/chinese/aboutun/prinorgs/sc/sres/s1172.htm.联合国安理会对印度(和巴基斯坦)核试验作出的反应。

5. Strobe Talbott, "Dealing with the Bomb in South Asia," *Foreign Affairs*, 78(2), 1999, pp.110-122.

6. Gaurav Kampani, "From Existential to Minimum Deterrence: Explaining India's Decision to Test," *The Nonproliferation Review*, 5 (3), 1998, pp.12-24.

7. Rahul Roy-Chaudhury, "India's Nuclear Doctrine: A Critical Analysis," *Strategic Analysis*, Vol.33, Issue 3, May 2009, pp.404-414.

问 题

1. 印度 1998 年的核试验在印度本身、印巴中三角关系(南亚)、全球三个层次上的影响是什么？对于每个方面的影响，请从直接的/间接的、意图性的/非意图性的、立即的/延迟的、发生了的/未发生的这四对影响考虑问题。

2. 印度人民党推动的1998年的核试验是有多个目标的。在它们的目标中，(1)哪些目标得到了立即实现？为什么这些目标已经实现？(2)哪些经过一段时间后，例如，已经过了十余年的当下，已经得到了实现？为什么？(3)哪些恐怕难以实现？为什么？【提示：请至少从印度国内、地区和全球的制约因素考虑，因为要实现大部分目标，都需要有利的外部环境。】

3. 印度核试验后，特别是在美国公开了瓦杰帕伊给克林顿的信后，美国先是和中国联合谴责印度，但是，美国几年后就改变了立场。请问：为什么美国选择公开瓦杰帕伊给克林顿的信？(而且，瓦杰帕伊应该也想到了美国会公开信的内容的可能性)美国几年后就改变了立场。如此看来，中国当年和美国联合谴责印度是否就是错误的？为什么？【请从联合谴责造就的结果及如果不和美国联合谴责可能造就的结果比较入手。】

4. 对于印度人民党来说，核试验是一个短期的决定。但是，它们肯定也意识到这会有长期的影响。这样的决策似乎面临的不确定性更大。面对这一决定的短期和长期影响，印度人民党是如何权衡的？

5.【反事实问题】如果美国没有公开瓦杰帕伊给克林顿的信，中国会做出什么样的反应？为什么？

6.【反事实问题】在学界对于印度1998年进行核试验原因的分析中，至少以下四个因素被认为是非常重要的：冷战后美苏核保护伞作用的减弱、对国际核武器机制的失望、印度国内政治的变动及印度经济的发展。请通过提出反事实问题(例如，如果印度经济增长步伐缓慢，其是否仍会发展核武器？)并予以回答的方式探究上述四个因素中是否存在导致印度选择进行核试验的必要条件？

第十二章

韩国金大中政府对朝鲜的"阳光政策"
（1998—2003）①

案例介绍

1945年8月，美国和苏联商定，以北纬38度线为界，在朝鲜半岛分区接受日本投降，从此，朝鲜半岛成为冷战的最前沿。数十年后，当冷战在世界范围内基本结束，这里依然处于南北分裂和对峙的状态，被称为"冷战的活化石"。本案例所涉及的正是由力图结束朝鲜半岛冷战状态并推动南北和解与合作的政治家金大中及其后继者所推动的"阳光政策"。

一、何为"阳光政策"？

"阳光政策"（sunshine policy）是韩国金大中政府（1998—2003）的对朝鲜政策，也被称为"包容政策"或"接触政策"（engagement policy）。继任的卢武铉政府（2003—2008）提出的"和平繁荣政策"与"阳光政策"一脉相承，也被涵盖在"包容政策"之内。"阳光政策"的提法来源于伊索寓

---

① 董向荣（中国社会科学院亚太与全球战略研究院）著。

言"风和太阳"的故事①。金大中在当选总统前曾提出过"三阶段统一论",这三个阶段分别是：南北联合阶段、联邦阶段和完全统一阶段②。在1998年2月的总统就职演说中,金大中全面阐述了"阳光政策",表明自己有别于往届韩国政府,不再片面地强调对朝鲜施压,愿意在和解、合作及和平的基础上发展南北关系,其基本原则是：禁止一切武装挑衅、放弃吸收式统一、积极推进和解与合作。

二、"阳光政策"出台的背景

20世纪80年代末90年代初,冷战格局发生巨变。在此背景下,韩国政府积极推进"北方外交",适时改善与苏联(1990年9月30日建交)、中国(1992年8月24日建交)等主要社会主义国家的关系。其间,尽管南北关系没有大的进展,但"北方外交"对朝鲜形成了"包围"之势③,迫使朝鲜在南北关系上采取更积极的态度,也为对朝和解政策奠定了基础。

众所周知,美国一直是影响南北关系的重要因素。从一定意义上可以说,美国的对朝政策为韩国对朝政策划定了一个大的框架,韩国可

---

① 在这个寓言故事里,风和太阳两方为谁的能量大而争论不休。这时,他们看到路上有一个行人,太阳说："谁能使行人脱下外套,谁就更强大。"于是,太阳藏在乌云后面,风开始拼命地吹,风刮得越猛烈,行人越是裹紧自己的衣服。太阳出来了,暖暖地晒着行人,行人感到很热,很快就把外套脱了下来。

② 亚太和平财团：《金大中三阶段统一论》,1995年版。此书亦有英文版：Kim Dae-jung and Kim Dae-jung Peace Foundation, Rhee Tong-chin Trans., *Kim Dae-jung's "Three-Stage" Approach to Korean Reunification: Focusing on the South-North Confederal Stage*, Center for Multiethnic and Transnational Studies, University of Southern California, 1997.

③ 卢泰愚离任总统职务后,曾于1995年6月在高丽大学的一次演讲中阐述了"北方外交"的目标及其实施战略。他说："为实现北方政策的目标,战略上要分三个阶段实施。第一阶段,通过与苏联、中国的建交,展开全方位外交,对朝鲜实施包围。第二阶段,实现南北统一。在南北关系方面,我们已经签署了关于和解与合作的协议书,发表了无核化共同宣言。尽管在南北关系上目前还存在核问题、轻水反应堆等造成一时混乱的问题,但亦可以说我们正在实施第二阶段。第三阶段也可以说是最终目标,作为东北亚的伟大中心国家,要扩大我们的生活文化圈。"卢泰愚：《北方外交》,在高丽大学研究生院的演讲(1995年6月4日),载《月刊朝鲜》1995年7月号。转引自沈定昌：《韩国外交与美国》,社会科学文献出版社2008年版,第168页。

以在此框架内调整其对朝政策，但很难有大的突破，即使偶有突破，也将被重新拉回框架之内。或者说，南北关系是美朝关系的因变量。克林顿政府时期（1993—2001），为应对朝鲜的核计划，美国政府推行了"软着陆政策"①。1993年6月至1994年10月，美国与朝鲜展开多轮高级会谈，最终签署《日内瓦框架协议》。根据该协议，朝鲜同意冻结其核计划，美国将负责在大约十年的时间内为朝鲜建造一座2000兆瓦或两座1000兆瓦的轻水反应堆；在轻水反应堆建成前，美国将同其他国家一起向朝鲜提供重油作为能源补偿。第一次朝核危机以补偿换冻结的方式得到缓解，美国也表态要在解除对朝鲜的经济制裁、促进与朝鲜关系正常化等方面作出努力。美朝关系的改善是韩国调整对朝政策的重要背景。时局发展也表明，美朝关系的恶化直接导致"阳光政策"受挫，这是后话。

1991年9月17日，朝鲜和韩国同时加入联合国，双方各自的主权国家身份得以确立。也就是说，朝鲜和韩国都是在联合国拥有合法席位的国家，这是双方必须面对的问题。确立双方的合法身份，有助于建立共存、共处的南北关系。在这个问题上，金大中有很清醒的认识：首先，朝鲜是一个主权国家；其次，朝鲜在短期内不会崩溃，韩国必须学会与朝鲜共存；最后，韩国不应谋求近期内与朝鲜的统一，迅速的统一对于韩国经济无疑将是一场灾难。承认朝鲜的客观存在，谋求与其在一定时期内的和平共处，这是"阳光政策"与往届政府对朝政策最大的区别。

三、"阳光政策"实施过程

"阳光政策"五年的实施过程可以大致概括为：初期的"试探和接触"、中期的南北峰会和后期的"受挫"三个阶段。

---

① "软着陆政策"将正在进行核开发的朝鲜比作装满武器的飞机，如果这样的飞机在大城市中心爆炸或坠落，会非常危险，因此要让它平稳、可控地降落。

第十二章　韩国金大中政府对朝鲜的"阳光政策"（1998—2003）

1. 初期的"试探和接触"

从1998年初到1999年底可以被看作"试探和接触"阶段。在这段时间里，双方进行了官方的接触，判断对方的战略意图，互探底线。金正日想要知道，作为一个长期在野的民主人士，金大中与其前任到底有什么不同？"阳光政策"能给朝鲜带来什么？金大中则想知道，朝鲜能否打开大门，与韩国进行实质性的和解与合作。

在"试探和接触"阶段，南北关系的进展遇到过挫折，但总体尚好，双方建立了起码的互信。在1998年4月的南北会谈中，双方在离散家属和支援肥料问题上未能达成一致，朝鲜对此相当失望，遂于1998年5月21日至6月3日在《劳动新闻》连载《并非"国民政府"》的文章，批评韩国政府和"阳光政策"。在此后几个月的时间里，连续发生了三起影响南北关系的大事，包括6月22日的束草海岸潜艇事件、7月12日东海市海岸边武装间谍尸体的发现，以及8月31日朝鲜的火箭发射等。一时间，朝鲜半岛上乌云笼罩，山雨欲来。这是对金大中能否坚定贯彻"阳光政策"的巨大考验。难得的是，金大中政府没有受到上述事件的干扰，稳步推进南北经济合作，解除了对朝鲜广播和出版物的限制，对潜艇事件采取了温和态度，同意在板门店举行"8·15"统一大联欢等做法，表现出发展南北关系的诚意。在此期间，朝鲜对南北间的民间交流，尤其是对韩国人访问朝鲜持积极的态度。韩国有多个社会团体访问朝鲜，包括韩国文化财团、《中央日报》社和《东亚日报》社等文化团体和机构。1998年6月16至23日，现代集团名誉会长郑周永访问朝鲜，并赠送了500头牛。正是以"黄牛外交"为起点，现代集团开始在十余年的南北政治接触和经济交流中扮演重要、特殊而又备受争议的角色。[①]

2. 中期的南北峰会

2000年是"阳光政策"获得重大突破的一年，以南北首脑会晤为标

---

① 这段过程描述参考沈定昌：《韩国外交与美国》，第175—176页。

志，南北关系获得实质性进展，同时美朝关系也出现缓和。

2000年1月20日，金大中总统表示有意积极促进南北首脑会谈。是年3月访问德国期间，金大中发表《柏林宣言》，表示：现阶段，韩国的目标是终止冷战，实现和平稳定，而并不是急于统一；韩国政府愿意帮助朝鲜克服经济困难，希望朝鲜能积极响应和解与合作的提案，开展南北政府间的对话等。《柏林宣言》向朝鲜传达了积极的信息。朝鲜对金大中的"考察"告一段落，开始积极地予以回应，迈出关键的一步：派出亚太和平委员会副委员长宋浩京与韩国就南北首脑会晤问题进行接触。韩国为避人耳目，派出了时任文化观光部长官的朴智元。经过在北京、上海等地的多次接触，双方达成协议，决定于2000年6月举行首脑会晤，南北关系迎来转机。

2000年6月13至15日，韩国总统金大中率领大型代表团访问朝鲜。这是朝鲜半岛分裂五十余年以来的第一次南北首脑会晤。外界急切地想通过这次访问窥探一下封闭的朝鲜和"隐居"的金正日。令金大中始料未及的是，金正日委员长突然现身顺安机场，亲自来迎接。这个计划之外的小插曲足以说明，金正日是一个不按常规出牌的人，也表明金正日对金大中还是相当欢迎的。访问期间，南北首脑举行了三次会谈，双方就统一问题和南北合作等充分交换了意见。会谈结束后，双方签署了具有历史意义的《南北共同宣言》，内容包括：（1）南北双方决定，统一问题由其主人即本民族齐心协力自主解决；（2）南北双方认为，旨在实现统一的由南方提出的联邦制方案和由北方提出的低阶段联邦制方案具有共同性，并决定今后应该沿着这一方向去促进统一；（3）南北双方决定，在2000年"8·15"之际，进行离散家属、亲属访问团互访，并尽快解决"非转向长期囚犯"等人道主义问题；（4）南北双方决定，通过经济合作，均衡发展民族经济，并加强社会、文化、体育、卫生、环保等各领域的合作与交流，以增进相互之间的信任；（5）南北双方决定，尽快进行当局之间的对话，早日将上述协议付诸实施。

南北峰会缓和了朝鲜半岛的紧张局势，国际社会对此给予了积极的欢迎，金大中也因此获得了2000年度诺贝尔和平奖。韩国民众对南北峰会和《南北共同宣言》也相当支持。根据2000年峰会结束后6月19日韩国统一部进行的调查，93.7%的受访者支持对朝包容政策；此前，6月17日进步倾向的报纸 The Hankyoreh（《韩民族日报》）调查显示，包容政策的支持率高达95.7%；韩国保守媒体《东亚日报》在是年8月25日进行的民意调查显示，86.7%的受访者表示支持。[①]峰会的交流使韩国国民对金正日有了更多的了解。有评论指出，"南北峰会给了金正日一个去妖魔化（de-demonize）的机会，它使金正日的形象由一个隐遁的疯子变成一个受尊敬的、和蔼可亲的、有幽默感的、强有力的领导人"。[②]2000年6月南北峰会结束后立即进行的民意调查显示，43.3%的受访者认为金正日是"朋友"，35.5%的人认为他"基本上是朋友，也有可能是敌人"，17.2%的人认为他"是敌人，但也可能是友好的"，只有2.7%的人认为他就是敌人。[③]

首脑会晤以后，南北之间的交流明显升温，双方举行了多次部门间会谈。在2000年悉尼奥运会上，南北代表团共同入场，在场数万名观众热烈鼓掌，表现出世界各国对南北和解的欢迎和期待。在南北关系发展的同时，朝美关系也出现了改善的征兆。2000年10月，朝鲜国防委员会副委员长赵明录访问美国，双方发表共同声明。10月23日，美国国务卿奥尔布赖特访问朝鲜，朝美关系似乎正孕育着大的突破。

3. 后期的受挫

进入2001年，"阳光政策"受挫。起因或许主要在于美国对朝政策的风云突变。2000年11月，美国共和党候选人小布什当选总统，对克林顿

① ［韩］金在弘（Kim Jae Hong）：《金大中政府的对朝包容政策的媒体态度和国民舆论调查比较分析》，《韩国政治学会报》2003年，第37辑，第2号，第197—218页。

② Manwoo Lee, "Sunset for Kim Dae-jung's Sunshine Policy?" *Current History*, Apr.2002, pp.166-171.

③ Donald Kirk, "Kim Dae-jung and Sunshine: Polls, Popularity and Politics," *Korea Observer*, Autumn 2001, pp.409-429.

政府的外交政策进行了猛烈的抨击，包括其对朝政策。2001年"9·11"事件后，小布什政府对朝政策更加强硬，将朝鲜列为"邪恶轴心"之一。2002年10月，美国负责东亚和太平洋事务的助理国务卿詹姆斯·凯利访问朝鲜后表示，朝鲜没有停止发展核计划。11月，美国正式宣布，由于朝鲜没有履行1994年《朝美核框架协议》，决定从12月份开始中止对朝供应重油，并希望朝鲜半岛能源开发组织的成员国也停止向朝鲜供应重油，第二次朝鲜核危机爆发。朝美关系的再度紧张约束了南北关系的发展。

从2001年到2003年金大中离任，南北关系没有大的起色。实际上，从2000年的高峰开始，走出了一条下降曲线。特别是在2002年底，有媒体报道，现代集团为首脑峰会支付了数亿美元。一时间，这笔钱可能被用作开发核武器等的质疑之声四起，南北峰会被描述成"金钱铺路的政治秀"。为调查这一对朝汇款事件，韩国国会通过《特检法》。在调查进行过程中，2003年8月，时任现代峨山公司（专营开城工业区和金刚山旅游开发项目）社长的郑梦宪（郑周永之子）自杀身亡，可见当时当事人所受压力之大。调查表明，对朝汇款基本属实。在不少人的眼中，"阳光政策"的光芒顿时黯然失色。

四、后金大中时代"阳光政策"的命运

2003年2月，韩国卢武铉总统上台，在"和平繁荣政策"的旗帜下继续推行"阳光政策"。卢武铉强调，要通过对话解决南北问题，要实现相互信任和互惠主义，要实行以南北当事者为基础的国际合作。与金大中政府一样，卢武铉的对朝政策也遭到了国内保守派的质疑。2006年10月，朝鲜进行第一次地下核试验，韩国国内对金大中的"阳光政策"和卢武铉的"和平繁荣政策"的批评剧增，有人甚至认为，朝鲜此举直接宣告了接触政策的失败。2007年10月，卢武铉总统从陆路访问平壤，与金正日进行了南北关系历史上的第二次首脑会晤。

2008年上台的李明博政府,推出了新的对朝政策:非核、开放、3000,即,如果朝鲜"弃核"和走向开放,韩国将帮助朝鲜在未来10年内人均年收入达到3000美元以上;反之,如朝核问题解决不了,南北合作将不会扩大。在朝鲜看来,李明博完全背离了"阳光政策"和"和平繁荣政策",没有执行前任政府所签订的"南北首脑宣言",一味地追随美国的对朝强硬政策,根本没有改善南北关系的诚意。至此,南北和解遭遇寒冬。朝鲜在2009年5月和2013年2月进行了第二次和第三次核试验,在核武装的道路上越走越远。

五、"阳光政策"的影响

根据韩国统一部2003年2月发布报告称,金大中的"阳光政策"大致取得了下列成果:(1)促进了南北首脑会晤和多层次、各种级别的南北对话;(2)缓和了军事紧张局面;(3)推动了南北经济共同体的建设;(4)增加了人员、物质的交流;(5)离散家属会面问题得到解决;(6)实施了对朝鲜的人道主义支援;(7)支援朝鲜安顿出走的居民;(8)为和平解决朝鲜核问题作出了努力。[①]统一部是韩国专门负责南北关系的部门,它在报告中评价"阳光政策"有自吹自擂之嫌,尽管如此,报告中所提及的缓和军事紧张、促进南北人员交流等的作用还是有目共睹的。当然,各方看待这一问题的视角会有所差异。

"阳光政策"一度改变了韩国的对外关系。有学者表示,"阳光政策"使韩国与中国和俄罗斯的关系得到了积极的发展,却使韩美之间出现裂痕。[②]由于对朝政策的差异与《驻韩美军地位协定》的不平等问题交织在

---

① 韩国统一部:《国民政府五年:和平与合作的实践》,统一部,2003,第2—13页。参见沈定昌:《韩国外交与美国》,第179页。在李明博上任时,统一部险些被裁掉,先是由前驻华大使金夏中担任长官,后来换成了"非核、开放、3000"政策设计者之一玄仁泽。

② Choongnam Kim, "The Sunshine Policy and Its Impact on South Korea's Relations with Major Powers," *Korea Observer*, vol.35, no.4, Winter 2004, pp.581–616.

一起，韩国国内多次爆发针对美国的烛光示威。同时，美国也出现了反韩和嫌韩的舆论。直到2008年李明博政府上台，韩美双方才开始修复"受损的同盟关系"。

对朝包容政策实施后，韩国政治社会中的保守派与进步派的分歧公开化，甚至因此而加剧。保守派与进步派最大的分歧在于对朝鲜（当然，还有美国）的认识的差异上。保守派认为，"朝鲜不仅是一个拥有'可怕的人权纪录'的国家，还是一个失败国家，从1948年建立之初就不合法，现在在制度矛盾的重压下更是注定将走向失败"。改革派则认为，"北方不仅有自己的合法权利，使其制度上能在美国的敌意面前生存下来，而且，如果美国解除制裁并与之接触，帮助朝鲜克服历史上形成的它是个被占领的防御国家的自我形象，它还能够并将进行改革"。[1]金大中、卢武铉正是韩国改革派的代表；而随后上台的李明博代表的是保守派。基于对朝鲜认识的差异，保守派与改革派采取了截然不同的对朝政策，相互之间的攻防战不是弥合，而是加剧了认识上的分歧，并使这一分歧向社会大众蔓延。

对朝包容政策改变了韩国国民对威胁的认知。通过接触和交流，韩国民众对金正日有了完全不同于以往的认识，对于韩国最主要的安全威胁也有了新的评价。1993年韩国盖勒普公司的舆论调查结果显示，韩国国民认为对韩国的安全最具威胁的国家是：朝鲜（44%）、日本（15%）、中国（4%）、美国（1%）。而到了2003年，调查的结果变成了美国（39%）、朝鲜（33%）、日本（12%）、中国（8%），美国被认为是比朝鲜更危险的国家[2]。尽管这两项调查结果不是完全可比，也不能说韩国国民安全意识的变化都是由包容政策所引起的，但很难说包容政策对此没有影响。

---

[1] 金炳局：《夹在崛起的中国与霸权主义的美国之间：韩国的"防范战略"》，朱锋、罗伯特·罗斯主编：《中国崛起：理论与政策的视角》，上海人民出版社2008年版，第324—382页。

[2] 参见韩献栋：《朝鲜半岛的安全结构》，中国社会科学出版社2009年版，第122页。

阅读材料

一、必读材料

(一)专著

1. 金大中:《我的人生,我的路》,外文出版社1998年版。重点是第245—249页。

本书对了解金大中四十余年跌宕起伏的政治生涯大有裨益。尤其值得注意的是,作者回顾了其在1992年竞选总统失败后前往英国剑桥大学研修的经历:在半年的时间里,金大中对欧洲一体化进程有了更多的了解,特别是对民主德国与联邦德国的合并及其对朝鲜半岛统一的启示有了更多的思考,用他自己的话来说,"剑桥大学使我由一个政治家进而变成了一个研究统一问题的研究员"。民主德国与联邦德国合并及其后产生的一系列突出问题对金大中最大的启示在于:如果韩国仿效德国采取一步到位的方式解决统一问题的话,韩国经济将会面临崩溃。或许正是部分地基于此,金大中在执政后坚定地选择了与朝鲜共存、和解与合作。

2. 沈定昌:《韩国外交与美国》,社会科学文献出版社2008年版。第六章"北方外交"和第七章"阳光政策",第159—186页。

韩国与朝鲜的和解历程并非始于金大中政府时期,在地区局势发生重大变化的20世纪70年代初期,朴正熙政府就开始了与朝鲜的接触,卢泰愚政府则大力推行北方外交,与苏联和中国建交,彻底改变了韩国的外交环境。在本书中,"北方外交"一章对这些内容有比较详细的介绍,可以作为"阳光政策"出台的背景来阅读。当然,最重要的还是本书中的"阳光政策"一章,书中强调:往届政府对朝鲜政策的立足点均放在朝鲜政权的崩溃上,而金大中政府则将重点放在朝鲜体制的逐渐变化上,追求中长期的共存政策;同时,金大中认为"美国与朝鲜、日本与朝鲜的关系改善,最终有助于南北关系的改善",反过来讲,美朝、日朝关系(当然更主要的是美朝关系)的恶化,也必将阻碍南北关系的发展。历史发展过程表明,美国因素对"阳光政策"的成败产生了重要的影响。

3. 林东源:《协调人(PEACEMAKER):南北关系与朝核问题20年——林东源回忆录》,중앙북스,2008,重点是第一部分里的第一章"与金正日委员长的初次见面"、第二章"南北首脑会晤",第25—135页。

林东源是金大中政府时期的国家情报院院长,是总统的亲信。在本回忆录中,作者以其亲身经历就其所知的、能披露的南北接触的具体信息,包括访问朝鲜、签署初步协议、商谈首脑会谈细节等"阳光政策"的实施过程,进行了较为详细的描述,这是从韩方亲历者的角度研究"阳光政策"的重要材料。

4. Scott Snyder, *Negotiating on the Edge*: *North Korean Negotiating Behavior*, United States Institute of Peace, 1999.

作者选择了一个颇具挑战性的题目,从历史和文化的角度来分析朝鲜谈判行为的根源,以说明朝鲜行为的内在逻辑,而不只是简单地认为朝鲜的行为是蛮横无理的。

(二)论文

1. Donald Kirk, "Kim Dae-jung and Sunshine: Polls, Popularity and Politics," *Korea Observer*, vol.32, no.3(Autumn 2001), pp.409-429.

本文作者是记者出身,在文中引用大量报纸和其他调查机构的民意调查结果,分析了2000—2001年间韩国民众对金大中及其对朝政策的态度变化。比较有意思的是,作者引用了韩国统一部2000年9月委托调查公司进行的独立调查结果:89.7%的受访者欢迎金正日回访韩国;79.6%的受访者总体上积极评价金大中政府的对朝政策,只是59.8%的受访者认为南北和解的步伐过快。

2. Jeong-yong Kim, "The Impact of President Kim Dae-jung's Beliefs

on North Korea Policy," *Korea Observer*, vol. 34, no. 2（Summer 2003）, pp.269-296.

在本文中，作者强调尽管美国对韩国的外交政策有重要的影响，但是就"阳光政策"而言，主要还是金大中个人对南北统一的理解和信念使然。文章对金大中政府的对朝政策缘起、制定和执行过程进行了深入的分析。

3. Manwoo Lee, "Sunset for Kim Dae-jung's Sunshine Policy?"*Current History*, Apr 2002, vol.101, sswe 654, pp.166-171.

这篇短文意味深长，作者指出，尽管金大中的有关政策受制于国内的政治纷争和社会分裂，但它不会"死亡"。他的后继者们只能修改他的政策，而不可能全盘抛弃。作者强调，韩国国民在对待朝鲜的问题上越是陷入分歧，就越难把握自己的命运。"阳光政策"对韩国人最大的启示在于：美国才是朝鲜半岛问题的执牛耳者，尽管美国对此予以否认，美国并没有做好改变朝鲜半岛现状的准备。文中转述了不少韩国国内保守派对"阳光政策"的抨击，比如"南北峰会是金大中为获得诺贝尔奖的一场秀""有韩国人认为，金大中政府与朝鲜的关系要好于其与国内反对党的关系"，等等。

4. Choong Nam Kim, "The Sunshine Policy and Its Impact on South Korea's Relations with Major Powers," *Korea Observer*, Winter 2004, vol.35, no.4; pp.581-616.

此文认为，朝鲜半岛位于美、日、中、俄四大国利益互相交叉之地。南北关系的任何变动都将影响韩国和其他各国之间的关系和地区秩序。基于此，本文认为"阳光政策"要想取得成功，需要有四个基本条件：韩国国内的共识、强大的经济、国际支持和朝鲜的积极回应。此文认为，南北和解政策促进了韩国与俄罗斯和中国的关系，却使韩国与美国之间的关系受到了明显的制约。

5. 金在弘：《金大中政府的对朝包容政策的媒体态度和国民舆论调查

比较分析》,《韩国政治学会报》2003年,第37辑,第2号,第197—220页。
（김재홍, 김대중 정부의 대북 포용정책에 대한 언론논조와 국민여론의 비교분석,
한국정치학회보, vol.37, no.2, pp.197-220.）

本文详细分析了金大中政府时期韩国主要报纸对"阳光政策"的态
度变化,表明总体上各主要保守媒体对"阳光政策"持批评态度,而且随
着金大中政府针对媒体的税务检查的深入,相关媒体对"阳光政策"的批
评也日益激烈。也就是说,媒体更多的是从主观情绪出发,片面地抨击
"阳光政策"。在民众与政府之间,缺乏透明的沟通渠道。

6.金根植:《对朝包容政策的理念、评价与课题》,《韩国与国际政治》
2008年春季号,第1—34页。（김근식, 대북포용정책의 개념, 평가, 과제:
포용의진화 관점에서, 한국과국제정치,vol.24, no.1, pp.1-34.）

本文将对朝包容政策上溯至卢泰愚政府的"北方外交",历经金大中
的"阳光政策"和卢武铉的"和平繁荣政策"时期。作者认为,未来有必要
继续与朝鲜展开全面的接触,并诱使其发生积极的变化。为此,结构性
的包容政策,即将南北交流稳定化、制度化,势在必行。

7.《接触政策不会改变——专访韩国统一部前长官、"阳光政策"奠
基人李钟奭》,《中国新闻周刊》专访,2007年1月1日。

在书面采访中,李钟奭指出,"据我所知,金正日先生原来计划在
2001年春天的时候回访首尔。但是,小布什总统上任以后,美国政府开
始推翻前任克林顿政府的朝鲜政策,导致朝鲜改变对南战略以及整个外
交政策。结果,金正日先生的回访未能成行"。

二、选读材料

（一）著作

1.《金大中三阶段统一论》,1995年版。重点阅读绪论、第一章"金
大中三阶段统一论概观",第17—53页,和补论"三阶段统一论的发展
过程",第278—297页。（김대중의 3단계 통일론: 남북연합을중심으로,

아태평화재단,아태평화출판사.)

这是在金大中上台之前关于"三阶段统一论"的集中描述,他将南北统一的过程分为南北联合、联邦和完全统一三个阶段,并着重阐述了他对第一个阶段——南北联合阶段的认识。本书有英文译本 Kim Dae-jung and Kim Dae-jung Peace Foundation, Rhee Tong-chin Trans., *Kim Dae-jung's "Three-Stage" Approach to Korean Reunification: Focusing on the South-North Confederal Stage*, Center for Multiethnic and Transnational Studies, University of Southern California, 1997。

2. Chung-in Moon and David I.Steinberg, eds., *Kim Dae-jung Government and Sunshine Policy*, Yonsei University Press, 1999.

此书为1999年5月美国乔治敦大学举办的"金大中的'阳光政策':理念、承诺与挑战"研讨会论文集,来自韩国、美国等地的学者、政策制定者、外交官、新闻记者等从不同角度对实施中的"阳光政策"进行了剖析。其中第一部分和第二部分概括了"阳光政策"的缘起和实质、政策的执行等;第三部分来自美国的学者主要分析"阳光政策"对美国政治的影响;第四部分分析日本、中国、朝鲜和世界银行等国际组织对"阳光政策"的认知和反应,最后对"阳光政策"的前景进行了展望。

3.卢武铉:《成功与挫折——卢武铉回忆录》,2009年版,第195—220页。(성공과 좌절:노무현 대통령 못다 쓴 회고록양장 노무현 저 | 학고재 출간일 2009년, 284쪽,pp.195-220.)

本书第二部第二章"卢武铉政府五年回顾"中有两节内容涉及南北峰会与南北关系等,有助于了解卢武铉领导下推进南北和解政策的详情。书中也论及卢武铉对金正日的评价,"就和听说的一样,金正日委员长是个说话很直的人,而且对于国政运营也了如指掌,令人吃惊。我和他一说到改革或者开放,他就会很清楚、很有逻辑地阐述自己的观点和理论。而且对于实务性质的问题,也具有灵活性,让我觉得是个可以进行沟通的人"。

（二）论文

1. 金炳局：《夹在崛起的中国与霸权主义的美国之间：韩国的"防范战略"》，朱锋、罗伯特·罗斯主编：《中国崛起：理论与政策的视角》，上海人民出版社2008年版，第324—382页。

作者利用权力转移的分析框架，阐述了朝鲜半岛所面临的地区局势的变化及韩国的外交选择，并对卢武铉政府的外交政策进行了分析。作者认为，韩国政界保守派和改革派（进步派）对朝鲜的本体论认知的差异，导致双方对朝政策的巨大分歧。

2. 方秀玉：《反思金大中政府的对朝政策》，《东北亚论坛》2009年第5期，第55—63页。

文章回顾了金大中的"阳光政策"，强调其与金大中的国家利益观和统一哲学的一致性，认为"阳光政策"促进了韩国的核心国家利益，批驳了韩国国内保守派对"阳光政策"的指责。

3. 金祥波：《试析卢武铉"和平繁荣政策"与韩朝关系的发展》，《东北师大学报》2008年第1期，第98—102页。

文章回顾了"和平繁荣政策"出台的背景，从朝韩贸易、人员交流等方面积极评价了卢武铉的对朝政策。

问　题

1. 从金大中的初衷来看，"阳光"就是为了除去朝鲜武装的"外衣"，使之走向国际社会。从这个角度讲，十年的"阳光政策"并没有能够如愿，朝鲜没有走向改革和开放，而是在核武装的道路上越走越远。如果说"阳光政策"到目前为止是失败的，那么失败的缘由是什么？【请运用"理解战略行为"一章的框架进行分析。】（1）金大中政府为什么选择与朝鲜进行和解政策？他的基本判断是什么？是他对局势的判断错了吗？（2）如果他对朝鲜将不会立刻崩溃、韩国需要与朝鲜长期共存等判断没有问题的话，是他在政策执行过程中的资源动员和执行出问题了吗？现代公司充当南北和解的排头兵，向北方"送金"，是否干扰了和解战略的实施?（3）外部因素，比如小布什政府调整对朝政策，以及"9·11"事件后国际形势的改变，是否对"阳光政策"的实施造成了消极的影响?

2. 即便是在目前并不成功的形势下，金大中（及卢武铉）的南北和解政策对东北亚地区局势产生了哪些直接的和间接的影响？哪些是韩国政府所希望的，哪些是不希望的？哪些是滞后的、可能在未来发生的影响?【请参考"理解国际安全战略中的'系统效应'"一章，可画图。】

3. 南北和解是否加剧了韩国社会保守派与进步派的分裂？为什么？这会对今后韩国对朝政策起到怎样的作用？为什么？

4.【反事实问题】如果金正日在金大中政府时期如约回访韩国，南北关系是否会比现在有更大的发展？为什么？如果是戈尔（Al Gore）而不是小布什在2000年当选为美国总统，南北关系是否会比现在有更大的发展？为什么？如果这两个反事实事件都发生了，是否南北关系就一定会有很大的进展？

第十三章

伊拉克战争(2001—2003)①

案例介绍

一、伊拉克战争决策过程

2001年"9·11"事件爆发以后,美国总统小布什很快宣布向恐怖主义开战,开始以反恐怖划线,建立全球反恐怖的志愿者联盟,并将伊拉克等多个国家列入"邪恶轴心国"(Axis of Evil)。

在这一背景下,2002年伊拉克危机爆发:联合国通过第1441号决议,联合国武器检查团重返伊拉克,检查伊拉克是否拥有大规模杀伤性武器。2003年1月27日、2月14日和3月7日,联合国监核会和国际原子能机构向安理会先后提交三份核查报告,承认伊方提供了"相当多的"有关过去四年研发导弹和生物武器的新材料和新信息,指出核查人员通过对三百多处可疑地点实施突然核查后得出结论,"没有任何迹象表明伊方对核查进行了事先准备",称伊在销毁违禁武器方面采取了一些实质性措施,"致命武器正在被销毁,核查工作正在继续进行并可能产生一些结果"。简而言之,三个月突袭式核查也未发现伊存在恢复其核武器计

---

① 张家栋(复旦大学国际问题研究院、复旦大学南亚研究中心)著。

划的证据或迹象。

即使如此,3月18日美国总统小布什发表电视讲话,要求并没有在伊拉克境内发现任何大规模杀伤性武器的武检团立即撤离伊拉克。3月20日,美国正式打响了伊拉克战争。

根据时任美国国防部部长拉姆斯菲尔德的说法,美国对这场战争最终要达成的目的包括:第一,铲除萨达姆政权,帮助伊拉克人民建立一个自治的政府;第二,发现并销毁藏匿在伊拉克境内的大规模杀伤性武器及恐怖分子;第三,结束制裁,并提供人道主义援助;第四,保护伊拉克的石油及其他天然资源。

虽然美国政府宣称有49个国家支持该军事行动,但真正参战的国家只有美国、英国、澳大利亚和波兰四国。丹麦政府也对伊拉克宣战,并派遣了两艘军舰支援美军,日本等多个国家提供后勤支援。这场战争遭到俄罗斯、法国、德国、中国、阿拉伯联盟、不结盟运动等一百多个国家政府和国际组织的批评与谴责。奥地利等多个国家宣称,对伊拉克的军事行动由于没有得到联合国安理会的授权,已经违反了国际法。埃及籍的联合国前秘书长加利谴责该军事行动,认为违反了联合国宪章。奥地利、瑞士和伊朗禁止联军战机飞越其领空,沙特阿拉伯禁止美军导弹通过其领空袭击伊拉克。全球普遍的反战情绪最终导致了全球反伊拉克战争大游行。

二、伊拉克战争的过程

1. 战争开始阶段

美英联军从3月20日(伊拉克时间)起向伊拉克发动代号为"斩首行动"和"震慑行动"的大规模空袭和地面攻势。小布什在战争打响后向全国发表电视讲话,宣布推翻萨达姆政权战争的开始,强调战争将"速战速决"。在这一阶段,美英联军先后向巴格达、巴士拉、纳杰夫、摩苏尔、基尔库克、乌姆盖斯尔等十余座城市和港口投掷了各类精确制导炸弹两千多枚，其中战斧巡航导弹五百枚。与此同时，萨达姆也向全国发表讲话，号召伊人民抗击美国侵略，击败美英联军。

2. 战争僵持阶段

由于供给线太长和伊拉克方面的抵抗，美英联军"速战速决"的目标未能实现，地面进攻曾一度受阻。伊军在伊中部的卡尔巴拉、希拉、欣迪耶等地与美英联军展开激战。与此同时，每天都有数百名伊拉克人从约旦等国家返回伊拉克，加入与美英联军作战的行列。

3. 战争转折阶段

美英联军凭借空中优势和机械化部队，兵分几路发起强大攻势，先后攻陷伊南部巴士拉等重要城市和战略要地，并对巴格达形成合围，从而使战事呈现一边倒的态势。4月8日，美军从北部和南部两个方向推进到巴格达，并夺取了巴格达东南的拉希德军用机场。美国坦克开进巴格达，占领了萨达姆城。面对美军长驱直入巴格达和提克里特，伊拉克领导人号召军队和人民对美英联军采取"同归于尽"式的袭击行动。

4. 战争收尾阶段

4月15日，美军宣布伊拉克战争的主要军事行动已结束，联军"已控制了伊拉克全境"。据美国官方公布，在伊拉克战争中死亡的美军人数为128人，其中110人阵亡，18人死于事故。英军士兵死亡31人。战争消耗了美国大约200亿美元。2003年5月1日，美国总统布什宣布主要战争已经结束，行动成功了。

三、伊拉克战后反叛乱战争

但是在美国宣布获得了伊拉克战争的胜利以后，很快发现自己在两个方面陷入严重的困境之中：第一，推翻萨达姆政权以后，美国没有发现证据来支持自己发动战争的主要理由——伊拉克拥有并在发展大规模杀伤性武器；第二，伊拉克正规军被打败以后，各种反政府活动和叛乱活动日益猖獗,稳定伊拉克的努力失败,军费开支和人员伤亡远远高于战争时期,受到国内舆论的攻击。

1. 战争借口正确性危机

2003年夏天,美国政府成立"伊拉克调查小组",该小组由一千多名武器专家、翻译和其他方面专家组成,第一任负责人由前联合国核查官、美国人戴维·凯担任。凯曾在2003年10月向国会提交了一份中期报告,称他所带领的小组在伊拉克没有找到大规模杀伤性武器。2004年1月,凯突然辞职并称在伊拉克问题上"我们几乎都错了"。此后,迪尔费尔接替凯带领调查小组。2004年10月6日,迪尔费尔带领的"伊拉克调查小组"公布了有关伊拉克武器问题的最终调查报告。报告认定,伊拉克在1991年海湾战争之后就没有再生产大规模杀伤性武器,而且由于联合国十多年的制裁,萨达姆政权在制造武器方面的能力不但没有得到任何提高,反而受到了极大削弱。至此,为期十八个多月的武器搜查工作画上了句号。这种状况使得美国和英国等发动伊拉克战争的国家面临极大的舆论压力,美国也被迫修改自己发动战争的主要目标:从彻底清除伊拉克发展大规模杀伤性武器的能力,转到推翻萨达姆政权、帮助伊拉克建立民主政治和自由市场经济这一国家建设目标上来。

2. 战后合法性危机

然而,美国在伊拉克的国家建设过程却面临来自各种武装叛乱活动和恐怖活动的极大困扰,引起伊拉克民众越来越大规模的反抗。

伊拉克不同地区的零星暴力活动以不同方式表现出来:在伊拉克西部,零星暴力活动很快就发展成叛乱活动,动力在于阿拉伯逊尼派民族主义和失去政治地位的仇恨。在其他地区,暴力活动往往由小组织执行,以宗教派别和部落为单位组织并相互冲突,有时暴力活动还发生在本团体内部。但这些地区的暴力活动都经历了一个发展过程,至少是部分由于美军及其联军没有在关键的开始阶段给予有效疏导和遏制,暴力活动成为伊拉克社会生活中的经常状态。①

四、关于美国的伊拉克战略失败的几种观点

这些观点把失败原因归结为两大类：第一，伊拉克的结构性问题。伊拉克社会本来就由于宗教和民族问题而处于分裂状态，再加上多年的战争、制裁和错误的治理而更加碎片化。第二，美国的政治背景，包括政治制裁、意识形态和传统观念也限制了美国的政策选择空间。简述如下：

1. 美国没有做好充分的战争前准备

（1）美国没有在建立一个广泛同盟体系上投入足够的精力，也没有对敌人可能具有的关键性能力给予足够重视。

（2）美国没有部署足够的军事力量，也没有为反叛乱战争做好准备。

（3）缺少足够的外交支持，特别是安理会主要成员国的支持，没有得到联合国授权，行动的合法性有缺陷。

（4）美国没有对战后建设阶段进行认真的规划。主要有两点：首先，美国不理解伊拉克，过快在伊拉克解散原有的社会复兴党体系（de-Baathification），并在一个只知道暴政的社会中试图推进民主，来证明自己在寻找不到大规模杀伤性武器证据以后还具有推进民主化进程这一合法性。其次，美国没有为自己在伊拉克的政府重建工作制定一套明确、有效的时间表和顺序，试图一次性解决所有问题，从安全问题、政治制度问题、经济问题到社会问题，反而导致一个领域的成功被另外一个领域的失败拖累了。例如，美国军队一开始就在伊拉克西部的逊尼派聚居区打击走私活动。走私活动是这一地区部落势力的一个传统，萨达姆当年曾以容忍这些走私行为来换取逊尼派部落的忠诚。美国的反走私

---

① Daniel Byman, "An Autopsy of the Iraq Debacle: Policy Failure or Bridge Too Far?" *Security Studies*, vol.17, no.4, 2008, p.600.

行为不仅难以制止枪支走私活动,反而迅速恶化了与逊尼派部落之间的关系,增强了他们失去权力后的危机感和仇恨意识。再如,萨达姆政权被推翻以后,美国马上根据自己的言论自由原则放开了对媒体的控制。结果到2003年6月,伊拉克出现了至少85家新报纸,很容易收看到其他阿语电视台如半岛电视台(Al Jazeera)和阿拉比亚电视台(Al Arabiyya)。在这种狂热的、幼稚的媒体环境下,谣言和阴谋论是最容易被民众接受的。2003年夏天,在伊拉克的逊尼派聚居区广泛流传着这样一个谣言:犹太人和以色列已经买下了大部分的伊拉克土地。①此外,民主化进程也会导致不稳定(民主化国家发生战争的概率是民主国家和独裁国家的两倍②,在民主转型与不稳定之间存在着关联性③),不稳定会导致民众没有安全感,民众没有安全感会导致少数群体不投票,少数群体不投票会导致不能民主化。少数群体的不信任、强势集团的憎恨和精英对自由的剥夺,经常导致民主化在其转型期间被颠覆。要想保持民主化进程的延续,需要一个强有力的政府来制止冲突、打击极端行为、保证政治交易可以进行。而在转型时期,政府往往都是软弱的。

2. 美国与伊拉克人之间缺少共同威胁④,也就没有共同的安全利益

在这种情况下,任何占领行为都会导致民族主义情绪和行为的反弹。在历史上,美国占领德国和日本的成功,固然是因为德国与日本国民比较容易服从于权威与力量,也部分来源于美国与其被占领国之间对苏联这一共同外部威胁的共识。

---

① Nir Rosen, *In the Belly of the Green Bird*, Free Press, 2006, pp.57-59.

② Edward D. Mansfield and Jack Snyder, "Democratization and the Dangers of War," *International Security*, vol.20, no.1, Summer 1995, p.5.

③ Daniel C.Esty, Jack A.Goldstone, Ted Robert Gurr, Barbara Harff, Marc Levy, Geoffrey D.Dabelko, Pamela T.Surko, and Alan N.Unger, *State Failure Task Force Report: Phase II Findings*, McLean, VA: Science Applications International Corporation, 1998, pp.19-22.

④ David Edelstein, "Occupational Hazards: Why Military Occupations Succeed or Fail," *International Security*, vol.29, no.1 (Summer 2004), pp.59-64.

3. 美国事实上在每一个环节都犯了错误①

简而言之，美国在伊拉克战争中的失败是因为未能做到"知彼知己，百战不殆"。更重要的问题还在于：美国不仅不了解伊拉克，对自身也缺乏了解，美国的决策者们根本不了解美国在占领伊拉克方面的能力局限性。经过冷战的胜利、第一次海湾战争的胜利、打击前南斯拉夫的胜利及对阿富汗战争的胜利（2003年前后阿富汗的局势比较稳定），及其在这些战争中发展出来的信息战优势和零伤亡理念，美国决策者们认为自己终于走出了美国在海外进行军事干预的主要局限性——人员伤亡问题，可以放开手脚在伊拉克打一场战争了。因此，在伊拉克案例上，美国的问题可以用一句话来概括："成功是失败之母。"

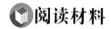 阅读材料

一、必读材料

1. Bob Woodward, *Plan of Attack*, New York: Simon and Schuster, 2004, pp.31–166.

该书是老牌记者鲍勃·伍德沃德揭秘小布什政府决定入侵伊拉克的幕后故事的作品。在更多的档案披露之前，这应该是我们能够看到的最好的二手材料。我们选取的部分覆盖2001年9月11日到2002年8月15日的内容。至此，小布什已经完成了攻击伊拉克的决策和基本战术规划。

2. Daniel Byman, "An Autopsy of the Iraq Debacle: Policy Failure or Bridge Too Far?" *Security Studies*, vol.17, no.4, 2008, pp.599–643.

这篇文章主要分析了美国入侵伊拉克之后，叛乱活动的高涨到底是可以避免的政策错误，还是因为围绕着占领而产生的结构性问题使得失

---

① Larry Diamond, *Squandered Victory: The American Occupation and the Bungled Effort to Bring Democracy to Iraq*, New York: Times Books, 2005, p.279.

败变得不可避免。作者认为，美国在伊拉克的失败有两个结构性根源：一是伊拉克由于多年战争、制裁和恶治而恶化了的社会分裂状况，二是美国的政治背景。在结构性结束的基础上，美国的一系列政策，特别是没有部署足够的军队、没有为占领准备一个全面的政治军事计划、解散伊拉克军队、没有尽快建立一个有效的政府，以及过快地非社会复兴党化（de-Baathification），都恶化了上述结构性困难。

3. Krebs, Ronald and Jennifer Lobasz, "Fixing the Meaning of 911: Coercion, Hegemony, and the Road to Iraq War," *Security Studies*, vol.16, no.3 (September 2007), pp.409-451.

这篇文章从"批判理论"的角度探讨了为什么美国国内的反战派没有尽力，因而也就不能阻止小布什发动入侵伊拉克的战争。

4.《劳伦斯的27条建议》（*The 27 Articles of T.E.Lawrence*）。

这篇文章非常短小，但这是劳伦斯通过1909年前后在阿拉伯世界1100英里的旅行（大部分是步行）得来，是来自第一手材料的感悟。其中主要部分是：一个西方人如何认识、理解阿拉伯人的行为及其逻辑。虽然军事技术已经发生了很大的变化，战争的形态已经与一战有了很大差异，但是在人的层面并没有太大的变化。战争中的人仍然有类似的情感、理性与逻辑。这也是孙子、克劳塞维茨和劳伦斯们的思想至今仍然值得学习的主要原因。

二、选读材料

1. Michael Mann, *Rise of the Vulcans*: *The History of Bush's War Cabinet*, New York: Viking Penguin, 2004.

这本书对小布什的总统班底有很好的介绍，可以作为阅读钱鲍勃·伍德沃德（Bob Woodward）的《进攻计划》（*Plan of Attack*）一书的背景材料。

2.鲍勃·伍德沃德：《布什的战争》，上海译文出版社2003年版。

这本书介绍的是小布什总统在"9·11"恐怖袭击后，迅速决定打击塔利班和阿富汗。由于打击塔利班和入侵伊拉克有相当联系，本书可以作为阅读其另一部作品《进攻计划》的背景材料。

3. Jane Cramer, "Militarized Patriotism: why the marketplace of ideas failed after 911," *Security Studies* vol.16, no.3（2007）, pp.489-524.

这篇文章探讨了为什么美国国内的反战人士未能阻止伊拉克战争。

4. 唐世平、龙世瑞：《美国军事干涉主义：一个社会进化的诠释》，《世界经济与政治》2011第9期，第81—111页。

尽管这篇文章并不只是讨论美国对伊拉克战争的决策过程，而是探讨美国在二战后所有的军事干涉，但这篇文章对于我们理解伊拉克战争背后的深层原因是有帮助的。

5. Kaufmann, Chaim, "Threat Inflation and the Failure of the Market-place of Ideas: the Selling of Iraq War," *International Security*, vol.29, no.1（Summer 2004）, pp.5-48.

这篇文章探讨了美国国内的反战人士未能阻止伊拉克战争的原因。

6. 裴敏欣、萨缪尔·安敏、塞斯·葛兹：《国家重建为何半途而废》，张丽霞译，《国际先驱论坛报》2004年3月17日。

这是一篇译文摘要，主要涉及在战争和冲突以后重建国家和政府的问题。文中提出了"第二次权力移交原则"，具有操作性启示意义。

7. 裴敏欣、萨拉卡斯帕尔：《"以往的教训：美国协助国家重建的记录"》，过勇译，《政策简讯》2003年5月。

这篇译文全面回顾美国介入、领导其他国家重建的历史。从中可以发现，这一历史基本上是失败的。在多边国家重建活动中，美国参与的16个国家中只有4个保留了美国希望的制度；在美国单边支持和领导的国家重建活动中，只有2个勉强成功。

8. 克里斯托弗·莱恩：《和平的幻想：1940年以来的美国大战略》，孙建中译，上海人民出版社2009年版。

本书在超越现实主义霸权观念的基础上，认为美国追求的是超地区霸权战略或全球霸权战略。20世纪40年代以来,美国大战略的扩张特征没有发生明显变化,连续性和适应能力很强。对霸权国家来说,关键是要维持绝对优势的力量,特别是军事力量,才能劝阻来自二流国家的挑战。为了在军事上劝阻来自其他国家的挑战,美国不但要发展出最强大的军事力量,还要经常地通过发动战争来展示武力,证明军事优势的可靠性。因此,美国历任总统几乎都要发动战争。小布什总统发动阿富汗战争特别是伊拉克战争,一个重要的目标就是威慑中国、俄罗斯等潜在挑战国家,巩固自身的军事优势。

问　题

1. 至少在2001—2010年的增兵(surge)之前,美国发动伊拉克战争的预定目标是未能实现的。入侵伊拉克的计划在战略行为的四个阶段(参见"理解战略行为:一个初步的分析框架")都可能出了些问题。请选择至少两个阶段讨论:你认为美国(及其盟国)在哪两个阶段能够避免错误,从而使得计划成功? 你应该用反事实思考法来支撑你的回答。比如,如果是一个战略评估和决策的问题,那么美国在哪些地方是能够改善的? 又比如,如果是一个动员和执行问题,那么美国在两个环节上如何能够改善?

2. 伊拉克战争的影响是深远的。请讨论它对中东政治、经济、安全局势的影响。【请参考"理解国际安全战略中的'系统效应'"一文,可画图。有兴趣的话也可以讨论它在全球层面的影响。】

3. 为什么在面对是否要入侵伊拉克的决定时,美国国内的反对声音(无论是在精英阶层还是在大众阶层)无法阻止小布什的战争决定? 请区分"立即原因"和"深层次原因"。你觉得如何才能阻止这一决定?

4.【反事实问题】也许有人会说,2010年后的"阿拉伯之春"不正好是美国发动伊拉克战争的结果吗,尽管这个结果来得有点晚? 你是否同意这样的说法。请给出你的理由。【请参考"理解国际安全战略中的'系统

效应'"一章，可画图。】

5.【反事实问题】如果美国在阿富汗战争中没有取得预期的胜利（例如在战争初期即受阻并遭遇严重伤亡等），则美国随后的伊拉克战略是否会受到影响？如果"是"，会受到何种影响？如果"否"，为什么？

结　语

本教程的主要目的不是给出特定的结论,而是训练思维。因此,本书的结语也仍旧是一个练习。我们的核心问题是:通过这个教程的练习,你是否确实学到了一些战略思维的技巧,而你也对自己的战略思维有了新的认识?

不过,在此之前,我们也希望你给出对本教程的评价,从而帮助我们继续改进本教程。对于这些问题,你都可以详细阐述。比如,如果觉得本书的某些案例阅读材料可以进行调整和补充,你可以将意见,包括推荐的读物,写入你的回复。

对于以下的选择题,请在你的选择下打钩。如果你有多项选择,可以用数字或字母表达顺序(1、2、3;或者是 A、B、C)。对于问答题,你可以自由发挥。你也可以提出其他的问题和看法。

1.你最喜欢这一教程中的:

A.案例

B.案例阅读材料

C.案例中的问题

2.你从这一教程中学到最多的东西是:

A.关于某一个特定案例的具体历史事实

B.对历史的颠覆性理解

C.分析方法

D.对制定、执行战略本身的理解

3.你觉得这一教程最需要改进的地方是：

A. 案例选择

B. 阅读材料

C. 案例中的问题

4.学习是一个自我发现的过程。通过学习本教程，你发现你最让自己惊讶的能力（长处）和缺陷（短处）是什么（当然是关于理解战略行为方面的）？

5.你觉得自己的思维在面对不同类型的战略问题上有何不同？【这里，我们主要考虑三种情形：冲突战略、合作战略、介于冲突和合作之间的战略（比如冷战后的中俄关系）。】这些不同是否包含了一些思维缺陷？

6.你在思考涉及中国的问题和不涉及中国的问题时，思考方式是否也有所不同？这些不同是否包含了一些思维缺陷？

7.你觉得应该如何弥补上述这些缺陷？

我们恳切希望你能够把回答和思考直接反馈给本书的主编唐世平教授（twukong@yahoo.com；twukong@gmail.com）。